성의 역사 2

쾌락의
활용

지은이

미셸 푸코(Michel Foucault) 1926년 프랑스 푸아티에에서 태어났다. 철학, 심리학,
정신병리학을 연구하여 1984년 사망할 때까지 콜레주 드 프랑스 등 세계 여러 대학에서
강의했다. 저서로는 《고전주의 시대의 광기의 역사》, 《병원의 탄생》, 《말과 사물》,
《지식의 고고학》, 《감시와 처벌: 감옥의 탄생》, 《성의 역사》(총 4권)이 있다.

옮긴이

문경자 대구 출생. 서울대 불어불문학과 및 동 대학원 석사, 박사.
현재 서울대 강사.

신은영 서울 출생. 서울대 불어불문학과 및 동 대학원 석사, 박사과정 수료.
프랑스 파리 4대학 불문학 박사. 현재 서울대 불어불문학과 교수.

나남신서 137

성性의 역사 2: 쾌락의 활용

1990년 2월 10일 초판 발행
1999년 12월 5일 초판 10쇄
2004년 3월 5일 재판 발행
2016년 3월 5일 재판 8쇄
2018년 1월 5일 3판 발행
2023년 2월 5일 3판 3쇄

지은이_ 미셸 푸코
옮긴이_ 문경자·신은영
발행자_ 趙相浩
발행처_ (주)나남
주소_ 10881 경기도 파주시 회동길 193
전화_ (031) 955-4601 (代)
FAX_ (031) 955-4555
등록_ 제 1-71호(1979. 5. 12)
홈페이지_ http://www.nanam.net
전자우편_ post@nanam.net

ISBN 978-89-300-3137-0

책값은 뒤표지에 있습니다.

나남신서 137

성性의 역사 2

쾌락의
활용

미셸 푸코 지음 | 문경자·신은영 옮김

Histoire de la sexualité

L'usage

des plaisirs

나남
nanam

Histoire de

Histoire de la sexualité 2

L'usage des plaisirs

by Michel Foucault

차례

성의 역사 전4권

옮긴이 서문

푸코는 《성의 역사》제 1권인 《지식의 의지》(1976)를 출판한 이후 8년간의 침묵 끝에 그의 마지막 저서가 되어버린 제 2권 《쾌락의 활용》과 제 3권 《자기 배려》를 펴냈다. 이 공백기간은 기나긴 탐구와 발견과 전환의 시간이었다. 푸코는 우선 그가 《지식의 의지》에서 예고한 대로 기독교 정신 및 고백의 교리 안에서 성의 담론의 진원지를 찾으려 했다. 실제로 그의 전기를 쓴 디디에 에리봉Didier Eribon에 따르면 푸코는 1979~1980년 시기에 '원시 기독교에서의 고백과 정신수양의 방법'을 연구하여 《육체의 고백》이라는 책을 완성했다고 한다. 그러나 이처럼 오랜 시간에 걸친 기독교 모럴의 성찰과정 중에 그는 원시 기독교 시대를 성찰하기 위해서는 그 이전 시대에 관한 연구가 반드시 필요하다는 인식에 다다르게 된다. 왜냐하면 원시 기독교 분석에서 푸코는 연구 초기에 자신이 생각했듯이 보다 엄격하고 금욕적인 삶의 방식이 기독교와 함께 자리잡은 것이 아니라는 사실을 발견했기 때문이다. 이교문화는 기독교문화와 대비되는, 자유롭고 관용적인 성 모럴을 지닌 것으로 간주되었지만, 실상 서구 고대의 성 윤리는 통념보다 훨씬 덜 허용적이었을 뿐만 아니라 '금욕'에 대한 기독교적 주제들을 광범위하게 함축하고 있었다. 그러나 이교문화에서 중요한 문제는 기독교문화의 경우와는 달리 금욕의 엄격한 규칙이 아니라 '자기 도야'와 '자기통제의 기술'이었다. 이로써 《성의 역사》는 자기통제 기술의 역사, 서구문화의 여명기에 주체가 형성된 양식과 그 '주체'의 계보가 되었던 것이다.

2권이 출판되기 전에 이미 여러 인터뷰를 통해 푸코는 자신의 새로운 작업의 전체적 윤곽을 제시한 바 있다. 푸코는 그것을 '윤리의 계보학'이라 명명했다. 윤리의 계보학이란 윤리적 행위의 주체로서 '주체의 계보학' 또는 윤리적 문제로서 '욕망의 계보학'을 말한다.

이러한 방향전환은 그가 가지게 된 새로운 의문들, 즉 어떻게, 무슨 이유로, 그리고 어떤 형태로 성행위가 도덕적 영역을 이루게 되었는가, 또한 어찌하여 이에 대해 지속적인 도덕적 관심이 기울여지는가, 인간이 자신의 존재, 그가 행하는 것, 그리고 그가 살고 있는 순간을 문제시하게 되는 상황은 어떤 것인가에 대한 해답을 찾아가는 과정에서 이루어졌다. 그리하여 《지식의 의지》가 권력의 표명이라고 기술되는 것을 분석하기 위해 권력의 행사를 분절시키는 다양한 관계, 개방된 전략들, 그리고 합리적 기술들에 대해 질문을 제기한 행동과 표상의 역사라면, 《쾌락의 활용》과 《자기 배려》는 이러한 방향전환에 따라 성립된 사고의 역사가 될 수 있을 것이다.

푸코가 1983년 레비노, 드레퓌스와의 인터뷰에서 언급했던 계보학의 가능한 세 영역, 그리고 그의 전 저작들의 중심을 이루고 있는 3개의 축은 푸코의 사상적 흐름을 파악할 수 있게 해준다. 계보학의 세 영역이란 진리와 관련된 서구인들의 역사적 존재론, 그리고 권력의 장에 관련된 그들의 역사적 존재론, 마지막으로 서구인들이 도덕적 행위자로 성립될 수 있었던 윤리학에 관련된 역사적 존재론을 말한다. 따라서 계보학에는 진리의 축, 권력의 축, 윤리적 축이라는 3개의 축이 가능해지며, 《쾌락의 활용》과 《자기 배려》는 세 번째 영역의 윤리적 축에 의해 구성된 것이라 할 수 있다.

　　이처럼 《쾌락의 활용》에 이르러 주된 관심의 대상이 된 윤리적 주체를 분석하기 위해 푸코는 개인이 스스로를 주체로 세우고 스스로를 주체로 인식하게 되는 자기와의 관계가 취한 형태와 양식이 어떤 것인가를 탐구한다. 푸코에 의하면 이러한 자기와의 관계양식은 4가지의 주된 면모를 지니고 있다. 첫 번째 면모는 개인이 자신의 어떤 부분을 그의 도덕적 행동의 주된 질료로 구성하는 방식과 관련된 윤리적 실체의 측면이다. 두 번째 면모는 푸코가 '복종의 양식'이라 부르는 것으로, 개인이 자신과 도덕적 규약과의 관계를 설정하거나 또는 그것에 동기를 부여하는 방식을 말한다. 세 번째 면모는 인간이 윤리적 주체가 되기 위해 자신을 변화시키는 수단이 무엇인가에 관한 것으로, 푸코는 이것을 '자기실천pratique de soi' 혹은 '금욕주의'라고 부른다. 마지막으로 네 번째 면모는 인간이 도덕적 방식으로 행동할 때, 우리가 열망하는 존재의 종류가 무엇인가와 관련하여 푸코가 도덕적 주체의 목적론이라고 말하는 것이다. 푸코는 《쾌락의 활용》에서 자기와의 관계에서의 이러한 4가지 방식들을 건강, 아내 또는 여자, 소년에 관한 규약의 엄격성이라는 주제를 통해 고찰하고 있다. 이것은 바로 존재의 기술, 자기의 기법을 말한다. 즉, "인간이 스스로 행동규칙을 정할 뿐 아니라 스스로를 변화시키고 그들 각각의 특이한 존재 속에서 그들의 삶을 어떤 미학적 가치를 지닌, 그리고 어떤 양식의 기준에 부합하는 하나의 작품으로 만들고자 하는 신중하고도 자발적인 하나의 실천"인 것이다. 이러한 작업을 통해 푸코는 성을 억압된 것으로 보고 금기에 입각한 도덕체계들의 역사를 쓰는 대신에, 자기실천에 입각한 윤리적 문제설정의 역사를 쓰고자 하였다.

기원전 4세기, 고대 그리스의 윤리에서 푸코가 간파할 수 있었던 것은 당시의 사람들이 종교적 문제보다 도덕적 행위, 윤리, 자기 자신과 다른 사람들과의 관계에 대해 더 많은 관심을 가졌다는 사실, 그리고 그들의 윤리학이 어떤 사회적, 법적 제도와도 큰 관련이 없었으며, 그들의 주된 논쟁거리가 존재의 미학으로서 일종의 윤리학을 구성하는 데에 있었다는 점이다. 이것에 입각하여 푸코는 4개의 테마, 즉 육체의 삶과 결혼제도, 남자들 사이의 관계, 진리의 문제를 구체적 분석대상으로 삼는다. 그리하여 우리가 이교의 고대사회에서 자유인인 남자가 절대적 금지에 부딪히지 않고 자신의 활동을 펼칠 수 있었으리라 추측해 볼 수 있는 이 4개의 관계영역들이 어떻게 다른 것도 아닌 성적 행동에 대해 강력한 문제제기를 하게 되었는가를 집중적으로 분석해 가고 있는 것이다.

제 1장에서 푸코는 2, 3, 4, 5장에서 다루게 될 양생술, 가정관리술, 연애술, 진리에 관한 철학을 성찰하기 전의 예비작업으로서 그것

들에 공통된 일반적 특징들을 도출해 내고자 한다. 이 일반적 특징들 속에서 도덕적 배려의 영역인 아프로디지아Aphrodisia의 형성을 드러내기 위해 푸코는 성도덕에 관한 성찰에서 자주 볼 수 있는 4개의 개념을 제시하고 있다. 성적 행동에서 윤리적 실체로 인식되는 것을 파악하게 해주는 아프로디지아의 개념, 이 쾌락의 실천이 도덕적으로 가치를 부여받기 위해 따라야 했던 복종양식을 밝혀주는 크레시스Chrēsis의 개념, 스스로를 도덕적 주체로 세우기 위해 자기 자신에 대해 가져야만 하는 태도를 정의하는 엔크라테이아Enkrateia의 개념, 실천에서의 도덕적 주체를 특징짓는 절제, 예지의 개념인 소프로쉬네Sōphrosunē가 그것이다. 그리고 나서 푸코는 구체적 실천의 영역들인 건강관리법, 가정의 관리, 구애술로부터 출발하여 의학, 철학사상에서 이 쾌락의 활용이 정립되고 몇 가지 엄격성의 테마들이 정식화된 방식을 검토, 분석한다.

먼저 제 2장에서는 고대의 의사들이 성적 활동과 건강의 관계를 염려했고 그러한 행동의 위험에 관하여 성찰하였음을 보여주면서, 그들의 주된 관심의 대상이 자신의 육체를 돌보는 어떤 방식에 따라 쾌락의 활용을 규정하는 것이었다고 설명한다. 그리스인들은 기독교문화에서와는 달리 성행위를 그 자체로서 악이라 규정하지 않았으며, 그것의 비도덕성이 과잉과 수동성에 있다고 생각하였다. 개인이 자기 자신과의 관계를 정립하고 도덕적 주체로 형성되는 데 이 과잉과 수동성이 방해가 되고 위협이 되므로 성적 활동은 신중하게 실천해야 했으며, 따라서 가장 큰 가치는 절제가 되었던 것이다.

이와 마찬가지로 고대 그리스의 부부관계에서도 부부 문제의 핵심은 부부 각자가 자신의 성과 지위에 상응하는 형식과 이유에 의해서 절제를 행해야 한다는 것이었다. 이때 부부관계와 성적 쾌락은 완전히 분리된 것이었으며, 아내와 남편의 현실적 불균형을 토대로 했으므로 남편과 아내의 절제는 동일한 것이 아니었다. 그러나 강압적이지는 않았으되 도덕적으로 요구된 성적 충실성은 자기 자신과 맺는 상이한 관계양태 속에서 드러나는 자아自我의 기술이었다.

고대 그리스 사회에서 특별한 관심의 대상이었던 소년애少年愛에 있어 성인 남자와 소년 사이에 작용한 구애술求愛術은 하나의 전략으로서, 이는 두 사람 사이의 절제관계를 함축하고 있었다. 여기서 우선권은 도덕적 행위의 주체로 성장해야 할 소년에게 주어졌으며, 소년은 성인 남자와 동일한 주체로서 절대 수동적인 역할을 받아들여서도, 상호적인 쾌락을 인정하지도 않아야 했다. 소년의 성장과 더불어 이러한 동성애는 보다 지속적이고 숭고한 가치를 지닌 우애로 전환되어야 한다는 문제도 그리스인들의 오랜 논란거리였다. 여기서 진정한 사랑이 문제시된다. 우리는 소년애와 관련하여 진실에의 접근과 성적 엄격함 간의 상호 관련성을 성찰함으로써 문제설정의 영역들이 이동하는 것을 볼 수 있을 것이다. 그것은 사랑의 행위의 문제에서 사랑의 실재에 대한 의문으로의 이행, 소년의 명예의 문제에서 진실에 대한 사랑의 문제로의 이동, 파트너간의 불균형 문제에서 진리를 향한 사랑의 집중의 문제로의 이행, 마지막으로 사랑받는 대상인 소년의 미덕이란 문제로부터 주체로서의 사랑과 그의 예지로의 이행이다.

이렇게 본 성性의 역사는 쾌락의 활용과 관련된 주체화 양식의 역사이다. 푸코는 주체화의 양식이 없는, 즉 금욕주의나 자기의 실천이 없는 도덕적 주체의 정립은 있을 수 없다고 결론내리고 있다.

푸코는 이러한 분석을 통해서 현대의 새로운 성의 윤리학을 정치精緻화시키는 데에 그리스인들의 문제설정이 도움을 줄 수 있으리라고 생각한 것 같다. 물론 완벽한 대안이 된다는 의미는 아니다. 다만 이같이 다른 유형의 윤리학의 존재를 환기시킴으로써, 오로지 과학적 지식에 그 토대를 둔 현대의 윤리학에 대해 의혹의 가능성을 부여한다는 사실에 의해 그럴 수 있다는 것이다. 철학이란 푸코의 말처럼 이미 알고 있는 것을 정당화하는 대신에 얼마나, 어떻게 다르게 생각하는 것이 가능한지를 알려고 하는 것이 아니겠는가.

《쾌락의 활용》, 그리고 여기서 다루어진 주제들이 서력 기원 초기 2세기 동안의 그리스, 라틴어 텍스트 속에서 어떻게 문제화되었는지를 분석하고, 자기에 대한 관심에 의해 지배되는 삶의 기술 속에서 그 문제화가 겪는 굴절을 분석한 《자기 배려》, 《성의 역사》 제 2, 3권인 이 두 권의 저서는 1984년 6월에 출간되었다. 당시 책 속에 끼워진 안내란에 의하면 《성의 역사》는 10월 출간예정인 제 4권 《육체의 고백》으로 완결될 예정이었다. 이것은 3권에 이어지는 시기인 기독교 초기 시대의 육체의 경험과 욕망의 정화적 판독 및 해석이 거기서 수행하는 역할을 다루게 될 것이었다. 실상 앞서 언급한 바와 같이 《지식의 의지》 후편 3권 중 이 마지막 권이 가장 먼저 씌어졌다. 푸코는 2, 3권의 교정을 끝낸 후 《육체의 고백》을 다시 손질하기 시작했고 그것은 곧 끝날 예정이었다. 그러나 6월 초에 쓰러져 입원한 푸코는 6월 말에 급작스레 숨을 거둔다. 에리봉에 의하면 푸코는 아마도 '사후 출판'을 원하지 않는다는 유언을 남긴 듯하고 그의 가족들이 그 유언을 존중하고 싶어했기 때문에 이 마지막 책은 출간되지 않았다고 한다. 그러나 피에르 노라, 폴 벤느 등 그의 학문적 동료들은 그와 같은 유언이 완벽을 추구하는 푸코의 성격 때문이겠지만, 《육체의 고백》은 《성의 역사》의 한 부분이고 그것도 그 열쇠에 해당하는 중요한 부분이므로 최소한의 편집, 혹은 책의 상태를 독자들에게 설명하는 '알림말'을 곁들여 출판하는 것이 합당하다고 주장하고 있다. 이들의 주장이 받아들여져 언젠가 이 《성의 역사》 마지막 권을 접할 수 있게 되기를 기대해 본다.

14년 전에 번역했던 책을 다시 손본다는 것은 참으로 만감이 교차하는 작업이었다. 오래전 철없던 시절에 써놓은 서툰 작문을 다시 꺼내보는 듯한 부끄러움, 모자람을 알아볼 수 있을 만한 눈이 떠졌다는 일말의 안도감, 부족한 번역을 꾸준히 찾아준 독자들에 대한 고마움, 그리고 서툰 글을 바로잡을 기회를 준 나남출판 여러분에 대한 감사함 등 …. 푸코가 국내에 막 소개되기 시작하던 때라 그에 대한 지식이 여러 모로 부족했던 14년 전 당시와 비교해볼 때, 《광기의 역사》, 《감시와 처벌》을 비롯한 그의 주요 저서들이 모두 완역되고, 그의 전기를 비롯한 여러 비평서들이 번역, 소개되어 있는 지금의 상황에서, 눈앞에 다가온 죽음을 예감한 푸코가 8년의 모색과정을 거쳐 세상에 펴낸 그의 마지막 저서 《성의 역사》는 더 깊은 이해와 또 다른 울림으로 읽힐 수 있을 것이다.

워낙 숨이 긴 문장과 그의 해박한 지식을 함축적으로 담아내는 푸코의 글쓰기 탓에 그의 문장을 하나하나 다시 읽으며 우리말로 풀어내는 작업은 새로운 발견의 즐거움인 동시에 여전히 그의 의미를 온전히 담아낼 수 없는 역자의 부족함에 대한 안타까움의 시간이기도 하였다. 미흡하지만 좀더 매끄럽고 정확한 의미전달이 되도록 하기 위해 최선을 다하였으니 독자 여러분의 푸코 이해에 조금이나마 보탬이 되었으면 한다.

끝으로 번역의 대본으로는 *L'usage des plaisirs* (Gallimard, 1984) 를 사용하였음을 참고로 밝혀둔다.

2004년 2월

문경자 · 신은영

일러두기

1. 저자의 원주는 1, 2, 3 … 으로 표시하였다.

   원서에서는 매 면마다 새 번호를 매겼으나 이 책에서는 절 단위로 일련번호를 매겼다.

2. 원서의 ' « » '는 이 책에서 작은따옴표 (' ') 로 표기하였다.

서론

Histoire de la sexualité

L'usage des plaisirs

1

변형

이 일련의 연구는 내가 예고했던 것보다 훨씬 더 늦게, 그리고 아주 다른 형태로 출간되었다.

  그것은 이 연구가 행동의 역사가 되거나, 표상의 역사가 되어서는 안 된다는 이유에서였다. 이것은 '성性의 역사'가 되어야 했다 ― 여기서 인용부호에는 그 나름의 중요성이 있다. 내가 의도했던 바는 성적 행동과 실천이 계속해서 어떤 형태를 지니고 발전, 확산되었는가를 살펴 그 역사를 재구성하는 것이 아니었다. 이러한 행동들을 표현해 온 사상(과학적, 종교적, 혹은 철학적) 들의 분석 역시 내가 의도했던 것이 아니었다. 나는 우선 '성'이라는 대단히 일상적이고 극히 새로운 이 개념 앞에 멈추어 서 보고자 했다. 즉, 그것에 대해 거리를 두고 물러서서 우리에게 익숙해진 이 자명한 '성'이란 것에서 비껴나 그것과 관계된 이론적·실천적 배경을 분석하고자 했다. '성'이라는 용어 자체는 19세기 초에 뒤늦게 등장했다. 이것은 과소평가되거나 과대해석되어서는 안 되는 사실이다. 그것은 어휘의 수정과는 다른 것을 의미한다. 하지만 분명한 것은 그것이 '성'과 관계된 것의 갑작스런 출현을 알리지는 않는다는 것이다. '성'이라는 단어를 사용하게 된 것은 다른 현상들과 관련된 것이었다. 즉, 다양한 지식영역이 발달하고(행동의 개인적, 혹은 사회적 변이체뿐만 아니라 생식의 생물학적 메커니즘을 포괄하는), 종교·사법·교육·의학제도들에 따라 달라지는, 부분적으로는 전통적이고 부분적으로는 새로운 규칙과 규범들의 총체가 정립되었으며, 또한 개인들이 그들의 행위와 의무, 쾌락, 그들의 감정과 감각, 꿈에 의미와 가치를 부여하는 방식이 변화되었던 것이다. 결국 문제가 되는 것은 서구 현대사회에서 개인이 스스로를 '성'의 주체로 인식하게 되는 이러한 '경험'이 어떻게 형성되었는가를 보는 것이다. 이제 '성'은 대단히 다양한 지식의 영역으로 개방되며, 규칙과 구속의 체제로 유기적 구성을 갖추게 된다. 따라서 경험이 어떤 문화에서 지식영역간의, 규범성의 유형과 주관성의 형태들간의 상관관계를 의미하는 것이라 할 때, 내가 계획하는 바는 경험으로서의 성의 역사에 관한 것이었다.

성에 관해 이렇게 이야기한다는 것은 당시에 널리 퍼졌던 사상의 도식으로부터 벗어난다는 의미를 내포하고 있었다. 그 사상의 도식이란 성을 불변의 상수로 만드는 것, 그리고 성이 역사적으로 특이한 형태를 취하면서 드러나는 것을 모든 사회에서 성이 직면한 다양한 억압 메커니즘의 결과로 가정하는 것이다. 이것은 욕망과 욕망의 주체를 역사의 영역 밖으로 밀어내는 것이며, 금기라는 일반적 형태를 통해,

성에 있을 수 있는 역사적인 것을 파악하려 드는 것이다. 그러나 이러한 가정을 거부하는 것 자체만으로는 충분하지가 않았다. '성'을 역사적으로 특이한 경험인 것처럼 말할 때 또한 전제가 되는 것은, 성을 구성하는 다음 3개의 축을 그 각각에 고유한 특성과 상관관계 속에서 분석할 수 있는 도구들을 자유롭게 쓸 수 있어야 한다는 것이었다. 즉, 성과 관계된 지식의 형성, 그것의 실천을 규제하는 권력체계, 그리고 개인이 그 안에서 스스로를 이 성의 주체로 인식할 수 있고 인식해야만 하는 형태들이라는 3개의 축 말이다. 그런데 처음 두 가지 점에 대해서는 내가 전에 시도했던 작업 — 의학과 정신의학에 관계된 것이건 처벌권력과 징계행위에 관계된 것이건 간에 — 을 통해 필요한 도구들을 얻을 수 있었다. 즉, 담화활동의 분석을 통해 과학과 이데올로기의 딜레마에서 벗어나 지식이 어떻게 형성되었는지를 추적할 수 있었고, 권력관계와 그 기술의 분석을 통해 그것들을 개방된 전략으로 간주하게 되면서, 권력을 지배적인 것으로 받아들이거나 아니면 우상이라 규탄해야 하는 식의 양자택일에서 벗어나게 되었다.

그 반면에 개인들이 스스로를 성적 주체로 인식하게 되는 방식들의 연구는 내게 훨씬 더 어려운 과제였다. 욕망이나 욕망하는 주체라는 개념은 그 당시 하나의 이론은 아니라도 어쨌든 일반적으로 받아들여지는 이론적 테마 중 하나였다. 그런데 그것이 이렇게 받아들여진다는 것 자체가 이상한 일이었다. 사실, 고전적 성 이론의 핵심에서뿐만 아니라 그 이론으로부터 벗어나려는 개념들 속에서도 바로 이 테마가 몇 가지 변형된 형태로 계속 발견되었다. 19, 20세기에, 오랜 기독교 전통으로부터 계승된 것처럼 보이는 것도 역시 이 테마였다. 성의 경험은 특이한 역사적 형상으로서 '육신'에 대한 기독교적 경험과는 물론 구분될 수 있는 것인데, 이 양자는 모두 '욕망인慾望人'의 원칙에 의해 지배되는 것처럼 보인다. 어쨌든 욕망과 욕망하는 주체에 관한 역사적·비평적 작업 없이 18세기 이래 성의 경험이 어떻게 형성·발전되었는지를 분석한다는 것은 어려워 보였다. '계보학'에 손을 대지 않고서는 말이다. 여기서 내가 말하고자 하는 바는 욕망, 정욕, 혹은 리비도라는 연속된 개념들의 역사를 쓰겠다는 것이 아니라 어떤 실천들을 분석하겠다는 것이다. 바로 이 같은 실천들을 통해 개인들은 자신들 사이에 어떤 관계를 작동시킴으로써 그들 자신에게 주의를 기울이고 자신을 해독하고 자신을 인식하고 스스로를 욕망의 주체라 고백하게 되었던 것이다. 이때 개인들이 자신들 사이에 작동시키는 관계는 이들이 욕망에서 — 그것이 자연스런 것이건 타락한 것이건 간에 — 그들 존재의 진실을 발견할 수 있도록 해준다. 요컨대 이러한 계보학에서 의도하는 바는 개인들이 어떻게 자기 자신과 타인들에 대해 욕망의 해석학을 시행하게 되었는가를 탐구하는 것이다. 개인들의 성적 행동이 이 같은 해석학의 계기가 되었던 것은 확실한 일이지만 그것만이 이 해석학의 독점적 영역이었던 것은 분명 아니었다. 결국, 현대의 개인이 어떻게 해서 스스로를 '성'의 주체로 경험할 수 있게 되었는가를 이해하기 위해서는 그 전에 반드시 수세기 동안 서구인이 스스로를 욕망의 주체로 인식하게 된 방식을 도출해내야 했다.

흔히 지식의 진보라 지칭되었던 것을 분석하기 위해서는 이론적 방향전환이 반드시 필요해 보였는데, 그 때문에 나는 지식을 표현하는 담화행위의 형태에 관해 질문을 던지게 되었다. 대개 '권력'의 표명이라 기술되는 것을 분석하기 위해서도 역시 이론적 방향전환이 필요했는데, 그 같은 방향전환을 통해 나는 차라리 권력의 행사에 개입되는 다양한 관계, 개방된 전략들, 그리고 합리적 기술들에 대해 질문을 던지게 되었다. '주체'로 지칭되는 것을 분석하기 위해 이제 세 번째 방향전환이 필요한 것 같았다. 즉, 개인은 자기와의 관계를 통해 스스로를 주체로 세우고 주체로 인식하게 되는데, 이 같은 자기와의 관계가 어떤 형태와 양태들을 취하는지를 탐구해야만 했던 것이다. 17, 18세기의 몇몇 경험과학의 예에 따라 인간 상호간의 진실의 작용에 관해 연구하고 또, 처벌행위의 예에 따라 권력관계들과 관련된 진실의 작용들의 연구를 끝내고 나자 또 다른 작업이 필요 불가결해 보였다. 그것은 자기가 자기에 대해 갖는 관계 속에서의 진실의 작용, 그리고 자아의 주체정립에 관해 연구하는 것이었는데, 이것은 욕망인의 역사라 불릴 수 있을 것을 연구의 참조영역, 탐구분야로 삼는 것이었다.

그러나 이러한 계보학에 손을 댈 경우 처음 계획과는 아주 동떨어진 곳으로 내가 이끌려 가리라는 것은 자명한 일이었다. 나는 선택해야 했다. 이 욕망의 테마에 대한 간략한 역사적 조사를 덧붙이면서 기존의 계획을 그대로 유지하든가, 아니면 고대에 오랜 시간에 걸쳐 형성된 자기해석학自己解釋學을 중심으로 연구 전체를 재편성하든가 해야 했다. 내가 택한 것은 후자였다. 어쨌든 내가 해야만 하는 것 — 내가 수 년 전부터 몰두하고 싶었던 것 — 은 진리의 역사에 도움이 될 만한 몇 가지 요소들을 도출해 내기 위한 시도라고 생각했기 때문이었다. 즉, 지식 중에 있을 수도 있는 진실한 것의 역사가 아니라 '진실의 작용들'의 분석을 시도하고자 했던 것이다. 존재가 그것을 통해 역사적으로 스스로를 정립해 가는 진실의 작용, 스스로를 경험으로서, 다시 말해 사고될 수 있고 사고되어야만 하는 것으로서 정립해가게 되는 진위眞僞의 작용에 대한 분석 말이다. 인간이 스스로를 광인狂人으로 인지할 때, 그가 스스로를 병자라 생각할 때, 그가 스스로를 말하고 일하는 살아있는 존재로 생각할 때, 그가 스스로를 심판하여 죄인으로 처벌할 때 어떤 진실의 작용을 통해 인간은 자신의 고유한 존재를 사고하는 데 몰두하는 것일까? 어떤 진실의 작용을 통해 인간이란 존재는 스스로를 욕망인으로 인식했던 것일까? 이 같은 질문을 제기하고, 이전에 내게 친숙했던 영역과는 동떨어진 시기와 관련해 그 질문을 구상하려는 것, 그것은 분명 내가 계획했던 초안의 포기와 같은 것이었다. 하지만 이로써 오래 전부터 내가 제기하고자 했던 질문에는 보다 근접한 것 같았다. 비록 이런 식으로 근접하기 위해 몇 년간의 보충 작업이 필요하긴 했지만 말이다. 분명 이 같이 멀리 우회하는 데는 여러 가지 위험이 있었다. 하지만 내게는 그럴 만한 동기가 있었고, 이러한 연구에서 이론적으로 유리한 어떤 점을 찾아낸 것 같았다.

위험? 그것은 내가 예고했던 출판계획을 지연시키고 뒤엎는 것이었다. 나는 내 작업의 도정과 우회를 따라준 사람들 — 내가 생각하는 것은 콜레주 드 프랑스Collège de France의 수강생들이다 — 과 그것이 끝나기를 끈기 있게 기다려준 분들 — 누구보다도 피에르 노라Pierre Nora — 에게 감사한다. 애를 쓰는 것, 시작하고 다시 시작하는 것, 시도해보는 것, 틀리는 것, 모든 것을 처음부터 끝까지 다시 하는 것, 그리고도 여전히 발걸음을 머뭇거릴 방도를 생각해 내는 것, 요컨대 의구심을 품고서 신중하게 작업하는 것이 포기와 다름없어 보이는 사람들로 말하자면, 우리가 그들과 같은 세계에 속한 사람들이 아니라는 것은 명백한 일이다.

내가 너무 모르는 문헌들에 손을 댄다는 것 또한 위험한 일이었다.[1] 즉, 그 유래가 다르기 때문에 그것들에 거의 적합하지 않은 분석형태나 질문방식을 나도 모르는 사이 적용시킬 위험이 있었다. 브라운P. Brown의 저작들, 헤이돗P. Hadot의 저작들, 몇 차례나 되풀이된 그들과의 대담, 그리고 그들의 의견이 내게 큰 도움이 되었다. 반면에 내게는 또한 고대 문헌들과 친숙해지려고 애쓰다가 내가 제기하고자 했던 문제들의 흐름을 잃어버릴 위험이 있었다. 버클리 대학의 드레퓌스H. Dreyfus와 레비노우P. Rabinow의 성찰과 질문에 의해, 그리고 그들의 요구 덕분에 나의 이론적·방법론적 재정식화 작업이 가능했다. 왈F. Wahl은 내게 귀중한 충고를 주었다.

베느P. Veyne가 이 몇 해 동안 지속적으로 나를 도와주었다. 그는 진정한 역사가로서 진실을 탐구하는 것이 무엇인지를 알고 있다. 그러나 그는 참과 거짓의 작용의 역사를 쓰려고 할 때 사람들이 늘 빠지게 되는 미궁 또한 알고 있다. 그는 어느 사상에서나 진리의 역사라는 문제가 지닌 위험과 맞서기를 받아들인, 오늘날엔 아주 드문 그런 사람

---

[1] 나는 그리스어 학자도 라틴어 학자도 아니다. 그러나 거기에 충분한 관심과 인내와 겸손과 주의를 기울인다면 고대 그리스와 로마의 원전들에 충분히 친숙해질 수 있을 것 같아 보였다. 이 때 친밀성이라 함은 분명 서양철학을 구성하는 어떤 실천에 의거하여 우리 사상의 기원을 알아볼 수 있는 사상으로부터 우리를 멀리 떼어놓는 차이와, 동시에 우리가 끊임없이 파헤치고 있는 이 먼 거리에도 불구하고 그대로 남아 있는 근접성에 대해 질문을 던지게끔 해주는 그런 친밀성을 의미한다.

들 중의 하나이다. 이 책의 한 장 한 장에 끼친 그의 영향은 형언하기가 어려울 것이다.

　나를 충동질한 동기로 말하자면, 그건 아주 간단했다. 몇몇 사람들이 보기엔 그것 자체만으로도 충분할 수 있으리라 생각한다. 그것은 호기심인데, 어쨌든 유일하게 약간은 고집스럽게라도 실행될 만한 가치가 있을 그런 유類의 호기심이다. 알아야만 하는 것을 제것으로 만들고자 하는 호기심이 아니라 자기 자신으로부터 벗어날 수 있게 해주는 호기심이 그것이다. 앎에 대한 열정이 지식의 획득만을 보장할 뿐 어떤 식으로든, 그리고 되도록이면 아는 자의 일탈을 확실히 해주지 않는다면 무슨 소용이 있겠는가? 삶에는 사람들이 생각하는 것과 다르게 생각하고, 사람들이 보는 것과 다르게 인지할 수 있는지 없는지를 아는 문제가, 계속적인 인지나 생각을 위해 필요 불가결한 순간들이 있다. 아마도 사람들은 이 같은 자기 자신과의 유희는 뒤에 숨어 있기만 하면 되는 것이라고 내게 말하리라. 그리고 그 같은 유희는 기껏해야 효력을 발생하고 나면 스스로 사라져버리는 준비작업의 일부라고 말하리라. 하지만 그렇다면 오늘날 철학은 — 내가 말하고자 하는 것은 철학적 활동인데 — 무엇인가? 그것은 사고에 대한 사고의 비판작업이 아니겠는가. 그리고 사람들이 이미 알고 있는 것에 정당성을 부여하는 대신에 어떻게, 그리고 어느 만큼까지 다르게 생각하는 것이 가능할지를 알려고 하는 것이 아니겠는가. 철학적 담론이 밖으로부터 타인들을 지배하고 그들에게 그들의 진리가 어디에 있으며 그것을 어떻게 찾는가를 말해주고자 할 때, 혹은 순수하게 실증적으로 그들의 옳고 그름을 가릴 수 있다고 자부할 때, 그 철학적 담론은 얼마간은 터

무늬없는 것이다. 그보다 바로 그 철학적 사고 속에서 철학과는 무관한 지식의 훈련에 의해 변화될 수 있을 것을 탐구하는 것이 철학의 권리인 것이다. '시도' — 이것은 의사소통의 목적에 맞게 타인을 단순화시키는 것으로가 아니라 진실의 작용 속에서 자기 자신을 변형시키려는 시험으로 이해되어야만 하는데 — 는 철학의 살아있는 본체이다. 적어도 철학이라는 것이 오늘날에도 여전히 예전과 같은 것이라면, 다시 말해 그것이 사고에서의 '고행', 자기의 훈련이라면 말이다.

다음의 연구들은 내가 이전에 시도했던 다른 것들과 마찬가지로 그것이 다루는 영역이라든가 취하는 출전들로 볼 때 '역사'에 관한 연구이다. 그러나 이것은 '역사가'의 저작은 아니다. 이 연구들이 다른 사람들에 의해 이루어졌을 수도 있을 작업을 요약하거나 종합하지 않는다는 뜻이다. 그것의 '실용성'의 관점에서 바라보건대 이 연구들은 오랫동안 모색된, 그리고 종종 새로 시작하고 정정할 필요가 있었던 훈련의 원형이다. 그것은 철학적 훈련이었다. 이 철학적 훈련의 관건은 그 자신의 역사를 사고하는 작업을 통해 사고가 어느 정도나 무언중의 생각으로부터 벗어날 수 있으며, 얼마만큼이나 다르게 사고할 수 있는지를 아는 것이었다.

내가 이런 위험들을 무릅쓰는 것이 옳은 일이었을까? 그것은 내가 말할 바가 못 된다. 단지 내가 알고 있는 것은 연구의 테마와 연대기적 지표를 이렇게 변형시킴으로써 이론적으로 어떤 유리한 점을 찾아낼 수 있었다는 것뿐이다. 즉, 두 개의 일반화가 가능했는데, 이를 통해 연구를 보다 광범위한 지평에 올려놓는 동시에 그것의 방법과 대상을 보다 명확히 할 수 있었던 것이다.

이와 같이 현대로부터 기독교를 거쳐 고대까지 거슬러 올라가는 중에 불가피해 보였던 것은 아주 간단하고도 일반적인 하나의 문제제기였다. 즉, 어째서 성적 행동이, 그것과 관계된 행위와 쾌락이 도덕적 관심의 대상이 되는가? 어쨌든 어떤 순간, 어떤 사회, 혹은 어떤 그룹들에서는 개인으로서의, 혹은 전체로서의 삶에서 음식을 섭취하는 행위나 공민권의 이행과 같은 여러 다른, 본질적 영역들에 기울이는 도덕적 관심보다 이 윤리적 배려가 더 중요하게 보이는 것은 어찌된 일인가? 어떤 대답이 곧바로 머리에 떠오르리라는 것을 나는 잘 알고 있다. 그것은 그것들이 근본적 금기의 대상, 그것의 위반이 중대한 과오로 간주되는 금기의 대상이기 때문이라는 것이다. 그러나 이것은 문제 자체를 해답으로 제시하는 것이다. 그리고 이것은 특히 성행위에 관한 도덕적 배려가 그것의 강도나 형태들에 있어 언제나 금기의 체제와 직접적 관계를 맺는 것은 아니라는 사실을 등한시하는 것이다. 분명, 의무도 금지도 없는 곳에서 도덕적 관심이 강한 경우가 종종 있다. 요컨대, 금기와 도덕적 문제설정은 별개의 문제이다. 따라서 내가 보기에 중심적 맥락이 되어야 하는 것은 다음과 같은 문제였다. 즉, 어떻게, 무슨 이유로 해서, 그리고 어떤 형태하에 성행위가 도덕적 영역으로 정립되었는가? 그 형태나 강도가 다양하긴 하지만 도덕적 배려가 이토록 지속적인 것은 무슨 이유에서인가? 어떻게 해서 이런 식으로 '문제설정'이 된 것인가? 결국, 행동이나 표상의 역사에 대립되는 사고의 역사가 안고 있는 과제는 다음과 같은 것이다. 즉, 인간이라는 존재가 자신의 존재, 자신이 하는 것, 그리고 그가 살고 있는 세계를 '문제화'하게 되는 상황을 정의하는 것 말이다.

그러나 이같이 대단히 일반적인 문제를 제기하면서, 그리고 그것을 그리스와 그리스-라틴 문화에 대해 제기하면서 내게 떠오른 생각은 이러한 문제설정이 우리 사회에서 분명 대단한 중요성을 지녔던 실천들의 총체, '존재의 기술'이라 불릴 수 있을 그런 실천들의 총체와 관련되어 있는 것처럼 보인다는 것이었다. '존재의 기술'이란 인간들이 그것을 통해 스스로 행동규칙을 정할 뿐 아니라 스스로를 변화시키고 그들의 특이한 존재 속에서 스스로를 변형시키며, 그들의 삶을 어떤 미학적 가치를 지닌, 그리고 어떤 양식의 기준에 부합하는 하나의 작품으로 만들고자 하는 신중하고도 자발적인 실천으로 이해해야만 한다. 이 '존재의 기술', '자아의 기법'이 기독교의 사목적 권력행사에 통합되면서, 그리고 나중에는 교육적, 의학적, 혹은 심리학적 유형의 실천들에 통합되면서 그 중요성과 자율성을 어느 정도 상실했음은 의심할 나위가 없다. 그렇다고 해도 이 존재의 미학과 자아의 기법의 오랜 역사가 씌어지고 계승되어야 하리라는 사실에는 변함이 없다. 부르크하르크Burckhardt가 르네상스 시기에 그것의 중요성을 강조했던 것은 이제 오래 전 일이다. 그러나 그것의 존속, 그것의 역사, 그리고 그것의 발전은 거기서 멈춘 것이 아니다. 2 어쨌든 내가 보기엔 고대에서 성적 행동이 문제로 설정된 데 관한 연구는 이 같은 '자아의 기법'의 전체사의 한 장 — 첫 장들 중 하나 — 으로 간주될 수 있을 것 같았다.

---

2 Burckhardt 이래로 이 존재의 기술과 미학의 연구가 완전히 등한시되었다고 생각하는 것은 부정확한 일일 것이다. Baudelaire에 대한 Benjamin의 연구를 생각해 보라. S. Greenblatt의 최근 저서인 *Renaissance Self-fashioninng* (1980) 에서도 흥미로운 분석을 찾아볼 수 있다.

사람들이 자신의 관점을 바꾸기 위하여, 자신들이 알고 있는 것의 지평을 변화시키기 위하여, 그리고 약간 옆으로 비껴서 보기 위해 기울이는 이 같은 노력에는 다음과 같은 아이러니가 내포되어 있다. 그러한 노력을 통해 실제로 다르게 사고하게 되었는가? 아마도 기껏해야 사람들이 이미 생각하던 것을 다르게 생각하고, 사람들의 행위를 다른 각도에서, 그리고 보다 분명한 빛에 비춰볼 수 있게 되었을 뿐일 것이다. 사람들은 자신과 거리를 두게 되었다고 생각했으나 자기 자신과 일직선으로 서 있는 것이다. 여행은 사물을 젊어지게 만들고 자기와의 관계를 노화시킨다. 이제 나는 내가 이 진리의 역사라는 시도에 어떤 식으로 착수했는지, 그리고 계속되는 갖가지 단장斷章들을 통해, 또 약간은 맹목적으로 이 시도에 뛰어들었는지를 좀더 잘 알 수 있을 것 같다. 즉, 나는 행동이나 사상, 사회나 그것의 '이데올로기'들을 분석한 것이 아니다. 인간 존재가 어떤 식의 '문제설정'을 통해 스스로를 사유될 수 있고 사유되어야만 하는 대상으로 내주게 되는지를, 그리고 그 같은 문제설정의 출발점이 되는 '실천들'을 분석한 것이다. 고고학적 차원의 분석은 문제설정의 형태들까지도 분석할 수 있게 해준다. 계보학적 차원의 분석은 실천과 그것의 변형으로부터 출발하여 어떤 식으로 문제설정이 되어왔는지를 분석할 수 있게 해준다. 어떤 '정상화'의 윤곽을 그려 보이면서 사회적·의학적 실천에 입각하여 광기와 질병을 문제 삼게 되는 것, 어떤 '에피스테믹'한 규칙에 따르는 담화행위 속에서 삶과 언어행위와 노동을 문제 삼게 되는 것, '규율적' 모델에 따른 어떤 처벌행위에 입각하여 죄와 범죄적 행위를 문제 삼게 되는 것이 그것이다. 이제부터 내가 보여주고자 하는 것은 고대에 성적 활동과 쾌락이 '존재의 미학'의 기준을 작동시키면서 자기의 실천〔修身〕을 통해 어떻게 문제화되었는지 하는 것이다.

지금까지 설명한 이유에서 나는 모든 연구를 고대에서부터 초기 기독교에 이르기까지의 욕망인의 계보학에다 집중시켰다. 나는 단순한 연대기적 구분에 따랐다. 그 계보학의 첫째 권인 《쾌락의 활용》은 기원전 4세기의 고대 그리스 문화에서 철학자와 의사들이 성적 활동을 문제로 설정한 방식의 연구에 할애되었다. 《자기 배려》는 기원 1, 2세기의 그리스와 라틴 문헌에서 이것이 문제로 설정된 방식의 연구에 할애되어 있다. 마지막으로 《육체의 고백》은 육체에 대한 학설과 사목 교서의 형성을 다루고 있다. 내가 사용한 문헌들은 대부분 '규제적' 텍스트들이 될 것이다. 이 말은 그 형태가 어떠하건 간에(연설, 대화, 논설, 교훈집, 편지 등) 행동규칙의 제안을 그 주요 목표로 삼는 문헌들을 뜻하는 것이다. 나는 오로지 쾌락이나 정념의 학설과 관련된 이론적 문헌들의 의미를 밝히고자 할 경우에만 이 규제적 텍스트들을 참조할 것이다. 내가 분석할 영역은 품위 있게 행동하기 위한 규칙, 의견, 충고를 제시하겠다고 주장하는 문헌들로 이루어져 있다. 이 문헌들은 사람들이 읽고, 배우고, 깊이 생각하고, 사용하고, 시험하라고 만들어졌으며, 궁극적으로 일상적 행동의 골격을 세우는 것을 목표로 하고 있다. 때문에 그것 자체로 '실천'의 대상이 되는 '실천적' 문헌들인 것이다. 이 문헌들의 역할은 개인들이 자신의 행동에 대해 자문하고 그것에 유의하고 그것을 도야하고 자기 자신을 윤리적 주체로 형성시킬 수 있게 조작해 주는 것이었다. 이것들은 결국 플루타르코스에 있는 단어로 바꾸어 놓자면 '풍속-시학적' 기능에 관계된 것이다.

그러나 이러한 욕망인의 분석이 문제설정의 고고학과 자기실천의
계보학의 교차점에 위치하기 때문에 나는 본론에 들어가기 전에 먼저
이 두 가지 개념에 주의를 기울여 보고자 한다. 즉, 내가 파악한 '문제
설정'의 형태들을 설명하고 '자기실천'이란 말이 의미할 수 있는 바를
지적하고서, 어떤 역설과 어려움 때문에 내가 금기에 입각하여 씌어
진 도덕체계들의 역사를, 자기실천에 입각하여 씌어진 윤리적 문제설
정의 역사로 대치시키게 되었는가를 설명하겠다.

2

문제설정의 형태들

사람들이 일단 '이교', '기독교', '도덕', '성도덕' 같은 일반적 범주들을 받아들인다고 가정해 보자. 어떤 점에서 '기독교의 성도덕'이 '고대 이교주의의 성도덕'과 가장 뚜렷이 대립되는지를 그들이 묻는다고 가정해 보자. 근친상간의 금지, 남자의 지배, 여자의 예속? 분명 이런 대답들이 주어지지는 않을 것이다. 우리는 이 현상들이 다양한 형태하에 얼마나 항구적으로 광범위하게 퍼져 있는지를 알고 있다. 십중팔구는 다른 구분점들이 제안될 것이다. 성행위 자체의 가치 — 기독교는 그것을 악, 죄, 타락, 죽음과 연결시키는 반면, 고대에는 그것에 긍정적 의미들을 부여했다. 합법적 파트너의 제한 — 기독교는 그리스나 로마 사회에서와는 달리 일부일처의 결혼에 대해서만 부부관계를 용인했고 이러한 관계에서도 오직 생식만을 목표로 한다는 원칙을 부여했다. 동성관계의 가치 폄하 — 기독교에서는 그것을 엄격히 배척했던 반면 그리스에서는 적어도 남자들 사이의 동성관계는 찬양했고 로마에서는 그 관계를 용인했다. 이 같은 3가지 주요 대립점에 덧붙여 우리는 기독교가 이교 도덕과는 달리 엄격한 금욕, 영원한 순결, 그리고 동정성에 지고至高의 도덕적·영적 가치를 부여했다는 점을 말할 수 있을 것이다. 요컨대, 오랫동안 그렇듯 중요한 것으로 간주된 이 모든 점들에 대해 —성행위의 본성, 일부일처제에의 충실성, 동성애 관계, 순결— 고대인들은 차라리 무관심했고, 그것이 그다지 그들의 주의를 끌지도 못했으며 그들에게 별로 민감한 문제가 되지도 않았던 것 같다.

하지만 이것은 그다지 정확한 얘기는 아니다. 우리는 초기 기독교의 교의와 고대의 도덕철학 사이에서 직접적인 차용, 대단히 긴밀한 연속성을 확인할 수 있는데, 이를 돋보이게 함으로써 그 점을 손쉽게 밝힐 수 있을 것이다. 알렉산드리아의 클레망Clément이 지은《교육자》는 결혼생활에서의 성적 행동을 다룬 최초의 위대한 기독교 문헌인데, 제2권 10장은 성서에 몇 가지 준거를 두고 있을 뿐만 아니라 이교 철학에서 직접적으로 차용한 원칙과 개념들에 의거해 씌어 있다. 여기서 이미 성적 행동과 악이 어떤 식으론가 결부되며, 생식을 위한 일부일처의 규칙, 동성관계의 비난, 금욕의 찬양 등이 나타난다. 이것이 전부가 아니다. 보다 오랜 역사의 층위 속에서 우리는 항구불변하는 어떤 테마와 불안과 요구들을 찾아볼 수 있다. 이것들은 분명 기독교 윤리와 현대 유럽사회의 도덕에 흔적을 남기고 있지만 이미 그리스나 그리스-로마사상의 핵심에 분명히 존재했던 것들이다. 공포의 표현, 행동의 모델, 가치폄하된 자태의 영상, 금욕의 예 같은 다음 몇 가지 것들이 이를 입증해 준다.

1. 공포

정액을 유출시킨 젊은이들은 "육체의 모든 습성 속에서 조락凋落과 노
쇠의 흔적이 드러난다. 그들은 기력이 없고 힘이 없고 둔해지고 얼이
빠지고 쇠약해지고 식욕이 없어지고 열정이 없어지며 사지가 무거워
지고 다리가 마비되며 극도로 허약해진다. 한마디로 거의 완전히 회
복될 가망이 없어져 버린다. 이러한 질병은 몇몇 사람들에게서는 마
비로 진척되기까지 한다. 사실 체질의 재생원칙과 생명의 원천 자체
가 약해졌으니 어찌 신경계통의 병에 안 걸리겠는가?" 이러한 질병은
"그 자체로 수치스러운 것이며, 그것이 쇠약증에 이르게 된다는 점에
서 위험하고, 이 쇠약증은 종족번식에 장애가 된다는 점에서 사회에
해가 되는 것이다. 그것은 모든 점에서 수많은 질병의 원천이므로 신
속한 구조를 필요로 한다. "1

   이 문헌을 통해 우리는 18세기 이후로 의학과 교육학에서 수태능력
도 파트너도 없는 단순한 성적 소모에 대해 품어왔던 강박관념을 쉽게

---

1   Arétée, *Des signes et de la cure des maladies chroniques*, II, 5. 불어 번역자인 L.
    Renaud(1834)는 이 구절에 다음과 같은 주석을 달고 있다. "여기서 문제가 되고
    있는 유정(流精)은 오늘날 이러한 명칭을 지니고 있는 질병, 그리고 임질이라 불
    리는 것이 보다 적절할 그런 질병과는 본질적으로 다르다. … 여기서 Arétée가 이
    야기하고 있는 단순한 유정, 혹은 진짜 유정을 특징짓는 것은 정사와 관계없이 무
    의식적으로 전립선액이 섞인 정액이 유출된다는 것이다. 이러한 수치스런 질병은
    대개 수음에 의해 야기되며 수음의 결과 중 하나이다. "(p. 163) 이 번역은 *Corpus
    Medicorum Graecorum*에서 찾아볼 수 있는 그리스 원전의 의미를 약간 변형시키고
    있다.

파악할 수 있다. 장황하게 지어낸 글들을 통해, 자기의 성을 남용하는 자에게 한결같이 예고되었던 것은 인체의 점차적 쇠약, 개인의 죽음, 그 종족의 파멸과 종국에는 전 인류에 미치게 될 손실이었다. 쾌락을 죽음과 악의 영역에 설정했던 기독교적 전통이 19세기 의학사상에서 '자연주의적'이고 과학적인 방식으로 계승되면서 이런 공포를 유발했던 것 같다.

그런데 이러한 묘사는 실은 기원 1세기에 그리스 의사 아레테우스가 쓴 문헌을 이 시대의 문체로 자유롭게 번역한 것이다. 또한 같은 시기에 개인의 생명에 가장 해로운 결과를 가져올 수 있을 무절제한 성행위에 대한 두려움의 증거를 많이 찾아볼 수 있을 것이다. 예를 들어 소라누스는 성적 행동이 어쨌든 순수하고 소박한 금욕과 동정보다는 건강에 좋지 않다고 생각했다. 그보다 더 오래 전의 의학에서도 성적 쾌락의 활용에 있어 신중함과 절제의 필요성에 대해 엄한 충고가 주어진다. 즉, 적절하지 않은 때 성적 쾌락을 활용하지 말 것, 쾌락을 즐길 때의 상황을 고려할 것, 그것에 내포된 폭력과 제대로 관리하지 못하는 실수를 두려워할 것 등이다. 심지어 어떤 이들은 "자기 자신을 해치고자 할 때"에만 쾌락에 탐닉하라고 말한다. 결국 이 공포는 아주 오래 전부터 있었던 것이다.

2. 행동도식

우리는 살레스의 성 프란시스가 부부의 덕목德目을 어떤 식으로 권유했는지를 알고 있다. 그는 결혼한 사람들에게 한 쌍의 코끼리가 보여주는 아름다운 습속의 모델을 제시하면서 자연의 거울에 비춰보라고 들이민다. 그것은 "거대한 동물에 불과하지만 지상에서 가장 고상하며 가장 지각 있는 동물이다. … 코끼리는 결코 제 짝을 바꾸지 않으며 선택한 암컷을 다정하게 사랑하지만, 3년에 한 번씩만 교미하는데 그것도 단지 5일 동안이며, 또 너무도 은밀히 하기 때문에 그 행위를 할 때는 아무도 볼 수가 없다. 그러나 6일째 되는 날 모습을 나타내고는 곧장 강으로 가 몸을 씻는다. 자기가 깨끗해지기 전에는 절대 무리에게로 돌아가려고 하지 않는다. 이것이야말로 아름답고 정숙한 성질이 아닌가?"[2] 그런데 이 문헌 자체는 알드로반디Aldrovandi, 게스너 Gessner, 뱅상 드 보베Vincent de Beauvais, 그리고 그 유명한 생리학자들 등, 오랜 전통을 통해 전해 내려온 테마의 변형이다. 우리는 플리니우스에게서 이미 그 이야기를 찾아볼 수 있다. 성 프란시스의 《신앙생활 입문》은 이 플리니우스의 이야기를 거의 유사하게 따르고 있는 것이다. "코끼리들이 은밀히 교미하는 것은 성적 수치심 때문이다. … 암컷은 2년에 한 번씩만, 그것도 5일 동안만 교미하지 그 이상은 하지 않는다고 한다. 6일째 되는 날 강물에 몸을 씻고 난 다음에야 자기네 무리와 다시 합류한다. 코끼리는 간통을 모른다."[3] 플리니우스는 성

---

2 François de Sales, *Introduction à la vie dévote*, III, 39.

프란시스만큼 명백히 교훈적인 도식을 제안하고자 했던 것은 아니다. 이것은 부부가 서로에게 정절을 지키는 것이 그리스인과 로마인들 사이에서 일반적으로 받아들여지고 승인된 계율이었다는 얘기가 아니다. 그러나 이것은 후기 스토이시즘 같은 몇몇 철학 사조에서는 지속적으로 주어진 교훈이었다. 그것은 또한 미덕과 영혼의 강건함과 자기제어의 표현으로 인정되었던 행동이었다. 결혼하기로 마음을 먹은 나이에 아직 어떤 여자와도 관계를 가져본 적이 없는 카톤 2세, 그리고 더욱이 "그의 긴 생애를 통해 오직 한 여인, 그가 결혼한 첫 여인이자 유일한 여인이었던 한 여인만을 가까이 했던"**4** 라에리우스는 칭송의 대상이 될 수 있었다. 이 서로에게 충실한 부부관계 모델에 관한 정의는 더 멀리까지 거슬러 올라가 찾을 수도 있다. 이소크라테스는 니코클레스의 말을 인용하여 "결혼 후에 자기 아내 이외의 그 누구와도 성 관계를 갖지 않았다"**5**는 사실에 니코클레스가 얼마나 큰 도덕적·정치적 중요성을 부여하는지를 보여준다. 그리고 아리스토텔레스는 자신의 이상적 도시국가에서 남편과 다른 여자와의 관계나 아니면 아내와 다른 남자와의 관계가 "절대적으로 그리고 예외 없이" "불명예스러운 행동"으로 간주되기를 바란다.**6** 합법적 배우자에 대한 남편의 성적 '충실성'은 법에 의해서도, 관습에 의해서도 요구된 바 없다. 그럼에도 불구하고 사람들은 여전히 그 문제를 제기했으며 그것은 몇몇 모

---

3 Pline, *Histoire naturelle*, VIII, 5, 13.

4 Plutarque, *Vie de Caton*, VII.

5 Isocrate, *Nicoclès*. 36.

6 Aristote, *Politique*, VII, 16, 1335b.

럴리스트들이 대단한 중요성을 부여하는 엄격함의 한 형태였다.

3. 영상

19세기 문헌들 속에는 동성연애자나 성도착자의 전형적 초상화가 있다. 이 가치폄하적 묘사에 어김없이 등장하는 것은 그의 행동, 태도, 야하게 치장하는 방식, 교태뿐만 아니라 그의 얼굴 형태와 표정, 해부학적 구조, 몸 전체의 여성적 형태 등이다. 이처럼 가치폄하적인 묘사는 성적 역할의 전도顚倒라는 테마와 동시에 자연에 대한 죄의 당연한 상흔傷痕이란 원칙과 관계된 것이다. 마치 "자연 전체가 성적 기만의 공모자가 된" 것 같다고들 한다. 7 분명 이러한 영상에 대해서는 길게 이야기해야 할 것인데, 실제 행위가 이 영상에 부합될 수 있었던 것은 귀납과 도발의 복잡한 상호작용에 의해서였다. 이 틀에 박힌 초상화는 지나치리만큼 부정적인데, 이를 통해 우리는 아주 오래 전부터 성적 역할의 전도와 동성간의 관계라는 두 가지 서로 다른 이 현상들을 우리 사회에 통합시키는 것이 얼마나 어려운 일이었는지를 추측해 낼 수 있을 것이다. 그런데 이러한 영상은 혐오스런 후광을 둘러쓰고 수세기를 전해 내려왔다. 그것은 이미 제정시대 그리스 로마 문학 속에 대단히 분명하게 그려져 있었다. 4세기에 《관상학》의 익명의 작자가 묘사한 에페미나투스의 초상화에서, 그리고 《변형》에서 아풀레우스

---

7 H. Dauvergne, *Les Forçats*, 1841, p. 289.

가 조롱하는 아타르가티스의 사제들의 묘사에서,8 프뤼스의 디온이 군주정치에 관한 그의 한 논설에서 무절제의 다이몬daimōn에 대해 제안하는 상징적 표현 속에서9 우리는 그것을 찾아볼 수 있다. 또한 에픽테투스가 자기 계급의 기저에 있는 저 시시한 웅변술 교사들, 곱슬머리에 향수를 뿌리고 다니는 저 웅변술 교사들에게 그들이 남자인지 여자인지를 물어보면서 잠깐 그들을 언급하는 데서도10 찾아볼 수 있다. 수사학자 세네카가 대단히 혐오스럽게 여겼던 그 주위의 퇴폐적 젊은이들에게서도 볼 수 있을 것이다. "노래하고 춤추는 불건전한 정열이 우리네 여자같이 방종한 이들의 영혼을 가득 채우고 있다. 곱슬머리를 하고, 아양스런 여자 목소리에 비길 만큼 가느다란 목소리를 내고, 관능적 태도를 두고 여자들과 경쟁하고, 애써서 음란하게 꾸며대는 것, 그것이 우리네 젊은이들의 이상이다. … 태어날 때부터 유약하고 신경질적이었던 그들은 대체로 여전히 그러하며, 언제고 다른 이들의 정숙함을 공격할 준비는 되어 있지만 자기들의 정숙함에는 개의치 않는다."11 그러나 이 초상화와 그 주요한 특성들은 그보다 더 오래된 것이다. 그것은 소크라테스가 《파이드로스》의 첫 강연에서 나약하고 우아하게 자라난, 그리고 분紛과 장신구로 온통 치장한 소년들에 대한 사람들의 사랑을 비난할 때 암시되고 있다.12 아가톤은 "농업

---

8   Apulée, *Métamorphoses*, VIII, 26 sq.
9   Dion de Pruse, *Discours*, IV, 101~115.
10 Epictète, *Entretiens*, III, 1.
11 Sénèque le Rhéteur, *Controverses*, I, Préface, 8.
12 Platon, *Phèdre*, 239c~d.

의 여신 데메테르의 축제"에서 바로 이런 모습 — 창백한 안색, 수염을
밀어낸 뺨, 여자 같은 목소리, 사프란 색 옷, 헤어네트 — 13으로 나타
나 그의 대화자가 자신이 정말 남자 앞에 있는 건지 여자 앞에 있는 건
지를 의아해 할 정도로 만든다. 이것을 소년애나 아니면 일반적으로
동성애라 지칭되는 것에 대한 비난이라고 보는 것은 대단히 부정확한
일일 것이다. 여기서 알아보아야 하는 것은 그보다는 남자들 사이에
가능한 몇 가지 관계양상에 관한 대단히 부정적인 평가의 결과, 더불
어 남성적 역할의 지표와 특권들을 자발적으로 포기한다는 표지가 될
수 있는 모든 것에 대한 대단한 혐오감이다. 어쨌든 남성들의 사랑의
영역이 고대 그리스에서는 현대 유럽사회에서보다 훨씬 '자유로울' 수
도 있었을 것이다. 그래도 변함없는 사실은 그 이후 오래도록 지속될
강력한 부정적 반작용과 가치폄하의 형태들이 아주 일찍부터 뚜렷이
나타난다는 것이다.

4. 금욕의 모델

쾌락의 포기를 통해 성적 활동에 의해서는 불가능했을 진리와 사랑의
경험을 하게 된다는 생각이 널리 퍼졌던 것과 마찬가지로, 유혹에 빠
지지 않으며 쾌락에 대해 등을 돌릴 수 있는 덕성스런 영웅이란 기독
교에 친숙한 형상이다. 그러나 이교주의의 고대에서도 성적 쾌락을

---

13 Aristophane, *Thesmophories*, v. 130 sq.

포기할 만큼 자신과 자신의 탐욕을 제어할 수 있다는 이 절제된 투사들의 형상은 잘 알려져 있었다. 정결의 서원誓願을 한 뒤 평생 동안 성관계를 갖지 않았던 티안느의 마술사 아폴로니우스 훨씬 전에도[14] 그리스에는 유사한 모델들이 잘 알려져 있었고 존경을 받았다. 어떤 이들에게서 이 같은 극단적 덕목은 자신에 대한 자제력의, 따라서 타인들에 대한 권력의 가시적 표지였다. 그리하여 크세노폰의 아게질라스는 "그에게 어떤 욕망도 불러일으키지 않는 자들에겐 손도 대지 않았을" 뿐만 아니라 그가 사랑하는 소년을 포옹하는 것까지도 단념했다. 그리고 "모든 사람들이 그의 절제의 증인이 될 수 있도록" 사원이나 아니면 눈에 띄는 장소에서만 기거하도록 유의했다.[15] 그러나 다른 사람들에게 이러한 금욕은 그들을 인간 본성보다 우월한 어떤 요소와 직접 접할 수 있게 해주고, 그들을 진리의 존재 자체에 이르게 하는 어떤 형태의 지혜와 직접적으로 연결되어 있었다. 모든 사람이 가까이 하고자 하고, 모든 사람들이 사랑하며, 모든 사람들이 그 지혜를 얻고자 했던 《향연》의 소크라테스가 바로 그러했다. 알키비아데스의 도발적 아름다움에 손을 대지 않을 수 있었다는 점에서 드러나고 입증되는 이러한 지혜 말이다.[16] 성적 금욕과 진리에의 접근 사이의 관계라는 테마는 이미 뚜렷이 나타나 있었던 것이다.

하지만 이러한 몇 가지 실례들에 지나치게 매달려서는 안 된다. 이

---

14 Philostrate, *Vie d'Apollonius de Tyane*, I, 13.

15 Xénophon, *Agésilas*, 6.

16 Platon, *Banquet*, 217a~219e.

것만으로 기독교의 성도덕과 이교의 성도덕이 연속된다고 추론해 낼 수는 없을 것이다. 물론 몇 개의 테마나 원칙, 개념들이 양쪽에서 동일하게 발견될 수는 있다. 그렇다고 해서 그것들이 같은 위상이나 가치를 지니고 있는 것은 아니다. 소크라테스는 유혹에 대항해 싸우는 사막의 예수가 아니며 니코클레스는 기독교인 남편이 아니다. 여자로 분장한 아가톤 앞에서 아리스토파네스가 짓는 웃음은 먼 후대에 의학적 담론에서 찾아볼 수 있을 성도착자에 대한 가치폄하와는 거의 공통점이 없다. 게다가 교회와 기독교 사목 교서에서 주장하는 원칙들은 그 계율들이 구속적이고, 그것이 미치는 범위가 보편적이라는 점을 염두에 두어야만 한다(그것은 개인의 위상과 관계된 규칙의 차이도, 고유한 지향점을 지닌 금욕적 운동들의 존재도 예외로 두지 않는다). 그 반면 고대 사상에서는 엄격함의 의무가, 통일되고 논리적이며 독선적이고 모든 사람들에게 같은 방식으로 부과되는 하나의 도덕으로 체계화되지는 않는다. 그것은 차라리 부수적인 것이었고 일반적으로 받아들여지던 도덕과의 관계에서 볼 때 '잉여'와 같은 것이었다. 게다가 그것은 "분산된 온상들"을 통해 나타났다. 이 온상들은 여러 가지 철학적, 혹은 종교적 운동에 그 기원을 두었으며, 여러 가지 다양한 그룹들 안에서 자기들이 발전할 토양을 찾아냈다. 그것들은 각기 특이한 모습을 지닌 절제나 엄격함의 양식들을 강요한다기보다는 제안했다. 피타고라스의 엄격함은 스토아학파 사람들의 엄격함이 아니었고, 스토아학파 사람들의 엄격함은 에피쿠로스가 권하는 것과는 또 아주 달랐다. 우리가 개략적으로 훑어본 몇 가지 비교를 근거로 기독교의 성도덕이 이를테면 고대사상 속에 "이미 형성되어" 있었다고 결론지어서는 안 된다. 그보다는 일찍이 고대의 도덕적 성찰 속에서 육체적 삶, 결혼제도, 남자들 사이의 관계, 그리고 지혜의 존재를 중심으로, 그에 관한 성적 엄격함의 테마 — '4중 테마' — 가 형성되었다고 이해해야 할 것이다. 그리고 이러한 테마는 제도와 모든 계율, 극도로 다양한 이론서 속에서 수없이 수정되었지만 그럼에도 불구하고 시대를 관통하는 어떤 항구성을 지녀왔다. 마치 고대로부터 4가지 문제제기점들, 대개 여러 다른 도식에 따라 성적 엄격함에의 배려가 끊임없이 재정식화되는 출발점이 되어 온 4가지 문제제기점들이 있었던 것처럼 말이다.

그런데 유의할 것은 이러한 엄격함의 테마들이 사회적, 국가적, 혹은 종교적인 주요 금기들에서 그어놓을 수 있는 분할선과 일치하지는 않았다는 점이다. 일반적으로 도덕에서 엄격함이 가장 지속적으로 요구되는 것은 사실 가장 근본적인 금지들이 있는 부분, 가장 강제적인 의무가 있는 부분에서라고 생각할 수 있을 것이다. 그럴 수도 있다. 그리고 기독교나 현대 유럽의 역사에서 아마도 그 본보기들을 찾아볼 수 있을 것이다.**17** 그러나 고대에는 그렇지 않았던 것 같다. 이것은 우선 성적 행동에 관한 모든 도덕적 고찰에서 특이하게 눈에 띄는 불균형을 통해 극명하게 드러난다. 여자들은 일반적으로(창녀의 위상으로 부여받을 수 있는 자유를 제외하고는) 대단히 엄격한 구속에 따라야

---

17 결혼관계에 관한 도덕의 발전, 보다 분명히 말해 부부관계에서 배우자들의 성적 행동에 관한 고찰(기독교 사목 교서에서 그렇게도 대단한 중요성을 지녔던)의 발전은 먼 중세에 있었던 결혼의 기독교적 모델이 천천히 뒤늦게, 그리고 어렵사리 자리잡은 결과라고 생각할 수도 있다(cf. G. Duby, *Le Chevalier, la Femme et le Prêtre*, 1981).

만 한다. 하지만 이 도덕은 여성용 도덕이 아니다. 여기서 환기되고, 정당화되거나 상술되는 것은 여자들의 의무도 책임도 아니다. 그것은 남자들의 도덕이다. 남자들에 의해 생각되고 쓰어지고 가르쳐진, 그리고 분명 자유인인 남성용 도덕인 것이다. 여기서 여자들은 대상으로서, 아니면 기껏해야 그네들이 자기네 권력하에 있을 때에는 양성하고 교육하고 보살펴야 하고, 그 반면에 그네들이 다른 사람(아버지, 남편, 후견인)의 권력하에 있을 때에는 삼가야 하는 파트너로 나타나고 있을 뿐이다. 분명 이것은 성적 행동에 관한 도덕적 성찰에서 가장 주목할 만한 점들 중 하나이다. 그것은 남자와 여자에게 필요한 조정을 통해 양자에게 다 같이 유효한 규칙들의 영역과 행동의 장을 정의하려 하지 않는다. 그것은 남자들의 관점에서 그들의 행위에 형태를 부여하기 위해 만들어진 남성적 행위의 완성이다.

더욱이 그것이 남자들에게 이야기하는 행위들은 모든 사람이 인정한 금기들, 종교적 규약이나 관습, 혹은 계율에서 엄숙하게 환기되는 몇 개의 금기들과 관계될 수도 있을 그런 행위들이 아니다. 그 도덕이 이야기하는 것은 남자들이 자기네 권리, 권력, 권위, 그리고 자유를 활용해야 할 바로 그 행위들에 관한 것이다. 쾌락의 실천이 비난받지 않을 경우 결혼생활의 어떤 규칙, 어떤 관습도 남자가 소년들과 갖는 혼외의 성적 관계를 금하지 않는다. 소년들과의 성적 관계는 적어도 어떤 한계 내에서는 용인되고 일상적이었으며 심지어 더 큰 가치를 부여받기까지 했다. 이러한 성적 엄격함의 테마들은 근원적이고 본질적인 금지의 표현이나 해설로 이해되어서는 안 된다. 이것은 어떤 활동이 그 권력을 행사하고 자유를 실천함에 있어 완성되고 양식화되는 것으로 이해해야만 한다.

　이는 성적 엄격함의 테마가 쓸데없이 지나친 기교에 지나지 않거나 어떤 명확한 관심사와도 무관한 공론에 불과하다는 뜻이 아니다. 그와는 반대로 성적 엄격함의 이 위대한 형상들 각각이 어떤 경험의 축, 그리고 다음과 같은 구체적 관계들의 망과 관련이 있다는 것은 쉽게 이해할 수 있는 일이다. 즉, 육체와의 관계 — 여기에는 건강의 문제, 그리고 삶과 죽음의 작용 전체가 포함된다. 다른 성과의 관계 — 여기에는 가족제도와 그것이 만들어내는 관계의 상호작용 속에서 특권적 파트너로서의 부인의 문제가 포함된다. 동성과의 관계 — 여기에는 선택할 수 있는 파트너의 문제, 그리고 사회적 역할과 성적 역할 간의 조정 문제가 포함된다. 마지막으로 진리와의 관계 — 여기서는 지혜에 접근할 수 있도록 해주는 정신적 조건의 문제가 제기된다.

　그러므로 내가 보기엔 전체적으로 다시 중심을 잡아야만 할 것 같았다. 성적 엄격함의 요구 안에 감춰져 있거나 아니면 거기서 드러나는 기본적 금기들을 찾기보다는 어떤 경험적 영역으로부터, 그리고 어떤 형태하에서 성적 행동이 염려의 대상, 숙고해야 할 요소, 양식화의 제재가 되면서 문제로 설정되었는지를 탐구해야 했다. 더 정확하게 말하자면 고대사회에서 자유인인 남자가 불가항력적 금지에 부닥치지 않고 그의 활동을 펼칠 수 있을 것처럼 보였던 4개의 큰 관계영역들이 어찌해서 바로 성적 행동이 강력히 문제로 제기되는 영역이 되었는지를 자문해 보아야만 했다. 왜 그 지점에서 육체에 대해, 아내와 소년과 진리에 대해 쾌락의 실천이 문제가 되는가? 그 관계들에 성적 활동이 끼어들자 어째서 불안과 논쟁과 숙고의 대상이 되었는가? 어떤 이유에서 성적 행동의 감소, 그것의 절제, 그것의 형태화, 그리고 쾌락의 실천에서 엄격한 양식의 정의를 추구하는 사고가 이 일상적 경험의 축들로부터 생겨나게 되었는가? 어떻게 성적 행동이, 이 여러 다른 유형의 관계들을 함축하는 한에서, 도덕적 경험의 영역으로 판단되었는가?

3

도덕과 자기의 실천[修身]

이러한 질문에 답하기 위해서는 몇 가지 방법적 고찰을 해야 한다. 보다 분명히 말하자면, 어떤 '도덕'의 형태들과 변형의 연구에 착수할 때 정해지는 대상에 대해 질문을 던져보아야만 하는 것이다.

'도덕'이란 단어의 모호성은 다들 알고 있다. 이것은 가족, 교육기관, 교회 등과 같은 다양한 규제체제를 통해 개인이나 그룹들에 제시되는 행동규칙과 가치들의 총체를 의미한다. 이러한 규칙과 가치들은 논리적 교리나 명시적 교훈으로 정식화되기도 한다. 하지만 또한 그것들은 파상적으로 전달되기도 하며, 체계적 전체를 형성하기보다는 상보적이고 서로 중화되며 어떤 점에서는 상쇄되는, 그리하여 타협이나 교묘한 회피가 가능해지는 요소들의 복잡한 상호작용을 이루기도 한다. 이러한 조건하에 이 규칙의 총체가 '도덕적 규약'이라 불릴 수 있을 것이다. 그러나 '도덕'이란 또한 개인들에게 제시된 규칙과 가치들과의 관계 속에서 이 개인들의 실제적 행동을 의미하기도 한다. 이 경우에는 그 개인들이 어떤 행동원칙에 복종하는 방식, 그들이 금기 또는 규칙에 따르거나 저항하는 방식, 그들이 가치들의 총체를 존중하거나 무시하는 방식을 지칭하는 것이다. 이러한 측면의 도덕 연구에서는 개인이나 그룹들이 어떻게, 그리고 어느 정도로 변화나 위반의 여지를 지니고서 그들의 문화 속에서 명시적으로나, 혹은 암묵적으로 주어진, 그리고 그들이 다소간 명확하게 의식하는 규제체제에 의거하여 행동하느냐 하는 것을 밝혀주어야만 한다. 현상의 이러한 측면을 '행동의 도덕성'이라 부르기로 하자.

　이것이 전부는 아니다. 사실상 행동규칙, 그리고 이 규칙에 의거해 평가할 수 있는 행동은 별개의 것이다. 그리고 사람들이 '행동해야' 하는 방식, 즉 규약을 형성하는 규제적 요소들에 의거하여 스스로를 행위의 도덕적 주체로 세우는 방식 또한 별개의 문제이다. 하나의 행동규약이 주어졌을 때, 그리고 이 규약에 대한 일치나 대립 정도에 따라 정의될 수 있는 하나의 정해진 행동유형에 있어 도덕적으로 '행동하는' 방식에는 여러 가지가 있다. 행동하는 개인이 단순한 행위자로서가 아니라 이 행동의 도덕적 주체로서 행동하는 여러 다른 방식들이 있는 것이다. 부부에게 확고부동한 생식의지, 상호간에 동등하고 엄격한 정절을 명하는 성적 규제의 규약이 있다고 해보자. 이렇듯 엄격한 규약의 테두리 안에서조차도 그것을 실천하는 방식들, '정절'의 방식은 수없이 많을 것이다. 이러한 차이들은 몇 가지 점에 영향을 미칠 수 있다.

　그 차이들은 '윤리적 실체의 결정'이라 지칭될 수 있을 것, 다시 말해 개인이 자신의 어떠어떠한 부분을 자기 도덕적 행동의 주된 질료로 구성하는 방식과 관계된다. 따라서 정절을 실천하는 것의 본질을 완수하는 행위들 자체에서의 금기와 의무의 엄격한 준수에 둘 수도 있을 것이다. 그러나 우리는 또한 정절의 본질을 욕망의 제어, 그것에 대해 행하는 격렬한 투쟁, 유혹에 대한 저항력에 둘 수도 있는데, 이 때 정절의 내용이 되는 것은 이 같은 경계와 투쟁이다. 이런 조건에서라면 실현되는 행위 자체들보다 정신의 모순된 움직임들이 도덕적 실천의 질료가 될 것이다. 또한 배우자에 대해 느끼는 감정의 강도, 계속성, 상호성, 그리고 부부를 영속적으로 이어주는 관계의 질을 이 도덕적 실천의 질료로 삼을 수도 있다.

차이들은 또한 '복종방식'에도 영향을 미칠 수가 있다. 여기서 복종방식이라 함은 개인이 이 규칙에 대한 자신의 관계를 설정하고 스스로가 그 규칙을 적용해야 할 의무에 얽매어 있는 것으로 인식하는 방식을 말한다. 예를 들어 부부간의 정절을 받아들이고 그것을 큰소리로 내세우며 암암리에 그 같은 습관을 간직하는 사회그룹의 일원임을 인정하기 때문에 그것을 실천하고 또 그것을 강제하는 규칙에 따를 수도 있다. 또한 스스로 그것을 유지하고 재생시켜야 할 책임이 있는 정신적 전통의 계승자라고 생각하기 때문에 그것을 실천할 수도 있다. 또한 어떤 부름에 응답하기 위해, 스스로를 본보기로 제시하기 위해, 혹은 자기 개인의 삶에 광명과 아름다움과 고귀함, 혹은 완전함이란 기준에 부합하는 형태를 부여하기 위해 이 같은 정절을 실천할 수도 있다.

인간은 자신의 행동이 주어진 규칙에 부합하도록 하기 위해서뿐만 아니라 스스로를 자기 행동의 주체로 변화시키기 위해 자기 자신에게

'완성, 윤리적 작업'을 행하는데, 이 작업의 형태에서도 또한 차이가 있을 수 있다. 따라서 성적 엄격함은 계율들의 체계적 총체를 오래도록 수련, 기억, 동화하는 작업을 통해 실천될 수 있다. 그것은 이 규칙들의 정확한 적용 정도를 측정하기 위한 행동의 규칙적 통제를 통해서도 가능하다. 쾌락의 갑작스럽고 전적인, 결정적인 포기의 형태로 성적 엄격함을 실천할 수도 있다. 또한 그것의 유위전변有爲轉變이 일시적 패배에서까지도 그 의미와 가치를 지닐 수 있는 영속적 투쟁의 형태로 실행될 수도 있다. 그것은 또한 욕망이 숨어 있는 가장 은밀한 형태에 이르기까지 그 모든 형태에 있어 욕망의 움직임을 가능한 한 세심하게 지속적으로 자세히 풀어냄으로써 실행될 수도 있다.

마지막으로 또 다른 차이들은 도덕적 주체의 '목적론'이라 지칭될 수 있을 것과 관계가 있다. 왜냐하면 하나의 행위란 그 자체로서, 그리고 그 행위의 특이성만으로 도덕적인 것은 아니기 때문이다. 그것은 행동의 총체들 속에 삽입됨으로써, 또한 그 안에서 차지하는 위치에 의해서도 도덕적인 것이다. 그것은 이러한 행동 총체의 한 요소이자 양상이며 그 지속되는 행동의 한 단계, 그 계속성 속에서 있을 수도 있는 진보를 나타낸다. 하나의 도덕적 행위는 그것에 고유한 완성을 지향한다. 게다가 이 같은 완성을 통해 그것이 목표로 하는 것은 도덕적 행동의 구축이다. 개인이 언제나 가치와 규칙들에 부합되는 행동을 하도록 할 뿐만 아니라 도덕적 주체의 특징이라 할 어떤 존재양식으로 이끌어가는 그런 도덕적 행동의 구축 말이다. 그리고 이 점에서 많은 차이가 있을 수 있다. 부부간의 정절은 점점 더 완전한 자기제어로 향해 가는 도덕적 행동과 관계된 것일 수도 있다. 그것은 세계에 대한 급작스럽고도 근본적인 분리를 표명하는 도덕적 행동일 수도 있다. 그것은 영혼의 완전한 평온, 정념의 동요에 대한 전적인 무감각을 지향할 수도, 혹은 사후의 구원과 불멸의 축복을 보장하는 정화를 지향할 수도 있다.

결국 하나의 행동이 '도덕적'이라 일컬어지기 위해서는 어떤 규칙, 법률, 혹은 가치에 따르는 하나의 행위, 혹은 일련의 행위들로 귀착되어서는 안 된다. 모든 도덕적 행동은 현실 속에서 규약에 의거하여 실행되며, 사실 그 같은 현실, 규약과 어떤 관계를 갖고 있다. 그것은 자기와의 어떤 관계 또한 함축하고 있다. 그것은 단순한 '자기인식'이 아니라 자신을 '도덕적 주체'로 세우는 일인데, 여기서 개인은 자신의 어떤 부분이 이 도덕적 실천의 대상이 되는지를 한정하고, 자신이 따르는 계율에 대한 스스로의 입장을 정의하며, 자신의 도덕적 완성에 값할 만한 어떤 존재방식을 스스로 정한다. 그리고 이를 위해 그는 자기 자신에게 영향력을 행사하고, 자신을 알려고 하며, 스스로를 제어하고, 시련을 겪게 하며, 스스로를 완성시키고 변화시킨다. 각개의 도덕적 행동은 어떤 단일한 도덕적 행동에서 나오는 법이다. 도덕적 행동을 할 때는 언제고 자기 자신을 도덕적 주체로 세우려 하는 법이다. 그리고 도덕적 주체정립에는 '주체화의 양식', 그리고 그것을 뒷받침하는 '금욕주의'나 '자기의 실천'이 따르는 법이다. 도덕적 행동은 가치, 규칙, 금기들의 체계 못지않게 도덕마다 서로 다른 이 자기에 대한 활동의 형태들과 불가분의 관계에 있다.

이러한 구분에는 분명 이론적 결과만이 따르는 것은 아니다. 그것은 역사적 분석에도 중요하다. '도덕'의 역사를 쓰고자 하는 자는 이 단어에 내포된 다음과 같은 여러 다른 현실을 고려해야만 한다. '도덕성'의 역사 — 즉 어떠어떠한 개인이나 그룹들의 행동이 여러 다른 심급審級에 의해 제안된 규칙과 가치에 어느 정도나 부합되는지 아닌지를 연구하는 역사. '규약'들의 역사 — 즉 어떤 사회나 그룹에서 문제되는 규칙과 가치들의 여러 다른 체계, 그 체계들을 활용하는 심급이나 구속, 장치들, 그리고 그 체계들의 다양성, 차이, 혹은 모순이 취하는 형태를 분석하는 역사. 마지막으로 개인들이 스스로를 도덕적 행동의 주체로 세우게 되는 방식들의 역사 — 이 역사는 자기와의 관계를 정립하고 발전시키기 위해, 자기에 대한 성찰, 자기에 의한 자기 인식, 검토, 파악, 자신에게 행하고자 하는 변형 등을 위해 제안된 모델들의 역사가 될 것이다. 이것이 '윤리'와 '금욕주의'의 역사 — 즉 도덕적 주체화의 형태들, 그리고 자기를 확고히 하기 위한 자기실천의 역사라 불릴 수 있을 그런 역사인 것이다.

실제로 넓은 의미에서의 모든 '도덕'이 내가 방금 지적한 두 가지 측면, 즉 행동규약의 측면과 주체화 형태의 측면을 지니는 것이 사실이라 해도, 그 두 가지 측면이 결코 완전히 분리될 수는 없으며 서로가 상대적 자율성 속에서 발전하게 되는 것이 사실이라 해도, 우리가 또한 받아들여야 하는 것은 어떤 도덕에서는 특히 규약과 그 규약의 체계성, 방대함, 모든 가능한 경우에 들어맞을 수 있고 모든 행동영역을 포괄할 수 있는 그 규약의 능력이 강조된다는 사실이다. 그러한 도덕에서는 이 규약을 활용하는, 도덕을 체득하고 준수하도록 강요하며 그 위반을 처벌하는 권력의 심급 측면을 탐구해 보는 것이 중요한데, 이런 상황에서 주체화는 주로 거의 사법적 형태로 이루어진다. 여기서 도덕적 주체는 하나의 법, 혹은 일련의 법들을 따르게 되는데, 그는 이 법에 종속되어 있어서 이를 어기면 과실로 징벌을 받게 되는 것이다. 기독교 도덕을, 아마도 복수의 '기독교 도덕들'이라 해야 할 것을 이러한 모델로 환원시키는 것은 전적으로 잘못된 일이 될 것이다. 그러나 13세기 초에 체계화되어 종교개혁 직전까지 발전된 속죄체계로 인해 도덕적 경험이 상당한 정도로 '법률화', 엄격한 의미에서 '규약화' 되었다고 생각하는 것은 아마도 틀리지 않을 것이다. 종교개혁 이전에 전개된 금욕주의적 영성운동들은 대부분 이에 항거했던 것이다.

우리가 생각해볼 수 있는 또 다른 도덕들은 그와는 반대로 주체화의 형태들과 자기실천의 측면을 탐구하는 데 뛰어나게 역동적인 요인을 지닌 도덕들이다. 이 경우 행동규칙과 규약들의 체계는 아주 단순할 수 있다. 어쨌든 개인이 자기 자신과 맺고 있는 관계, 그의 여러 다른 행동, 사고, 혹은 감정들 속에서 스스로를 도덕적 주체로 세우고자 할 때 이 개인에게 요구되는 것과 비교해 보면, 이 규칙체계의 엄격한 준수는 상대적으로 중요성이 떨어질 수도 있을 것이다. 따라서 이 경우 강조되는 것은 자기에 대한 관계들의 형태, 그것을 완성하는 과정과 기법들, 스스로를 자신의 인식대상으로 부여하는 훈련들, 그리고 자신의 고유한 존재양식을 변화시키게 하는 실천들이다. 기독교에서는 쾌락의 금욕주의적 포기라 불리는 도덕과 반드시 일치하지는 않는 이 같은 '윤리지향성' 도덕들이 '규약지향성' 도덕들에 비해 상당히 중요했다. 그 사이에는 때로는 병치並置가, 때로는 경쟁과 갈등이, 때로는 화해가 있었다.

언뜻 보기에 고대 그리스나 그리스-로마에서는 도덕적 성찰이 행동의 규약화, 허용과 금지의 엄격한 정의보다는 자기실천과 아스케시스

askesis, 즉 훈련문제 쪽으로 훨씬 더 경도되었던 것 같다. 《국가》와 《법률》을 제외하고는 어떤 행동을 취해야 할지를 상세히 규정하는 규약의 원칙, 그 규약의 적용을 감독해야 할 심급의 필요성, 규약의 위반을 처벌하게 될 징벌의 가능성은 거의 언급되지 않고 있다. 법과 관습 — 노모이nomoi — 을 존중해야 할 필요성이 여러 차례 강조되긴 하지만 중요한 것은 법의 내용과 그 적용조건보다는 사람들이 그것을 준수하는 태도에 있다. 무엇보다 강조되는 것은, 욕망과 쾌락에 휩쓸리지 않고 그것들을 제어하고 능가하게 해주며, 평온한 상태에서 판단력을 유지하고, 정념에 대한 모든 내적 종속에서 벗어나게 해주는 자기와의 관계, 자기의 충만한 향유나 자기에 대한 완전한 지상권으로 정의될 수 있는 그런 존재양식에 도달하게 해주는 자기와의 관계이다.

그 때문에 이교 문명의 고대, 기독교 문명의 고대의 성도덕에 관한 연구를 통해 나는 일관되게 다음과 같은 방법을 택한 것이다. 즉, 도덕의 규약적 요소들과 금욕적 요소들 간의 구분을 명심하는 것, 그것들의 공존도, 그것들 사이의 관계도, 그것들의 상대적 자율성도, 그것들 사이에 있을 수 있는 강조점의 차이도 잊지 않는 것, 이 도덕들에서 자기실천의 특권, 그것에 기울일 수 있었던 관심, 그것을 발전시키고 완성시키며 가르치기 위해 행해진 노력, 그것에 관해 통용되던 논쟁, 이런 것들을 드러내는 것처럼 보이는 모든 것을 고려하는 것. 그렇게 되면 고대의 철학적 도덕과 기독교 도덕 간의 연속성(혹은 단절)에 관해 그리도 자주 제기되었던 문제를 변형시켜야만 할 것이다. 기독교가 고대사상에서 차용할 수 있었던 규약적 요소들은 무엇이며, 항구적인 것으로 가정된 성의 차원에서 허용된 것과 금지된 것을 정의

하기 위해 기독교가 그 규약적 요소들에 독단적으로 추가한 요소들은 무엇인가를 자문하는 대신, 규약들의 계속성, 전이, 혹은 변형 속에서 자기와의 관계의 형태들(그리고 그것과 관련된 자기실천들)이 어떻게 정의되고 변형되고 새로 완성되고 다양화되었는가를 자문해 보아야 할 것이다.

우리는 규약들이 중요하지 않다고도, 그것들이 항구적이라고도 생각하지 않는다. 그러나 우리가 주목할 수 있는 사실은 그 규약들이 결국 아주 단순하고 몇 개 안 되는 원칙 주변을 맴돌고 있다는 것이다. 아마도 인간들은 쾌락의 차원에서보다 금기의 차원에서 더 많은 것을 만들어내지는 않는 모양이다. 그 규약들은 또한 대단히 영속적인데 훨씬 후대에 기독교에 가서나 규약화(장소, 파트너, 허용되거나 금지된 행동과 관계된)가 현저히 증가될 것이다. 반면에 개인이 스스로를 성적 행동의 도덕적 주체로 인식하는 방식에는 복잡하고 풍부한 역사성의 장이 있는 것처럼 보인다 — 어쨌든 이것이 내가 탐구하고자 하는 가정이다. 여기서 문제가 되는 것은 고대 그리스 사상으로부터 육체에 관한 기독교 교리와 사목 교서의 성립에 이르기까지 이 같은 주체화가 어떻게 정의되고 변형되었는지를 살펴보는 것이 될 것이다.

이 첫째 권에서 내가 지적하고자 하는 것은 고대 그리스 사상에서 성적 행동이 도덕적 평가와 선택의 영역으로 생각되었던 방식, 그 방식을 특징짓는 몇 가지 일반적 특성들이다. 나는 당시 널리 퍼졌던 '쾌락의 활용' — 크레시스 아프로디지온chrēsis aphrodisiōn — 이란 개념으로부터 출발하여 그것과 관계된 주체화 양식, 즉 윤리적 실체, 복종의 유형, 자기완성과 도덕적 목적론의 형태 같은 것들을 도출하도록 하겠다. 다음으로는 그리스 문화에서 각기 그 존재와 위상과 규칙을 지녔던 하나의 실천(건강관리법의 실천, 동거하는 가족 전체의 관리 실천, 구애술의 실천)으로부터 출발하여 의학, 철학사상에서 이 '쾌락의 활용'이 구상된 방식과 몇 가지 엄격함의 테마들이 정식화된 방식을 연구할 것이다. 이 엄격함의 테마들은 육체에 대한 관계, 아내에 대한 관계, 소년들에 대한 관계, 그리고 진리에 대한 관계라는 경험의 4가지 큰 축 위로 회귀될 것이다.

제1장

쾌락의 도덕적
문제설정

1. 아프로디지아
2. 크레시스
3. 엔크라테이아
4. 자유와 진리

Histoire de la sexualité

L'usage des plaisirs

그리스인들에게서(다른 한편으론 라틴인들에게서도 마찬가지로) '성'이나 '육체'와 같은 개념을 발견하기란 대단히 어려운 일일 것이다. 외면적으로는 서로 동떨어진 듯한 다양한 현상들, 다시 말해 행동뿐만 아니라 감각, 영상, 욕망, 본능, 정념 등을 같은 성질의 것으로, 같은 기원에서 유래되거나 아니면 같은 유형의 인과관계를 작용시키는 것으로 다시 통합할 수 있게끔 해주는 독특한 실체를 지칭하는 이 개념1을 찾는다는 것이 말이다.

분명 그리스인들은 우리가 '성적'이라 부르는 여러 몸짓이나 행위를 지칭하기 위해 일련의 단어들을 사용하고 있다. 그들에게는 명확한 행동을 지칭하기 위한 어휘가 있으며, 일반적으로 우리가 성적 '관계', '성교' 혹은 '성 관계'라 부르는 것을 지칭하는 보다 모호한 용어들, 즉, 쉬누시아sunousia, 호밀리아homilia, 플레시아스모스plēsiasmos, 믹시스mixis, 오케이아ocheia 등이 있다. 그러나 이 모든 몸짓, 행위, 실천을 포괄하는 전체 범주는 파악하기가 훨씬 더 어렵다. 그리스인들은 명사화된 형용사를 즐겨 사용한다. 즉, 라틴인들이 대략 베네레아venerea로 번역하는 타 아프로디지아ta aphrodisia2가 그것이다. '성행위', 혹은 '사랑의 쾌락', '성 관계', '육신의 행위', '관능적 쾌락' 등 우리는 어떻게든 그것에 해당하는 프랑스어를 찾아보려고 하지만 개념적 총체의

---

1   E. Leski, "Die Zeugungslehre der Antike", *Abhandlungen der Akademie der Wissenschaften und Literatur*, XIX, Mayence, 1950, p. 1248.
2   Cf. K. J. Dover, "Classical Greek Attitudes to Sexual Behaviour", *Arethusa*, 6, n. 1, 1973, p. 59; Id., *Greek Popular Morality*, 1974, p. 205, et *Homosexualité grecque*, pp. 83~84.

차이 때문에 그 용어를 정확히 번역하기가 힘들다. 우리들이 쓰는 '성'이란 개념은 단지 보다 광범위한 영역을 포괄하기만 하는 것은 아니다. 그것은 다른 유형의 현실을 지칭한다. 그리고 그것은 우리들의 도덕과 지식에서 아주 다른 기능들을 지니고 있다. 반면에 우리에게는 어떤 식으론가 분할해서 아프로디지아와 유사한 총체를 규합시킬 개념이 없다. 내가 이 그리스 용어를 여러 차례 그 원형대로 쓰더라도 아마 너그럽게 보아줄 수 있을 것이다.

나는 이 장에서 기원전 5세기부터 3세기 초에 이르기까지 일반적 쾌락, 특별히 성적 쾌락과 관련지을 수 있는 여러 철학 혹은 의학 학설들을 빠짐없이 설명할 생각도, 심지어 그것들을 체계적으로 요약해 제시할 생각도 없다. 육체에 관한 양생술, 결혼에 관한 가정관리술, 소년들에 관한 연애술, 그리고 진리에 관한 철학들, 이 4가지로 발달된, 성적 행동의 주요한 양식화 유형에 관한 연구의 서언으로서 내가 의도하는 바는 단지 그것들의 뼈대가 되는 몇 가지 일반적 특성을 도출해내는 것이다. 왜냐하면 그것들이 아프로디지아에 관한 여러 사상에 공통된 것이었기 때문이다. 물론 이 시대의 그리스인이 중세의 기독교인이나 현대의 유럽인보다 어떤 성적 행동을 훨씬 쉽게 용인했다는, 그런 일반적으로 통용되는 명제를 받아들일 수도 있다. 또한 사목적·의학적인 그 어떤 제도이건 간에 이런 유의 문제에 있어 허용되거나 금지된 것, 정상적이거나 비정상적인 것을 정하겠다고 나서지 않았던 만큼, 더더욱 이 분야에서의 과오나 비행非行이 그때는 추문을 덜 불러일으켰고 보복도 덜 당했다는 사실을 인정할 수도 있다. 또한 그리스인들이 이 모든 문제를 우리보다 그다지 중요시하지 않았다는 사실도 받아들일 수 있다. 그러나 이 모든 것을 받아들이거나 그렇다고 가정한다 해도 불변하는 한 가지 사실은, 그럼에도 불구하고 그리스인들이 그것에 지대한 관심을 기울였다는 것이다. 어떤 사상가, 모럴리스트, 철학자, 의사들은 도시국가의 법이 규정하거나 금지하는 것, 일반적 관습이 용인하거나 거부하는 것만으로는 자신을 배려하는 남자의 성적 행동을 훌륭하게 조절하기에 충분치 않다고 생각했다. 그들은 이런 유의 쾌락을 거론하는 방식에서 도덕적 문제를 인식했던 것이다.

내가 다음에서 밝히고자 하는 것은 바로 그들이 그것에 관심을 기울였던 일반적 양상들, 그들이 아프로디지아에 대해 제기했던 도덕적 질문의 일반적 형태이다. 그리고 이를 위해 나는 서로 상이한 문헌들, 주로 크세노폰, 플라톤, 아리스토텔레스의 문헌들을 사용할 것이다. 여기서 내가 복원시키려 하는 것은 이 문헌들 각각에 그 개별적 의미와 차별적 가치를 부여해 줄 수 있는 '교의敎義적 맥락'이 아니라, 그것들에 공통된, 그리고 그것들 모두를 가능하게 했던 '문제설정의 장'이 될 것이다. 중요한 것은 아프로디지아가 그 일반적 특징 속에서 어떻게 도덕적 배려의 영역으로 형성되는지를 보여주는 것이 될 것이다. 나는 성도덕에 관한 고찰에서 종종 부딪히게 되는 다음 4가지 개념들을 살펴볼 것이다. 우선 아프로디지아의 개념 — 그것을 통해 우리는 성적 행동에서 무엇이 '윤리적 실체'로 인식되는지를 파악할 수 있다. 다음으로 크레시스chrēsis, '활용'의 개념 — 이 개념을 통해 우리는 쾌락의 실천이 도덕적 가치를 부여받기 위해 따라야 했던 복종의 유형을 파악할 수 있다. '제어', 엔크라테이아enkrateia의 개념 — 이 개념은 스스로를 도덕적 주체로 세우기 위해 자기 자신에 대해 가져야만 하는 태도를 정의해준다. 마지막으로 '절제', '예지', 소프로쉬네sōphrosunē 의 개념 ─ 이 개념은 수행 중에 있는 도덕적 주체를 특징짓는 것이다. 이리하여 우리는 성적 쾌락의 도덕적 경험을 구성하는 것, 즉 그것의 존재론, 의무론, 금욕주의, 그리고 목적론의 윤곽을 파악할 수 있을 것이다.

1

아프로디지아

고대에 편찬된 유명한 그리스어 백과사전인 《수다*Souda*》에는 후에 헤지키우스가 그대로 따르게 될 다음과 같은 정의가 제시되어 있다. 아프로디지아*Aphrodisia*란 '활동', '아프로디테의 행위', 즉 에르가 아프로디테스*erga Aphroditēs*라는 것이다. 분명 이런 유의 저작에서 대단히 엄밀하게 개념화하려는 노력을 기대해서는 안 될 것이다. 그러나 그리스인들이 그들의 이론적 사상이나 실천적 사고에서 아프로디지아라는 말이 정확히 의미하는 바를 규정하는 데 별로 집요한 관심을 보이지 않았다는 것은 분명한 사실이다. 그 말이 지칭하는 것의 본성을 규정하거나, 그 영역의 범위를 정하거나, 아니면 그 요소들의 목록을 작성하거나 간에 말이다. 어쨌든 회전식서悔悛式書, 참회입문서, 혹은 정신병리학 서적들에서 찾아볼 수 있는 가능한 행위들의 기나긴 목록에 비길 만한 것은 아무것도 없다. 합법적인 것, 허용된 것, 혹은 정상적인 것을 정의하는 데 쓰이는, 그리고 방대한 금지행위군禁止行爲群을 기술하는 데 쓰이는 일람표도 없다. 무해한 것, 혹은 무고한 것 속에 그 한계가 불분명하고 다양한 얼굴을 가진 힘이 은연중 존재함을 가려 내려는 것이 육체나 성문제의 두드러진 특성인데, 이에 대한 관심과 유사한 그 어떤 것도 없다. 분류도 해설도 없다. 그들은 어느 나이에 결혼하고 아이를 갖는 것이 좋을지, 어떤 계절에 성 관계를 가져야 하는지를 세심하게 결정할 것이다. 그들은 기독교 지도자가 하는 것 같은 이야기들, 어떤 몸짓을 하고 어떤 것은 피해야 하는지, 어떤 전희前 戲가 허용되는지, 어떤 체위를 취해야 하는지, 혹은 어떤 상황에서 교합의 행위를 멈출 수 있는지 등의 이야기들은 결코 하지 않을 것이다. 소크라테스는 정신이 충분히 무장되지 않은 자들에게 그들이 1년 동안 은둔하는 한이 있더라도 미소년을 보지 말라고 충고했다.1 그리고 플라톤의 《파이드로스》에서는 사랑에 빠진 자가 자신의 욕망에 대항해 벌이는 오랜 투쟁이 거론되고 있다. 그러나 후의 기독교 신앙생활에서와는 달리 욕망이 은밀히 영혼으로 들어오는 것을 막기 위해, 혹은 욕망의 비밀스런 자취를 몰아내기 위해 취해야 할 대비책은 그 어디서도 언급되지 않는다. 아마 그보다 더 이상한 것은 아프로디지아의 관리법의 요소들은 어느 정도 상세하게 제안하는 의사들이, 행위 자체가 취할 수 있는 형태들에 관해서는 거의 침묵하고 있다는 점일 것이다. '자연스런' 체위에 관한 몇 가지 지적을 제외하면, 무엇이 자연의 의도에 적합하고 아니면 그에 반하는가에 대해 그들은 거의 아무

---

1 Xénophon, *Mémorables*, I, 3, 13.

말도 하지 않는다.

신중함 때문에? 아마도 그럴 것이다. 물론 그리스인들에게 풍속상의 대단한 자유가 있었다고 할 수는 있지만, 그들이 작품 속에서, 심지어 에로틱한 문학에서까지도, 성행위를 암시하는 표현을 할 때는 상당히 조심스러워 보인다.2 이 점에서는 그들이 상연했던 연극이나 우리가 찾아낼 수 있었던 초상화의 표현들과는 다르다.3 어쨌든 우리가 분명히 감지할 수 있는 것은 크세노폰과 아리스토텔레스, 그리고 후의 플루타르코스에 이르기까지 이 그리스 작가들이 합법적 아내와의 성 관계에 대해 충고하는 것을 별반 품위 있는 일이라고 생각지는 않았으리라는 점이다. 기독교 작가들이 부부간의 쾌락에 관해 의심쩍고 열렬한 충고들을 아끼지 않았던 것과는 달리 말이다. 그리스인들은 후에 고해 받는 지도신부들이 그럴 것처럼 요구와 거부, 최초의 애무, 성교방식, 여기서 느끼는 쾌락과 그것을 적절히 끝내는 방식 등, 이 모든 것들의 작용을 규제할 준비가 되어 있지 않았다.

오늘날 돌이켜 생각할 때 이것은 '망설임'이나 '조심성'으로 인지될 수도 있을 테지만 여기에는 명백한 근거가 있었다. 그것은 이들이 아프로디지아, 그리고 그것에 대해 제기되는 질문의 종류를 고찰하는 방식이 아프로디지아의 심오한 본성, 그것의 규범에 맞는 형태, 혹은 그 숨은 힘의 탐구와는 전혀 다른 방향을 향하고 있었기 때문이었다.

---

2 K. J. Dover는 고대에 이 같은 조심성이 강조되고 있음에 유의한다. *Greek Popular Morality*, pp. 206~207.

3 Cf. K. J. Dover, *Homosexualité grecque*, pp. 17 et sq.

1. 아프로디지아는 어떤 형태의 쾌락을 제공하는 행위, 몸짓, 접촉이다. 후에 성 아우구스티누스가 《참회록》에서 자신의 젊은 시절 사랑에 대한 추억, 강렬했던 애정, 함께 지낸 나날들의 쾌락, 대화, 열정, 웃음을 환기할 때에, 그는 이 모든 것이 외면적으로는 순결하게 보이지만, 실은 우리를 육욕肉慾에 집착하게 하는 이 "유혹적인 것"과 관계된 것이 아니었던가를 자문하게 될 것이다.4 그러나 아리스토텔레스가 《니코마코스 윤리학》5에서 "무절제하다"고 불릴 만한 사람들이 정확히 어떤 이들인가를 알기 위해 스스로 질문을 던질 때, 그의 정의는 대단히 제한적이다. 육체의 쾌락만이 무절제, 즉 아콜라시아 akolasia와 관계가 있다는 것이다. 그리고 그중에서도 시각이나 청각 혹은 후각의 쾌락은 제외시켜야만 한다. 색채나 몸짓, 그림에서 "쾌락을 느끼는 것"chairein은 연극이나 음악에서 그러한 것과 마찬가지로 무절제한 것이 아니다. 과일이나 장미나 향의 향기에 매혹이 되어도 무절제한 것이 되지 않는다. 그리고 《에우데무스 윤리학》에서 이야기되는 바와 같이,6 조상을 바라보거나 노래를 듣는 데 너무 열중해서 식욕이나 성욕을 잃어버린 자에게 무절제하다고 비난할 수는 없을 것이며, 바다 요정들에 매료된 자에 대해서도 마찬가지일 것이다. 왜냐하면 촉감과 접촉이 있는 곳에서만 아콜라시아가 가능한 쾌락이 있기 때

---

4 Saint Augustin, *Confessions*, IV, chap. 8, 9 et 10.
5 Aristote, *Ethique à Nicomaque*, III, 10, 1118 a~b (trad. R. A. Gauthier et J. Y. Jolit).
6 Id. , *Ethique à Eudème*, III, 2, 8~9, 1230b.

문이다. 즉, 먹을 것과 마실 것의 쾌락을 위한 입술, 혀, 목구멍과의 접촉, 성의 쾌락을 위한 육체의 다른 부분과의 접촉이 그것이다. 아리스토텔레스는 또한 체육관에서 안마와 열기에 의해 야기되는 고결한 쾌락들같이 육체의 표면으로 느끼는 어떤 쾌락들을 무절제하다고 의심하는 것은 부당하리라는 사실을 지적한다. 즉, "무절제한 자에게서도 촉각이 육체 전체에 퍼져 있는 것은 아니기 때문이다. 그것은 육체의 어떤 부분들하고만 관계되어 있다."[7]

'육체'와 '성'에 대한 기독교적 경험의 특징 중 하나는 그것이 주체의 각성을 촉구한다는 점이 될 것이다. 즉, 유연하고 위험스러우며 소리 없는 어떤 힘의 발현을 자주 의심해보고 저 멀리서도 인식할 수 있도록 하라고 촉구하는 것이다. 이 힘은 성행위 외에 수많은 다른 형태들로 숨겨져 있을 수도 있기 때문에 더더욱 밝혀낼 필요가 있는 것이다. 이러한 의심이 아프로디지아의 경험에는 존재하지 않는다. 분명 절제의 교육과 훈련에서는 소리와 영상과 향기를 경계하도록 권고한다. 그러나 그것은 이런 것에 기울이는 애착이, 그 본질은 성적인 그런 욕망의 가장된 형태에 불과하다고 보기 때문이 아니다. 그것은 음악이

---

7 *Ethique à Nicomaque, loc. cit.* 또한 Aristote의 저서로 추정되는, *Problèmes*, XX VIII, 2. 참조. 그러나 많은 그리스 문헌에서 욕망이나 사랑의 발생시 시선과 눈에 부여되고 있는 중요성에 주목해야 한다. 하지만 이것은 시선의 쾌락이 그 자체로 무절제하다는 얘기가 아니다. 그것이, 그것을 통해 영혼이 영향을 받게 되는 창구가 된다는 것이다. 이 문제에 관해서는 Xénophon, *Mémorables*, I, 3, 12~13 참조. 입맞춤의 경우, 그것에 함축된 위험에도 불구하고(cf. Xénophon, *Ibid.*) 육체적 쾌락과 영혼의 교류로서 대단히 높은 가치를 부여받았다. 사실 '쾌락의 실체'와 그 변형에 대해서는 전체적으로 역사적 연구를 해야만 할 것이다.

그 리듬으로 영혼을 나약하게 만들 수 있기 때문이고, 연극이 독처럼 영혼을 건드릴 수 있기 때문이며, 어떠한 향기, 어떠한 영상이 "욕망하는 것의 추억"[8]을 불러일으킬 수 있기 때문이다. 그리고 소년들의 영혼만을 사랑할 뿐이라 주장하는 철학자들을 비웃을 때에 사람들이 의심하는 것은 그 철학자들이 아마 자신들도 의식하지 못하는 혼란스런 감정을 품고 있으리라는 것이 아니라, 단순히 사랑하는 소년의 튜닉 속에 손을 집어넣기 위해 그와의 만남을 기대하는 것이 아닌가 하는 점이다.[9]

이런 행위들의 형태는 어떠하며 또 얼마나 다양한가? 자연사에서는 어쨌든 동물들의 그런 행위에 대해 기술이 되어 있다. 아리스토텔레스가 지적하기를, 교미는 모든 동물에게서 동일하지 않으며 같은 방식으로 이루어지지도 않는다는 것이다.[10] 그리고 보다 정확히 말해 태생胎生동물에 할애된 《동물의 역사》VI권 부분에서 그는 우리가 관찰할 수 있는 교미의 여러 가지 형태를 기술하고 있다. 그것은 기관들의 위치와 형태, 쌍방이 취하는 체위, 행위의 지속시간에 따라 다르다. 그는 또한 발정기를 나타내는 행동유형들에 대해 언급하는데, 멧돼지는 싸울 준비를 하며[11] 코끼리들은 발광해서 암컷들 주위로 큰 원

---

8 음악의 위험에 대해서는 Platon, *République*, III, 398e 참조(리디아의 화음은 여자들에게 위험하며, 더군다나 남자들에게는 더더욱 위험하다). 향기와 시각적 영상이 기억을 돕는 역할을 하는 데 대해서는 Aristote, *Éthique à Nicomaque* III, 10, 1118a 참조.

9 오랜 후에 Lucien의 저서로 추정되는 *Amours* (53)에서 이런 유의 비난을 발견하게 될 것이다.

10 Aristote, *Histoire des animaux*, V, 2, 539b.

을 그리면서 그 암컷들이 모여 있는 터나 주인집을 부술 듯이 하다가 자기 경쟁자들에게 달려든다[12]는 것이다. 인간에 관해서는 장기臟器들과 그 기능에 대한 기술은 자세하지만, 성적 행동과 그것의 가능한 변이형들에 대해서는 거의 언급되지 않고 있다. 하지만 이것이 그리스의 의학, 철학, 혹은 도덕에서 인간의 성적 활동에 대해 엄격하게 침묵하는 영역이 있었다는 의미는 아니다. 사실인즉, 그들이 이런 쾌락 행위들에 대해 말하기를 삼갔던 것은 아니다. 그러나 이런 행위들에 대해 질문을 던질 때 문제가 되는 것은 그것들이 취하게 되는 형태가 아니라 그것들이 드러내는 행동이었다. 다시 말해 그것들의 형태보다는 그것들의 역동성이었던 것이다.

이러한 역동성을 결정짓는 것은 아프로디지아 및 그것과 관련된 쾌락, 그리고 그것이 불러일으키는 욕망 사이를 연결 짓는 움직임이다. 쾌락의 유혹, 그리고 이 쾌락으로 향하는 욕망의 힘은 아프로디지아의 행위 자체와 더불어 견고한 하나의 단위가 된다. 이 같은 총체의 해체, 적어도 부분적인 해체가 이후 육신의 윤리학과 성이란 개념의 기본적 특성 중 하나가 될 것이다. 이러한 해체는 한편으로는 쾌락의 어떤 '생략'에 의해 드러날 것이다. 즉, 기독교 사목 교서에 나오는, 육체적 쾌락을 성적 행동의 목표로서 추구하지 말라는 명령에 의해 쾌락은 도덕적으로 평가절하되며, 성의 개념에 있어 쾌락이라는 것에 자리를 내어주기가 지극히 힘들어지는 것으로 보아 그것이 이론적으로

---

11 *Ibid.*, VI, 18, 571b.
12 *Ibid.*, VI, 18, 571b와 572b.

평가절하됨을 알 수 있다. 이러한 해체는 또한 욕망이 점점 더 강도 높게 문제되면서 나타날 것인데, 이 욕망에서는 타락한 본성의 표지나 혹은 인간에 고유한 구조를 보게 될 것이다. 반면에, 아프로디지아의 경험에서 행위, 욕망, 쾌락은 그 요소들이 분명 구분될 수는 있으나 서로가 단단하게 연결된 하나의 총체를 이루고 있다. 분명 이 같은 형태의 활동의 본질적 특성 중 하나가 되는 것은 이 요소들간의 긴밀한 관계이다. 자연은(조금 후에 보게 될 이유들 때문에) 행위의 수행이 쾌락과 결부되기를 원했다. 그리고 바로 이 쾌락이 에피튀미아epithumia, 즉 욕망을 불러일으키는 것이다. 그런데 아리스토텔레스가 환기시킨 다음 원칙, 즉 욕망은 언제나 "기분 좋은 것에 대한 욕망"hē gar epithumia tou hēdeos estin13이라는 원칙에 의거해 볼 때, 욕망은 본래 "쾌락을 주는" 것을 향해 가는 움직임인 것이다. 플라톤이 자주 재론하는 바와 같이, 사실 결핍 없는, 욕망하는 것이 부족하지 않은, 결과적으로 어떤 고통도 섞이지 않은 욕망은 있을 수 없다. 그런데 플라톤은 《필레부스》에서 설명하기를, 욕망은 쾌락을 주는 것의 표상, 영상, 혹은 추억에 의해서만 야기될 수 있다는 것이다. 그는 이로부터 욕망은 마음 속에만 있을 수 있으리라고 결론내린다. 왜냐하면 육체는 결핍으로 인해 타격을 받지만 마음은, 그리고 오직 마음만이 추억을 통하여 욕망하는 것을 현존하게 할 수 있고 따라서 에피튀미아를 불러일으킬 수 있기 때문이다.14 성적 행동의 차원에서 그리스인들의 도덕적 성찰의

---

13 Aristote, *Parties des animaux*, 660b.
14 Platon, *Philèbe*, 44e sq.

대상이 되는 것은, 따라서 엄밀히 말해, 그것의 다양한 양태하에 고찰된 행위 자체도, 그것의 기원이나 방향에 따라 고려된 욕망도, 심지어 그것을 야기할 수 있는 여러 다른 대상이나 실천들에 따라 평가된 쾌락도 아닌 것 같다. 그보다는 행위, 욕망, 쾌락 이 셋을 순환적으로 결합시키는 역동성이다(행위로 이끌어가는 욕망, 쾌락과 결부된 행위, 그리고 욕망을 불러일으키는 쾌락). 어떠한 욕망, 어떠한 행위, 어떠한 쾌락인가 하는 윤리적 문제가 제기되는 것이 아니다. 제기되는 윤리적 문제는 사람이 '쾌락과 욕망'에 얼마만큼이나 강하게 이끌리는가 하는 것이다. 이러한 성적 행동의 윤리학이 근거로 하는 존재론은 어쨌든 그 일반적 형태에서는 결핍과 욕망의 존재론이 아니다. 그것은 행위규범을 정하는 성질의 것이 아니라 행위, 쾌락, 욕망을 연결시키는 힘의 존재론이다. 바로 이 역동적 관계가 이른바 아프로디지아라는 윤리적 경험의 씨앗이 되는 것이다.[15]

이러한 역동성을 분석하는 데는 두 가지 중요한 변수가 있다. 하나는 양적인 것이다. 그것은 행위의 수와 빈도가 나타내는 행동의 정도

---

15 쾌락과 욕망을 대단히 긴밀하게 연결 짓는 표현, 행위와 결부된 욕망 및 쾌락으로 이루어진 역동적 전체를 제어하는 것이 아프로디지아 도덕의 관건임을 보여주는 표현들이 빈번하다는 데에 주목해야만 한다. epithumiai-hēdonai 쌍은 플라톤에게서 흔히 나타난다. *Gorgias* 484d, 491d ; *Banquet* 196c ; *Phèdre* 237d ; *République*, IV, 430e, 431c et d ; IV, 571b ; *Lois*, I, 647e ; IV, 714a ; VI, 782e ; VII, 802e, 864b ; X, 8886b, etc. 또한 Aristote, *Éthique à Nicomaque* VII, 4, 1148a 참조. 쾌락을, 설득력 있고 호소력 있으며 승리하는 힘으로 나타내는 표현 역시 흔하다. Xénophon의 *Mémorables*, I, 2, 23 ; I, 4, 14 ; I, 8 ; IV, 5, 3, etc에서 그러하다.

와 관계된 것이다. 의학이나 도덕에서는 인간들이 어떤 유형의 대상에 편향되는지, 어떤 양식의 성적 행동을 선호하는지에 따라 인간들을 구분짓는 것이 아니다. 인간들을 구분짓는 것은 무엇보다도 이 행동의 강도이다. 즉, 최저와 최고 사이의 분할, 절제 아니면 무절제인 것이다. 어떤 인물의 초상화를 그릴 때 그가 어떠어떠한 형태의 성적 쾌락을 선호하는지 두드러지게 나타내는 일은 아주 드물다. 16 반면에 그 인물을 도덕적으로 특징짓기 위해서는 그가 사랑하는 젊은이의 입맞춤을 거절할 정도로 최대한 절제를 발휘한 아게실라스처럼 여자나 소년들과의 교제에서 절도를 지킬 수 있었느냐17, 아니면 알키비아데스나 아르케실라스처럼 남성과 여성 모두에게서 취할 수 있는 쾌락의 욕망에 빠져들었느냐18를 지적하는 것이 항시 중요하다. 이 문제에 관해서는 《법률》 I 권의 유명한 구절을 지적할 수 있다. 사실 플라톤은 여기서 생식을 목적으로 남녀를 결합시키는 "자연에 부합하는" 관계와 "자연에 반한" 남자와 남자, 여자와 여자와의 관계를 명확히 대립시킨다. 19 그러나 자연이라는 용어로 표명되긴 하지만, 플라톤에

---

16 이야기의 필요성 때문에 어떤 남자의 특별한 소년 취향이 언급되는 일이 있다. Xénophon이 *Anabase*에서 Episthénès란 사람에 대해 했던 것이 그런 이야기이다 (VII, 4). 그러나 그가 Ménon의 부정적 초상화를 그려 보일 때에(II, 6) Ménon에게 비난하는 것은 이런 유의 취향이 아니라 그런 쾌락을 나쁘게 활용했다는 것, 즉 너무 젊은 나이에 억제를 하거나, 혹은 아직 풋내기이면서 너무 나이 든 소년을 사랑했다는 것이다.

17 Xénophon, *Agésilas*, V.

18 Arcésilas에 대해서는 Diogène Laërce, *Vie des Philosophes*, IV, 6 참조. Plutarque는 그렇게 해서 Hypéride가 아프로디지아로 이끌리게 되었음을 지적할 것이다. *Vie de dix orateurs*, 849d.

게 이 대립은 절제와 무절제라는 보다 근본적인 구분에 근거한 것이다. 그리하여 자연과 생식의 원칙에 어긋나는 행동을 비정상적 본성이나 특별한 형태의 욕망에서 비롯된 것으로 설명하지 않는다. 그것들은 과도함의 결과일 뿐이다. 그것들의 기원은 "쾌락에서의 무절제이다akrateia hēdonēs". 20 그리고 《티마이오스》에서 플라톤이 음란은 영혼의 악의惡意에서 비롯된 것이 아니라 육체적 질병의 결과로 간주되어야 한다고 설명할 때, 그는 이 질병을 과잉이라는 중요한 병리에 의거하여 기술하고 있다. 정액은 골수와 뼈대 안에 갇혀 있는 것이 아니라 육체 전체로 철철 넘쳐흐르기 시작할 것이고, 육체는 그 증식력이 정도를 넘어버린 나무같이 될 것이며, 이리하여 개인은 그가 생존하는 대부분의 시간 동안 "과도한 쾌락과 고통"21으로 미쳐있게 되리라는 것이다. 성적 쾌락에서의 부도덕이란 항시 과장, 과도, 과잉 차원의 것이라는 점은 《니코마코스 윤리학》 III 권에서도 찾아볼 수 있는 사상이다. 아리스토텔레스에 따르면 모든 사람에게 공통된 자연적 욕망의 경우, 우리가 저지를 수 있는 유일한 잘못은 양적 차원의 것이다. 그것은 즉, '과잉to pleion'과 관계된 것이다. 자연스런 욕망은 단지 필요를 충족시키는 것일 뿐인데도, "과포화 상태가 될 때까지 아무거나 마시고 먹는 것은 자연이 요구하는 것을 양적으로 초과하는 것이다tōi plēthei". 사실 아리스토텔레스는 각 개인에게 특유한 쾌락들도 인

---

19 Platon, *Lois*, I, 636c.
20 Dion de Pruse 에서도 마찬가지로 소년애가 지나친 무절제에 의해 나타나게 된다는 설명을 찾아볼 수 있을 것이다(*Discours*, VII, 150).
21 Platon, *Timée*, 86c~e.

정한다. "적절한 곳에서" 쾌락을 취하지 않거나, "군중같이" 행동하거나, 쾌락을 "적절히" 취하지 않는 등, 사람은 여러 다른 유형의 잘못을 저지를 수가 있다. 그러나 아리스토텔레스는 덧붙여 말한다. "무절제한 사람들은 그들이 해서는 안 될 것을 충족시키면서 쾌락을 느끼건, 아니면 이 모든 행위가 허용된 것일 경우 그것으로부터 대부분의 사람들보다 더한 쾌락을 이끌어 내건 간에, 그들이 과하고 지나친 huperballousi 이 모든 방식들에 있어 무절제하다는 것이다." 무절제함은 이 분야에서의 과도함이며 "이것은 비난할 만한 것이다". 22 성적 행동의 영역에서 도덕적 평가에 의한 첫 번째 분할선은 행위 및 그 가능한 변이형들의 본성이 아니라 행위와 그것의 양적 추이에 입각하여 그어질 것 같다.

쾌락의 실천은 또한 '역할'이나 '극성'이라 말할 수 있을 또 다른 변수와 관계되어 있다. '아프로디지아aphrodisia'란 단어에는 '아프로디지아제인aphrodisiazein'이란 동사가 대응된다. 그것은 일반적인 성적 활동을 지칭한다. '짐승들이 아프로디지아제인할 수 있는 나이에 도달하게 되는 때'라는 식으로 이야기하는 것이다. 23 그것은 또한 어떠한 성행

---

22 Aristote, *Ethique à Nicomaque*, III, 11, 1118b. 하지만 주목해야 할 사실은 아리스토텔레스가 어떤 이들이 탐닉할 수도 있을 '수치스런 쾌락'의 문제에 몇 번이고 되풀이하여 골몰하고 있다는 것이다(*Ethique à Nicomaque*, VII, 5, 1148b; X, 3, 1173b). 욕망과 그 자연스런 대상과 욕망의 변화의 문제에 대해서는 Platon, *République*, IV, 437d~c 참조.

23 Aristote, *Histoire des animaux*, VIII, 1, 581a. 플라톤은 *République* IV, 426a~b 에서 식이요법에 따르는 대신에 계속해서 먹고 마시고 아프로디지아제인하는 병자들에 대해 이야기한다.

위의 수행을 지칭한다. 크세노폰의 글에서 안티스테네스는 그가 때로 아프로디지아제인하고 싶은 욕구가 있다는 식으로 표현한다. **24** 그러나 그 동사는 능동적 의미로 사용될 수도 있다. 이 경우에 그것은 특별히 성 관계에서 '남성적'이라 불리는 역할, 그리고 삽입에 의해 정의되는 '능동적' 기능과 관계된다. 반대로 그것을 수동적 형태로 사용할 수도 있다. 좀더 그것은 성교에서 또 다른 역할, 즉 대상으로서의 파트너의 '수동적' 역할을 지칭한다. 이 역할, 이것은 자연이 여자들에게 마련해 둔 역할인데, 아리스토텔레스는 소녀들이 아프로디지아스테나이aphrodisiasthenai 할 수 있게 되는 나이에 대해 이야기한다. **25** 이것은 타인의 쾌락의 대상이 되어버린 어떤 사람에게 강제로 부과된 역할일 수도 있다. **26** 이것은 또한 파트너인 상대방에게 삽입을 허용하는 소년이나 성인 남자가 수락한 역할인데 《여러 가지 문제들》의 저자는 어떤 남자들이 수동적 성교aphrodisiazeisthai를 하는 데서 쾌락을 느끼는 이유에 대해 이런 식으로 질문을 던지는 것이다. **27**

그리스 어휘에는 남성의 성과 여성의 성에 특별한 것을 공통된 개념 안에 통합시킬 명사가 없다고 말하는 것은 분명히 옳다. **28** 그러나 성적 쾌락의 실천에서는 생식기능에서와 마찬가지로 두 개의 역할과 두

---

24 Xénophon, *Banquet*, IV, 38, Pseudo-Aristote, *Sur la Stérilité*, V, 636b.

25 Aristote, *Histoire des animaux*, IX, 5, 637a; VII, 1, 581b.

26 Xénophon, *Hiéron*, III, 4.

27 Pseudo-Aristote, *Problèmes*, IV, 26.

28 P. Manuli, "Fisiologia e patologia del feminile negli scritti hippocratici", *Hippocratica*, 1980, p. 393 sq.

개의 극점이 분명히 구분된다는 점을 지적해야만 한다. 이것은 주체와 객체, 능동자와 수동자라는 두 가지 지위 치valeur de position이다. 아리스토텔레스가 말하는 바와 같이 "암컷은 암컷이기 때문에 수동적이고 수컷은 수컷이기 때문에 능동적이다."[29] 이후 '육체'의 경험이 남자와 여자들에게서 같은 형태를 취하진 않더라도 양자에 공통된 경험으로 간주되는 반면, 그리고 이후 '성'이 남성의 성과 여성의 성 간의 커다란 간극에 의해 특징되는 것과는 달리, 아프로디지아는 각각의 역할과 기능을 지닌 두 행위자 — 행동을 행하는 자와 그 행동이 가해지는 자 — 가 포함된 하나의 활동으로 생각된 것이다.

이 같은 관점에서 볼 때, 그리고 이러한 윤리학에서는 (이에 관해서는 그것이 남성에 의해, 그리고 남성을 위해 만들어진 남성의 도덕임을 늘 상기해야만 한다) 분할선이 주로 남자와 여자들 사이에 그어진다고 말할 수 있다. 그것은 많은 고대사회에서 남자들의 세계와 여자들의 세계가 대단히 뚜렷이 구분되었다는 바로 그 이유 때문일 것이다. 그러나 보다 일반적으로 볼 때 분할선은 그보다는 쾌락의 장에서 '능동적 행위자'와 '수동적 행위자'라 지칭될 수 있을 양자의 사이를 지나간다. 한편으로는 성적 활동을 절도 있고 시기적절하게 행해야만 하는, 그것의 주체인 자들이 있다. 그리고 다른 한편으로는 대상으로서의 파트너들, 단역들이 있다. 이들은 성적 활동의 동반자이며 성적 활동은 이들을 대상으로 행해진다. 전자는 두말할 나위도 없이 남자들, 보다 분명히 말하자면 성인이고 자유인인 남자들이다. 후자에는 물론 여자

---

29 Aristote, *De la génération des animaux*, I, 21, 729b.

들이 포함된다. 그러나 여자들은 가능한 쾌락의 대상들, 즉 '여자들, 소년들, 노예들'을 가리키기 위해 참조로 하는 보다 광대한 총체의 한 요소로 생각될 뿐이다. 히포크라테스의 선서로 알려진 문헌에서 의사는 그가 들어가는 모든 집에서 여자이건 자유인인 남자이건 노예이건 간에 그 누구와도 아프로디지아의 행위erga aphrodisia를 하지 않겠다고 약속한다. **30** 자기의 역할에 머물든가 아니면 그것을 버리든가, 활동의 주체가 되거나 그것의 대상이 되거나, 남자임에도 그것을 당하는 사람 편으로 가든가 아니면 그것을 행하는 사람들 편에 머물든가, 그것은 도덕적 평가의 대상이 되는 '활동량'의 변수와 더불어 두 번째 중요한 변수이다. 과도함과 수동성은 남자가 아프로디지아를 실천할 때 저지를 수 있는 부도덕성의 두 가지 주요한 형태이다.

 2. 성적 활동이 이와 같이 도덕적 평가와 구분의 대상이 되어야 하는 이유는 성행위가 그 자체로 하나의 악이기 때문이 아니다. 그것이 원죄의 표지를 지니고 있기 때문도 아니다. 성 관계와 사랑의 현실적 형태가 《향연》에서 아리스토파네스가 그랬듯이 인간의 오만과 신의 징벌이라는 태초의 드라마와 관계지어질 때조차도 그 행위나 쾌락이 그렇다고 해서 악한 것으로 간주되지는 않는다. 그것들은 그와는 반대로 인간의 가장 완성된 존재양식이었던 것을 되살려놓으려는 것이다. **31** 일반적으로 성적 활동은 자연스러운 것으로(자연스럽고 필요 불

---

30 Hippocrate, *Le Serment*, in *Oeuvres*, éd. Loeb. I, p. 300.

31 Platon, *Banquet*, 189d~193d. 성에 의한 생식 없는 신화적 시간에 관해서는 *Le*

가결한 것으로) 생각된다. 왜냐하면 성적 활동을 통해 생물이 번식하고, 종족의 소멸을 모면할 수 있으며, 32 사라질 수밖에 없는 개인들의 운명을 뛰어넘어 도시국가, 가문, 명성, 종교들이 지속될 수 있기 때문이다. 플라톤은 우리를 아프로디지아로 이끌어 가는 것들을 가장 자연스럽고 필연적인 욕망들 속에 분류해 놓는다. 33 그리고 그것들이 우리에게 제공하는 쾌락의 원인은 아리스토텔레스에 따르면 일반적으로 육체 및 육체의 삶과 관계된 필연적인 것들이라고 한다. 34 결국 자연에 그리도 깊이, 그리고 그리도 자연스럽게 뿌리박고 있는 성적 활동은 후에 에베소의 뤼퓌스가 환기하겠지만 악한 것으로 간주될 수는 없을 것이다. 35 물론 이 점에서, 아프로디지아의 도덕적 경험은 육체의 도덕적 경험과는 근본적으로 다르다.

그러나 아무리 그것이 자연스럽고 필요하기까지 하다 할지라도 그것은 역시 도덕적 배려의 대상이다. 그것에는 범위 설정이 필요한데 이를 통해 어느 단계까지, 그리고 어떤 정도로 그것을 실천하는 것이 적절할지를 결정할 수 있다. 그러나 그것이 선악에 관계될 수 있다면 그것은 아프로디지아의 경험이 자연성을 무시해서 그런 것도 아니고, 그것이 변질되었기 때문에 그런 것도 아니다. 그것은 바로 그 경험이 자연에 의해 배열되는 방식 때문에 그러한 것이다. 실제로 그것과 관

Politique, 271a~272b 참조.

32 Aristote, *De la génération des animaux*, II, 1, 731b; cf. *De l'âme*, II, 4, 415a~b.
33 Platon, *République*, VIII, 559c.
34 Aristote, *Ethique à Nicomaque*, VII, 4, 2, 1147b.
35 Rufus d'Ephèse, *Oeuvres*, éd. Daremberg, p. 318.

계된 쾌락을 뚜렷이 드러내는 것은 다음 두 가지 특성이다. 우선 그것
의 하등성이다. 아리스티포스와 키레네학파 사람들에게는 "쾌락들이
서로 다르지 않다"[36]는 사실을 우리가 잊은 것은 아니지만, 일반적으
로 성적 쾌락은, 악을 지닌 것은 아니라도, 존재론적으로나 질적으로
는 하등한 것으로 특징지어진다. 왜냐하면 그 쾌락이 동물과 인간에
게 공통된 것이며 인간에게 특별한 표지가 되지 못하기 때문에, 그리
고 박탈 및 고통과 뒤섞여 있기 때문에(그리고 이 점에서 그것은 시각 및
청각이 부여해줄 수 있는 쾌락과 대립된다), 또한 육체와 그것의 욕구에
종속되어 있으며, 인체를 그 욕구 이전의 상태로 되돌리게끔 되어 있
기 때문이다.[37] 그러나 다른 한편으로 이 피제약적이고 종속적이며 하
등한 쾌락은 대단히 생명력 있는 쾌락이다. 플라톤이 《법률》 초두에
서 설명하는 것처럼 자연이 남자와 여자가 서로에게 끌리도록 만들었
다면 그것은 생식을 가능하게 하여 종족의 생존이 보장되도록 하기 위
해서이다.[38] 그런데 이러한 목적이 너무도 중요하고 인류가 자손을
갖는 것이 절대적으로 필요하기 때문에 자연은 생식행위에다 대단히
강도 높은 쾌락을 덧붙여 놓았다. 동물들에게 먹이를 먹고 그리하여
그들 각각의 생존을 보장해야 할 필요성을 환기시키는 것이 먹이나 마

---

36 Diogène Laërce, *Vie des Philosophes*, II, 8.
37 이런 유의 쾌락과 동물과의 공통성에 대해서는 Xénophon, *Hiéron*, VII 참조. 육
　　체적 쾌락의 혼합된 특성에 대해서는 Platon, *République*, IX, 583b et sq;
　　Philèbe, 44 et sq. 참조. 육체가 이전 상태로 돌아가는 데 따르는 쾌락에 대해서는
　　Platon, *Timée*, 64d~65a; Aristote, *Ethique à Nicomaque*, VII, 4, 1147b 참조.
38 Platon, *Lois*, I, 636c.

실 것과 결부된 자연스런 쾌락인 것처럼, 새끼를 낳고 자기 뒤에 새끼를 남겨야 할 필요성을 환기시키는 것은 성교와 결부된 쾌락 및 욕망이다. 《법률》에서는 이렇게 해서 먹을 것, 마실 것, 생식과 관계된 3가지 중요한 기본적 욕구의 존재를 환기한다. 이 3가지는 모두 강력하고 긴급하며 격렬한 것들이지만 특히 세 번째 것이 비록 "제일 나중에 나타날 것"이긴 해도 "우리의 욕망 중에서 가장 강렬한 것"[39]이다. 《국가》에서 소크라테스는 그의 대화 상대자에게 "사랑의 쾌락보다 더 크고 강렬한 쾌락"[40]을 아느냐고 묻는다.

자연이 아프로디지아의 쾌락을 하등하고, 종속적이며, 피제약적인 쾌락으로 만들었는데도, 성적 활동이 자연에 의해 정해진 한계들을 넘어서게 되는 것은 쾌락의 이 자연스런 생명력 때문이며 그것이 욕망을 매혹하기 때문이다. 이 같은 생명력 때문에 서열이 뒤바뀌어 욕망과 욕망의 충족이 최우선적인 것이 되고, 그것에 영혼에 대한 절대권이 부여되는 것이다. 또한 그것 때문에 욕구충족 이상으로 가게 되고, 심지어 육체가 회복되고 난 연후에도 계속해서 쾌락을 찾게 되는 것이다. 반항과 격분의 경향, 그것은 성적 욕망의 "정체된" 잠재성이며, 초과와 과도함의 경향, 그것은 성적 욕망의 "과장된"[41] 잠재성이다. 자연

---

39 *Ibid.*, VI, 783a~b.

40 Platon, *République*, III, 403a.

41 쾌락의 과장법 (*huperbolē huperballein*) 에 관해서는 가령 Platon, *République*, 402e ; *Timée*, 86b ; Aristote, *Ethique à Nicomaque*, III, 11, 1118b ; VII, 4, 1148a ; VII, 7, 1150a ; VII, 7, 1150b를 보라. 반항 (*epanastasis, stasiazein*) 에 관해서는 Platon, *République*, IV, 442d ; IV, 444b ; IX, 586e ; *Phèdre*, 237d. 를 보라.

은 인간 안에다 항시 정해진 목표를 넘어서고자 하는 이같이 필연적이고 위험스런 힘을 심어 놓았다. 이 같은 상황 속에서 우리는 성적 활동이 도덕적 구분을 필요로 하는 이유를 알게 되는데, 우리는 그 구분이 형태적이기보다는 훨씬 더 역동적임을 본 바 있다. 플라톤의 말처럼 성적 활동에 가장 강력한 3가지 제한, 즉 공포와 법률과 진리의 담론42을 강제로 부과해야 한다 할지라도, 아리스토텔레스의 말대로 욕망의 자유는 아이가 스승의 명령에 따르듯 이성에 따라야 할지라도, 43 아리스티포스가 자신은 끊임없이 쾌락을 '이용'하면서도 사람들이 그것에 휩쓸리지 않도록 주의하기를 바란다고 했을 때도, 44 그 이유는 성적 활동이 악하거나, 또 그 활동이 규범적 모델에서 벗어날 위험이 있기 때문도 아니다. 그것은 성적 활동이 어떤 힘, 그 자체로 과도함의 경향을 지닌 에너지와 관계된 것이기 때문이다. 육체에 관한 기독교 교의에서는 쾌락의 과도한 힘의 원칙을 원죄에 의한 타락, 그리고 그 이후 인간 본성에 낙인 찍혀진 과오에서 찾는다. 고대 그리스 사상에서는 이런 힘을 본래 잠재적으로 과도한 것으로 보는데 여기서는 이 힘에 어떻게 맞서느냐, 어떻게 그것을 제어하며 그것에 알맞은 관리술을 확보하느냐는 것이 도덕적 문제가 될 것이다.

성적 활동이 자연적으로 형성된, 그러나 남용될 수 있는 유類의 힘의 작용 속에 나타난다는 사실을 통해 성적 활동은 식사 및 식사와 관

---

42 Platon, *Lois*, VI, 783a.
43 Aristote, *Ethique à Nicomaque*, III, 12, 1119b.
44 Diogène Laërce, *Vie des Philosophes*, VI, 8.

련해 제기될 수 있는 도덕적 문제들과 근접된다. 이 같은 성도덕과 식사 도덕의 결합은 고대문화에서는 불변의 사실이다. 그 예는 수없이 많이 발견될 것이다. 《회상록》 I 권에서 소크라테스가 모범을 보이고 말하는 것이 그 제자들에게 얼마나 유익했던가를 보여주기 위해 크세노폰은 "마시는 것과 먹는 것과 사랑의 쾌락"[45]에 관한 자기 스승의 교훈과 행동을 서술한다. 《국가》의 대화자들이 관리자들의 교육에 관해 논할 때 절제, 즉 소프로수네가 술potoi, 사랑aphrodisia, 음식edōdai의 쾌락에 대한 3중의 제어를 요구한다는 데에 일치를 보고 있다. [46] 아리스토텔레스도 마찬가지이다. 《니코마코스 윤리학》에서 그가 "공통의 쾌락"의 예로 드는 3가지는 먹는 것과 마시는 것의 쾌락, 그리고 젊은이와 한창 나이의 남자들에게서의 "잠자리의 쾌락"[47]이다. 이 3가지 형태의 쾌락에서 그는 같은 유형의 위험, 즉 필요 이상으로 가는 과도함의 위험을 인식하고 있다. 그것들에서 접촉과 촉각의 쾌락을 보고 있는 것으로 보아 그는 거기서 공통된 생리학적 원칙까지도 찾아내고 있다(그에 따르면, 음식물은 주로 혀, 특히 목구멍에 닿을 때, 그것에 고유한 쾌락을 가져다준다는 것이다). [48] 《향연》에서 의사인 에릭시마쿠스는 식탁과 잠자리에서의 쾌락 활용방식에 대해 충고할 수 있는 능력을 의술의 하나로 요구한다. 그에 따르면 의사들은 어떻게 해야 맛좋은 음식에서 쾌락을 느끼면서도 병이 나지 않을 수 있는지를 말해야 한다

---

45 Xénophon, *Mémorables*, I, 3, 15.

46 Platon, *République*, III, 389d~e; 또한 IX, 580e 참조.

47 Aristote, *Ethique à Nicomaque*, III, 11, 1, 1118b.

48 *Ibid.*, III, 10, 9, 1118a.

는 것이다. 그들은 또한 "전국적 유행병"인 육체적 사랑을 실천하는
자들에게 어떻게 해야 무절제에 빠지지 않으면서 쾌락을 느낄 수 있는
지를 처방해야 한다는 것이다. **49**

여러 학설들뿐만 아니라 종교의식, 혹은 양생술 규칙들을 통해 섭
생의 도덕과 성도덕 간의 관계가 어떠했는지, 그 오랜 역사를 추적해
보는 것도 틀림없이 흥미로운 일이 될 것이다. 즉, 어떻게 해서 섭생
규칙의 작용과 성도덕의 작용 간의 분리가 오랜 기간에 걸쳐 이루어질
수 있었는지에 대하여 검토해야 할 것이다. 성적 행동의 문제가 섭생
행위의 문제보다 더 긴급한 관심사가 된 것은 분명 훨씬 후대의 일인
데, 그 시기와 더불어 그 각각의 중요성의 변화를 살펴보고, 섭생욕
구와는 아주 다른 용어들로 성적 욕망의 문제가 제기된 순간이 언제였
으며 그 각각에 고유한 구조가 어떻게 점진적으로 분화되었는지를 살
펴보아야 하는 것이다. 어쨌든 고대 그리스인들의 사상에서 먹을 것,
마실 것, 그리고 성적 활동이 도덕적 문제로 설정된 것은 아주 유사한
방식에 의해서였던 것 같다. 음식, 술, 여자 및 소년들과의 관계는 유
사한 윤리적 제재가 된다. 그것들이 작동시키는 것은 자연의 힘인데
그것은 항시 과도해지는 경향이 있는 힘들이다. 그리고 그것들은 서
로가 동일한 문제를 제기한다. 즉, 쾌락과 욕망과 행위들의 이 같은
역동성을 어떻게 '활용chrēsthai'할 수 있으며 어떻게 활용해야 하는가
하는 올바른 활용법의 문제 말이다. 아리스토텔레스가 이야기하는 바
와 같이 "모든 사람은 어느 정도는 음식과 술과 사랑에서 쾌락을 얻는

---

49 Platon, *Banquet*, 187e.

다. 그러나 모든 사람이 적절하게 쾌락을 얻는 것은 아니다^{ouch' hōs dei"}.**50**

---

50 Aristote, *Ethique à Nicomaque*, VII, 14, 7, 1154a.

2

크레시스

쾌락을 어떻게 '적절히' 취할 것인가? 이러한 활동을 절제하고 제한하고 조절하기 위해서는 어떤 원칙에 따라야 할 것인가? 이러한 원칙들에서 우리가 그 원칙에 따라야만 한다는 것을 정당화할 만한 어떤 유형의 효력을 인정할 수 있을 것인가? 다른 말로 하자면 성적 행동이 이같이 도덕적 문제로 설정될 때, 여기에 내포된 복종양식은 어떠한 것인가?

아프로디지아에 대한 도덕적 성찰이 지향하는 것은, 규칙에 맞는 성행위 형태들을 정하고 금기의 경계선을 그어 놓으며 분할선의 이편과 저편으로 행위들을 나눠놓는 체계적 규약을 세우는 것이기보다는, '활용'의 조건 및 양태를 구상하는 것이다. 즉, 그리스인들이 크레시스 아프로디지온chrēsis aphrodisiōn, 쾌락의 활용이라 불렀던 것의 양식을 말이다. 널리 통용되던 크레시스 아프로디지온이라는 표현은 일반적으로 성적 활동과 관계된 것이다〔한 해 중 어느 때, 혹은 인생의 어느 나이에 쾌락을 활용(크레스타이 아프로디지오이스chrēsthai aphrodisiois) 하는 것이 좋다는 식으로 이야기가 될 것이다〕.1 그러나 이 용어는 또한 개인이 자신의 성적 활동을 주도하는 방법, 이런 유의 일에서 그가 행동하는 방식, 스스로에게 허용하거나 강요하는 관리법, 그가 성행위하는 상황, 삶에서 그가 성행위에 할애하는 몫 등과도 관계되어 있다.2 즉, 문제가 되는 것은 사람이 느끼는 욕망이나 하는 행위들 중에서 무엇이 허용되고 금지되느냐 하는 것이 아니라, 사람이 자신의 행위를 배분하고 조절하는 방식에서 얼마만큼 신중하고 심사숙고하며 계획적이냐 하는 것이다. 쾌락의 활용에서 국가의 법률과 관습을 존중하고 신에게 죄를 범하지 않으며 자연이 원하는 바에 따라야만 하는 것은 사실이지만, 사람들이 따르는 도덕적 규칙은 잘 정의된 규약에의 복종이라는 것과는 대단히 거리가 멀다.3 오히려 이것은 그 안의 여러 다른 요소들을 고려해야 하는 다양한 조절에 훨씬 더 가깝다. 그 요소들이란 첫째는 자연에 의해 필요해진 것, 욕구라는 요소이며, 두 번째

---

1 Aristote, *Histoire des animaux*, VII, I, 581b; *De la génération des animaux*, II, 7, 747a.

2 플라톤(*République*, V, 451c)은 여자와 아이들의 올바른 '소유와 실천'(*ktēsis te kai chreia*)이 어떻게 되어야만 하는지에 대해 이야기한다. 여기서는 그러므로 이들과 가질 수 있는 관계들 및 관계의 형태들 전체가 문제시되고 있는 것이다. Polybe는 chreia aphrodisiōn을 환기시키는데, 이것은 의복 및 양식의 사치와 더불어 세습군주들을 특징지으며 또한 불만과 혁명을 야기하는 것이다(*Histoires*, VI, 7).

3 Aristote의 *Rhétorique*(I, 9)에서는 절제란 육체의 쾌락에 있어 우리를 "nomos 가 원하는 대로" 행동하게끔 만드는 것이라고 정의되어 있다. nomos 의 개념에 관해서는 J. de Romilly, *L'Idée de loi dans la pensée grecque* 참조.

는 시간과 상황에 관련된 시기적절함이란 요소, 세 번째는 개인 자신의 위상이란 요소이다. 크레시스는 이같이 여러 가지를 고려하여 결정되어야만 한다. 쾌락의 활용에 대한 성찰에서는 욕구와 시간과 위상이라는 3중의 전략에 관한 배려를 찾아볼 수 있다.

1. 욕구의 전략. 우리는 디오게네스의 파렴치한 행동을 알고 있다. 자신의 성적 욕망을 충족시킬 필요가 있을 때면 그는 광장에서 자위행위를 하곤 했다. 4 많은 파렴치한 도발들이 그러하듯 여기에는 이중의 의미가 내포되어 있다. 디오게네스의 행동이 도발이었던 것은 사실 그것이 공공연했기 때문인데, 그리스에서 이것은 모든 관습에 반하는 것이었다. 사랑을 밤에만 해야 하는 이유로 이들은 대개 남의 시선을 피해야 할 필요성을 들었던 것이다. 그리고 이런 유의 관계에서 남의 눈에 띄지 않으려고 조심하는 데서 아프로디지아의 실천이 남자의 고귀함을 드높여주는 어떤 것이 아님을 알 수 있게 되는 것이다. 디오게네스는 그의 '행동으로' 이 비공개의 규칙에 비난을 보낸 것이다. 디오게네스 라에르쿠스는, 사실 자기는 "모든 것을, 식사와 사랑을 공공연하게 하는" 습관이 있으며, "먹는 것이 나쁜 게 아니라면 사람들 앞에서 공공연하게 먹는 것 역시 나쁠 것이 없다"5고 생각했다고 이야기한다. 그러나 이처럼 먹는 것과 비교됨으로써 디오게네스의 행동은 또

4 Diogène Laërce, *Vie des Philosophes*, VI, 2, 46, 또한 Dion de Pruse, *Discours*, VI, 17-20, Galien, *Des lieux affectés* VI, 5를 보라.

5 Diogène Laërce, *Vie des Philosophes*, VI, 2, 69.

다른 의미를 지니게 된다. 즉, 자연스러운 것이기 때문에 수치스러울 것이 없는 아프로디지아의 실천은 욕구충족 이상도 그 이하도 아니라는 것이다. 그리고 견유학자가 가장 간단히 그의 위를 만족시킬 수 있을 양식을 찾는 것과 마찬가지로(그는 날고기를 먹으려고도 했을 것이다) 그는 수음에서 욕망을 진정시킬 가장 직접적인 방법을 찾아낸 것이다. 그는 배고픔과 목마름도 그같이 간단히 만족시킬 수 있는 가능성이 없음을 유감스럽게 여기기까지 한다. "배고픔을 가라앉히기 위해 배를 문지르는 것만으로도 충분하면 좋을 것을."

이 점에서 디오게네스는 크레시스 아프로디지온의 위대한 계율 중 하나를 극단에까지 밀고 나갔을 뿐이다. 그는 안티스테네스가 이미 크세노폰의 《향연》에서 진술했던 행동을 최소한으로 축소시켰던 것이다. 안티스테네스는 이렇게 말한다. "내가 어떤 사랑의 욕망에 이끌리면 나는 아무에게나 만족한다. 내가 말을 거는 여자들은 한껏 나를 애무해 주는데 왜냐하면 다른 어떤 누구도 그네들과 가까이하려 하지 않기 때문이다. 그리고 이 모든 쾌락이 내게는 너무 강렬해 보이기 때문에 그 여자들 하나하나에게 몸을 맡기면서 그보다 더 강렬한 쾌락을 이끌어 내려 하지는 않는다. 내가 원하는 것은 차라리 그것이 덜 강렬했으면 하는 것인데, 그 정도로 그중 어떤 쾌락은 유용성의 한계를 넘어서고 있다."[6] 안티스테네스의 이러한 관리법은 그 원칙상(실제적 결과는 아주 다르긴 하지만) 크세노폰에 의하면, 소크라테스가 자기 제자들에게 주었다고 하는 몇 가지 교훈이나 본보기들과 크게 다르지 않다.

---

6 Xénophon, *Banquet*, IV, 38.

왜냐하면 소크라테스가 사랑의 쾌락에 대해 충분히 무장되지 않은 자들은 미소년을 보지 않도록 하고 필요하면 은둔하라고까지 권하고 있긴 하지만, 그는 어쨌든 전적으로, 확정적이고 무조건적으로 그것을 삼가라고 명하지는 않았기 때문이다. 어쨌든 크세노폰은 소크라테스의 교훈을 이런 식으로 제시한다. "영혼은 육체적 욕구가 절박하고 아무 손상 없이 충족될 수 있을 때만 이러한 쾌락에 동의한다."[7]

그러나 이처럼 욕구에 의해 조절된 아프로디지아의 활용이 목표로 하는 것은 쾌락의 무화無化가 아니다. 여기서 문제가 되는 것은 그와는 반대로 쾌락을 유지시키는 것, 욕망을 불러일으킨 욕구에 의해 그 쾌락을 유지시키는 것이다. 우리는 잘 알고 있다. 격렬한 욕망을 충족시켜주지 못하면 쾌락은 감퇴된다는 것을. 소크라테스가 인용한 프로디코스의 강연에서 미덕의 여신은 이렇게 말한다. "내 친구들은 먹고 마시는 것을 기쁘게hēdeia ··· apolausis 그리고 고통 없이apragmōn 즐긴다. 왜냐하면 그들은 그 같은 욕구를 느끼게 될 때까지 기다리기 때문이다."[8] 그리고 에우티데무스와의 논쟁에서 소크라테스는 다음과 같은 사실을 상기시킨다. "배고픔, 목마름, 사랑의 욕망aphrodisiōn epithumia, 수면, 우리가 이러한 욕구들을 가능한 한 최고로 기분 좋게 충족시킬 수 있을 때까지 기다리고 참았을 때hōs eni hēdista, 비로소 먹고 마시고 사랑 하고 잠자고 쉬는 데서 기쁨을 느끼게 될 것이다."[9] 그러나 욕망

---

7 Xénophon, *Mémorables*, I, 3, 14.

8 *Ibid.*, II, 1, 33.

9 *Ibid.*, IV, 5, 9.

에 의해 쾌락의 감각을 유지시켜야 하긴 하지만 그와는 반대로 자연스
럽지 않은 쾌락들에 호소함으로써 욕망을 배가시켜서는 안 된다. 프
로디코스의 강연에서 이야기하는 것은 자고 싶다는 욕구가, 지속된
나태함 때문이 아니라 피로 때문에 생겨야 한다는 것이다. 또한 성적
욕망이 드러날 땐 그것을 충족시킬 수 있지만 그 욕구 이상의 욕망을
만들어내서는 안 된다고 되어 있다. 욕구는 이러한 전략에서 지배원
칙이 되어야 하는데, 이 전략이 명확한 규약의 형태를 취하거나, 어떤
상황에서도 모두에게 같은 방식으로 적용될 수 있는 법률의 형태를 취
할 수는 없다는 것을 우리는 잘 알고 있다. 그것은 쾌락과 욕망의 역학
에 균형을 가능케 해준다. 그것은 욕구의 충족을 이 역학의 내적 한계
로 못 박음으로써 그 역학이 '날뛰거나' 과도함에 빠지지 못하게 한다.
그리고 그것은 이 같은 자연적 힘이 반란을 일으켜 자기 것이 아닌 자
리를 빼앗는 일이 없도록 한다. 왜냐하면 그것은 자연이 육체에 필요
하다고 원하는 것만을 용인할 뿐, 그 이상은 아무것도 받아들이지 않
기 때문이다.

　이러한 전략은 요컨대 욕구에 근거하지 않은 행위인 무절제를 피하
게 해준다. 이 때문에 무절제는 두 가지 형태를 취하는데, 쾌락의 도
덕적 제어는 이 두 가지 형태의 무절제에 대항해 싸워야 하는 것이다.
우선, '과잉'·'충만'10이라 할 수 있을 무절제가 있다. 그것은 육체에,
심지어 육체가 그런 욕구를 느끼기 전이라도, 가능한 모든 쾌락을 부
여한다. 그리하여 육체가 "굶주림도, 갈증도, 애욕도, 수면도" 느껴

10　Cf. Platon, *Gorgias*, 492a~b, 494c, 507e; *République*, VIII, 561b.

볼 틈을 주지 않으며, 바로 그렇게 해서 모든 쾌락의 감각을 잠재우는 것이다. 또한 '인위'라 할 수 있을, 첫 번째 무절제의 결과인 또 다른 무절제가 있다. 그것은 자연에서 벗어난 욕구를 충족시키는 데서 관능적 쾌락을 구하는 것이다. "쾌락을 느끼며 먹기 위해 요리사를 찾고 쾌락을 느끼며 마시기 위해 비싼 포도주를 장만하며 여름에 눈을 찾으러 달려가는" 것이 그것이다. 아프로디지아에서 새로운 쾌락을 찾기 위해 "남자들을 마치 여자들인 양"[11] 성적 파트너로 삼는 것이 그것이다. 절제를 이런 식으로 이해할 때, 그것은 법률체계나 행동규약에의 복종이란 형태를 취할 수는 없다. 쾌락 폐기의 원칙으로서도 유효하지 않다. 그것은 욕구에 근거한 쾌락들을 활용하면서 스스로를 제한할 수 있는 쾌락의 기술이요 실천이다. 소크라테스는 "내가 말했던 욕구들을 이겨낼 수 있게 해주는 것은 오직 절제뿐이며, 또한 그것만이 기억할 만한 쾌락을 느끼게 해준다"[12]라고 했고, 크세노폰의 다음 말을 믿는다면 소크라테스 자신도 일상생활에서 절제를 그런 식으로 활용했다는 것이다. "그는 먹는 데서 쾌락이 느껴지는 만큼만 식사했고, 시장기가 식욕을 돋우는 그런 상태로 식사하러 왔다. 갈증이 나지 않으면 결코 마시는 법이 없었기 때문에 모든 음료가 그에게는 맛있었다."[13]

---

11 Xénophon, *Mémorables*, II, 1, 30.
12 *Ibid.*, IV, 5, 9.
13 *Ibid.*, I, 3, 5.

2. 또 다른 전략은 적절한 순간, 카이로스kairos를 결정하는 것이다. 이것은 쾌락을 활용하는 기술에서 가장 중요하고 가장 까다로운 목표 중의 하나이다. 플라톤은 《법률》에서 이를 환기시킨다. (개인이건 정부건 간에) 이런 유의 일에서 자기가 해야 하는 것, "언제 그것을 해야 하고 얼마만큼 해야 하는지를" 아는 자는 행복하다. 반대로 "어떻게 행동해야 하는지를 모르고서anepistēmonōs, 그리고 바람직한 순간이 아닌 때에ektos tōn kairōn" 행동하는 자는 "완전히 다른 삶"**14**을 갖게 된다.

명심해야 하는 것은 이 '적절한 때'라는 테마가 그리스인들에게는 도덕적 문제로서 뿐만 아니라 과학과 기술의 문제로서 항상 중요한 위치를 차지했다는 사실이다. 아주 전통적인 접근법에서 볼 때 의학, 통치술, 조종술이라는 이 실천적 지식들에 함축된 바는 일반 원칙들을 아는 것만으로는 충분하지 못하며, 개입해야 하는 순간, 그리고 그 실제적 상황에 따른 명확한 행동방식을 결정할 수 있어야 한다는 것이다. 도시국가건 개인이건 간에, 육체건 영혼이건 간에 여러 다른 영역들에서 '순간의 전략', 카이로스를 파악하는 것이 중요한 이 '순간의 전략'을 훌륭히 이끌어 갈 수 있는 능력을 부여하는 것, 그것이 바로 신중함이란 덕목德目의 본질적 양상 중의 하나이다. 쾌락의 활용에서 도덕은 또한 '순간'의 기술인 것이다.

이 순간은 몇 가지 척도에 따라 결정될 수 있다. 우선 인생 전체의 척도가 있다. 의사들은 너무 젊어서부터 이러한 쾌락을 실천하기 시

---

14 Platon, *Lois*, I, 636d~e. kairos의 개념과 그리스 도덕에서 그것의 중요성에 관해서는 P. Aubenque, *La Prudence chez Aristote*, Paris, 1963, p. 95 sq 참조.

작하는 것은 좋지 않다고 생각한다. 또한 지나치게 나이가 들어서까지 그것을 계속하면 해로울 수 있다고 생각한다. 인생에는 그것을 할 만한 시기가 있다. 일반적으로는 생식이 가능할 뿐만 아니라, 자손이 온전하고 그 신체가 제대로 형성되며 건강이 좋을 시기로 정해진다. 15 또한 해年의 척도가 있는데, 여기에는 계절이 포함된다. 뒤에서 보겠지만 양생술에서는 성적 활동과 기후에 있어 더위와 추위, 습기와 건조 사이의 균형의 변화, 이 양자 간의 상호관계에 대단한 중요성을 부여한다. 16 또한 하루 중의 때를 선택해야 한다. 플루타르코스의 《식탁에서의 한담》 중 한 일화에서는 이 문제가 다루어지면서 전통적이었던 것으로 보이는 해결책이 제시된다. 양생술상의 이유, 뿐만 아니라 예절상의 이유, 그리고 종교적 이유들로 해서 저녁이 낫다는 권고가 있다. 왜냐하면 그것이 육체에 가장 좋은 순간, 어둠이 그다지 단정치 못한 모습들을 감춰주는 순간, 그리고 다음날 아침의 종교의례 전에 하룻밤이라는 시간을 끼워 넣을 수 있는 순간이기 때문이라는 것이다. 17 순간의 — 카이로스의 — 선택은 다른 활동들도 마찬가지로 따라야 한다. 크세노폰이 씨루스를 절제의 본보기로 들 수 있는 것은 그가 쾌락을 포기했기 때문이 아니다. 그것은 그가 자기 삶의 흐름에

---

15 이 나이는 높게 정해져 있었다. 아리스토텔레스가 보기에, 정액은 21세까지는 생식 능력이 없다. 그러나 남자가 훌륭한 자손을 기대하기 위해 기다려야 하는 나이는 그보다 더 늦다. "21세가 넘으면 여자들은 아이들을 낳기에 좋은 상태이다. 반면에 남자들은 아직 더 성장해야만 한다"(*Histoire des animaux*, VII, 1, 582a).

16 이 모든 것은 다음 장에서 상술될 것이다.

17 Plutarque, *Propos de table*, III, 6.

따라 쾌락을 적절히 배분할 수 있었기 때문인데, 그는 쾌락 때문에 해야 할 일을 방치하지 않았고, 명예롭게 쉴 수 있는 길을 열어줄 일을 먼저 하고 난 다음에야 스스로 쾌락을 용인했다.[18]

성 윤리에서 '적절한 순간'의 중요성은 근친상간에 대한 《회상록》의 한 구절에서 아주 명확하게 드러난다. 소크라테스는 "아버지와 딸들, 아들과 어머니 사이의 관계의 금지"가 보편적인, 그리고 신들에 의해 확립된 계율임을 분명히 하고, 그것을 어긴 자들이 징벌을 받는다는 사실에서 그 증거를 보고 있다. 그런데 이 징벌이란 근친상간을 범한 부모들이 진정 훌륭한 자질들을 지니고 있음에도 불구하고 그들의 자손이 잘못되는 것이다. 그렇다면 그 이유는 무엇인가? 그들이 '순간'의 원칙을 알지 못했고 안 좋은 때에, 그 하나가 분명 다른 하나보다 훨씬 나이가 많은 그런 부모들의 씨를 섞었기 때문이다. 더 이상 "한창 때"[19]가 아닌 시기에 자식을 보는 것은 언제나 '나쁜 조건에서 생식하는 것'이다. 크세노폰이나 소크라테스가 근친상간을 '시기가 나쁘다'는 형식으로서만 비난의 대상이 될 만하다고 한 것은 아니다. 그러나 주목할 만한 사실은 근친상간의 해악이 시간의 무시와 같은 방식으로, 그리고 그와 같은 결과로 나타나고 있다는 것이다.

3. 쾌락을 활용하는 기술은 또한 그 활용 주체를 고려하고, 그 주체의 위상에 따라 조정되어야 한다. 그 점은 《향연》 이후 데모스테네스

---

18 Xénophon, *Cyropédie*, VIII, 1, 32.
19 Xénophon, *Mémorables*, IV, 4, 21~23.

의 저서로 알려진 《연애술》에서 환기된다. 지각 있는 사람이라면 누구나 소년과의 사랑의 관계가 "절대적으로 덕성스럽거나 파렴치한" 것이 아니며 "그 당사자들에 따라 전적으로 다르다"는 것을 잘 알고 있다. 그러므로 "모든 경우에 똑같은 준칙을 따르는 것은 합당하지 못할"[20] 것이다.

성적 행동의 규칙들이 나이, 성별, 개인의 조건에 따라 다르다는 것, 그리고 의무와 금지가 모든 사람들에게 같은 방식으로 부과되지 않는다는 것은 분명 많은 사회에 공통된 특성이다. 그러나 기독교 도덕의 경우에 국한하면 이 같은 분류는 전체 체계의 틀 안에서 이루어진다. 이 체계는 일반적 원칙들에 의거, 성행위의 가치를 규정하고, 어떤 조건하에서, 즉 결혼 여부나 서원에 의한 구속 여부에 따라 그것이 적법한 것이 될 수 있는지 없는지를 지적한다. 여기서는 변조된 보편성이 문제가 되는 것이다. 고대의 도덕에서 성도덕은 모든 사람들에게 적용되는 몇 가지 계율을 제외하고는 항시 삶의 양식에 속했던 것으로 보이는데, 이 삶의 양식 자체는 사람들이 부여받은 사회적 지위와 그들이 선택한 목적들에 의해 규정된다. 또한 에피크라테스에게 "그의 행동이 높이 평가받을 수 있도록 적절한 충고를 하고" 있는 것도 역시 데모스테네스로 추정되는 《연애술》의 저자이다. 그는 사실 젊은이가 자기 자신에 대해 "최상의 의견에 부합하지 않는" 결정을 내리는 것을 원하지 않을 것이다. 그리고 이 좋은 충고들은 일반적 행동원칙을 상기시키는 것이 아니라 도덕적 기준들의 정당한 차이를 돋보이

---

20 Platon, *Banquet*, 180c~181a ; 183d. Pseudo-Démosthène, *Eroticos*, 4.

게 해주는 구실을 한다. "어떤 사람이 천하고 보잘 것 없는 신분이라면 별반 명예롭지 못한 과오를 범했을 경우라 할지라도 우리는 그를 비난하지 않는다." 반면에 그가 에피크라테스와 같이 "유명한 사람이라면 명예에 관계된 문제에서 조그만 소홀함도 그에게 큰 수치가 된다."[21] 사람이 눈에 띄면 띌수록, 다른 사람들에 대해 더 많은 권한을 가지고 있거나 가지길 원한다면, 자신의 삶을 그 명성이 멀리, 오래도록 퍼져나갈 찬란한 것으로 만들고자 하면 할수록, 선택과 의지로써 스스로에게 엄격한 성적 행동의 원칙들을 과해야 한다는 것이 일반적으로 받아들여지는 원칙이다. 시모니데스는 "마시는 것, 먹는 것, 수면과 사랑"에 대해 히에론에게 다음과 같이 충고한다. 이러한 "쾌락은 모든 동물들에게 아무 구분 없이 공통된 것인" 반면에 명예와 찬사에 대한 사랑은 인간에게 고유한 것이며, 이에 대한 사랑 때문에 박탈과 위험 또한 감내할 수 있게 된다.[22] 여전히 크세노폰이 한 이야기에 따르면 아게실라스가 "많은 사람들이 정복당하는" 쾌락에 대해 행동했던 방식 또한 그러했다. 그는 사실 "우두머리는 연약함이 아니라 인내력에 의해 개개인들과 구분되어야만 한다"[23]고 생각했던 것이다.

절제는 아무에게나 있는 것이 아니라 한결같이 도시국가 내에서 신분, 지위, 책임이 있는 자들이 특권적으로 지니는, 아니면 적어도 지녀야 할 자질들 중의 하나로 제시된다. 《회상록》에서 소크라테스가

---

21 *Ibid.*
22 Xénophon, *Hiéron*, VII.
23 Id. , *Agésilas*, V.

크리토불레스에게 친교를 구하는 것이 좋을 만한 덕인德人의 초상을 그려 보일 때, 그는 사회적으로 존경할 만한 인간을 특징짓는 자질들의 목록에 절제를 올려두고 있다. 그 자질들이란 친구에게 도움을 줄 준비가 되어 있는 것, 자기가 받은 호의에 보답할 생각을 하는 것, 일에서 타협적인 것 등이다. **24** 여전히 크세노폰에 따르면 "방탕함이 지나친" 제자 아리스티포스에게 소크라테스는 다음과 같은 질문을 던지면서 절제의 우월성을 보여준다. 만일 그가 하나는 평범한 삶을 영위할 것이며 다른 하나는 지배자로 예정된 두 제자를 길러야 한다고 할 때, 그중 누구에게 사랑의 욕망이 그의 의무를 방해하지 못하게끔 "그 욕망의 주인이 되도록" 가르치겠는가?**25** 《회상록》의 또 다른 부분에서는 우리가 무절제하지 않은 노예를 더 갖고 싶어한다고 되어 있다. 하물며 우리가 우두머리를 고르려 할 때 "식욕과 술과 사랑의 쾌락과 나약함과 수면의 노예임을 우리가 알고 있는 자를 택하겠는가?"**26** 플라톤이 국가 전체에 절제의 미덕을 부여하려 하는 것은 사실이다. 그러나 모든 사람이 똑같이 절제해야 한다는 뜻은 아니다. 지배받아야 할 자들은 복종 하고 지배해야 할 자들은 효과적으로 지배하는 그런 국가의 특징은 절제일 것이다. 따라서 아이들과 여자들과 노예들, 또한 수많은 무가치한 남자들에게서는 숱한 "욕망과 쾌락과 고통"을 찾아보게 될 것이다. "그러나 논리에 민감하여서 지성과 올바른 의견에

---

24 Xénophon, *Mémorables*, II, 6, 1~5.
25 *Ibid.*, II, 1, 1~4.
26 *Ibid.*, I, 5, 1.

인도되는 단순하고 절제된 욕망", 그것은 "최상의 타고난 천성에 가장 훌륭한 교육을 받은 소수의 사람들에게서"만 찾아볼 수 있을 것이다. 절제된 정부에서 타락한 다수의 정념은 "덕망 있는 소수의 정열과 지성에 의해 지배된다".27

이것은 가장 오만한 자들이거나 가장 겸허한 자들이거나 할 것 없이 모든 개인들을 하나의 보편적 법칙에 종속시키는 경향의 엄격함과는 거리가 먼 것이다. 그 같은 엄격함은 오로지 응용윤리신학에 의해 변조된 형태로 적용될 것이다. 여기서는 그와는 반대로 모든 것이 조정, 상황, 개인적 태도의 문제이다. 도시국가나 종교나 자연에 몇 개의 공통된 중요한 법칙이 현존하긴 하지만, 그것들은 멀리서 커다란 원을 그려놓고 있는 것 같다. 그 안에서는 무엇을 하는 것이 적절할지를 실천적 사고가 결정해야만 한다. 그리고 이를 위해 그 실천적 사고가 필요로 하는 것은 법률로서 효력을 갖게 될 문헌 같은 것이 아니라, 일반적 원칙들을 고려하면서 제때에, 그 상황과 목적에 따라 행동을 인도하게 될 테크네techne, 혹은 '실천', 수완이다. 따라서 이 같은 형태의 도덕에서 개인은 자기의 행동규칙을 보편화함으로써 스스로를 윤리적 주체로 세우게 되는 것이 아니다. 그와는 반대로 개인의 행동을 개별화하고 변조시키며 심지어 그의 행동에 특이한 광채를 부여할 수도 있는 어떤 태도와 추구에 의해 개인의 윤리적 주체화가 이루어지는데, 이같이 특이한 광채는 규칙이 개인의 행동에 합리적이고 심사숙고된 구조를 제공함으로써 생겨나는 것이다.

----

27 Platon, *République*, IV, 431c~d.

3

엔크라테이아

기독교 도덕의 내재성은 종종 이교 도덕의 외면성과 대립되는데, 이 이교 도덕은 행위들을 실제 수행, 눈에 보이는 명확한 형태, 규칙에의 합치 속에서, 그리고 그것이 여론 속에서 어떤 양상을 띨 수 있는지, 그것이 뒤에 어떤 기억을 남기는지에 따라서만 바라본다는 것이다. 그러나 전통적으로 받아들여진 이 같은 대립은 본질적인 것을 놓쳐버릴 위험이 있다. 기독교적 내재성이라 지칭되는 것은 자기에 대한 관계의 한 가지 특별한 양식인데, 이것은 주의, 의심, 해독, 조서작성, 고백, 자기비판, 유혹에 대한 싸움, 체념, 영적 투쟁 등의 명확한 형태를 취한다. 그리고 이교 도덕의 '외면성'이라 지칭되는 것에도 자기 훈련의 원칙이 포함되긴 하지만 그것은 아주 다른 형태의 것이다. 이교와 기독교 사이에서, 그것도 아주 느린 속도로 이루어질 변화가 규칙, 행위, 과오의 점진적 내재화는 아닐 것이다. 그보다는 이 변화에 의해 자기와의 관계 형태들이 재구조화되고, 이 관계의 근거가 되는 실천과 기술들이 변형될 것이다.

　고전어(그리스어와 라틴어)에서는 이 같은 형태의 자기와의 관계, 즉 쾌락의 도덕에 필요하며 사람들이 그것을 올바로 활용할 때 나타나는 '태도'를 지칭하기 위해 '엔크라테이아Enkrateia'라는 하나의 용어가 사용된다. 사실상 이 단어는 오랫동안 소프로쉬네sōphrosunē와 아주 유사한 것이었는데, 이 두 단어가 대단히 유사한 의미로 함께 혹은 번갈아가며 사용되는 경우가 흔히 보인다. 크세노폰은 신앙심, 지혜, 용기, 정의와 더불어 그가 일반적으로 인정하는 5가지 덕목德目에 속하는 절제를 지칭하기 위해 때로는 소프로쉬네란 단어를, 때로는 엔크라테이아란 단어를 사용한다.1 소크라테스가 "자기 자신을 제어하는 것auton heauton archein"이 무엇인지를 묻는 칼리클레스에게 대답하는 부분에서 플라톤도 이 같은 근접성에 의거한다. 즉, 그것은 "지혜로워지고 자신의 감정을 억누르며sōphrona onta kai enkratē auton heautou, 자기 안에서 쾌락과 욕망을 억제하는 것archein tōn hēdonōn kai epithumiōn"2이라는 것이다. 그리고 《국가》에서 그가 4개의 기본 덕목들, 즉 지혜, 용기, 정의, 절제sōphrosunē를 차례로 고찰할 때에 그는 엔크라테이아로 소프로수네의 정의를 내린다. "절제sōphrosunē는 어떤 쾌락과 욕망에 대한 일종의 명령이요 지배이다kosmos kai enkrateia."3

1　Xénophon, *Cyropédie* VIII, I, 30. 소프로쉬네의 개념과 그것의 변천에 관해서는 H. North, *Sōphrosunē* 참조. 작자는 크세노폰에게서 소프로수네와 엔크라테이아란 두 단어의 근접성을 강조하고 있다.

2　Platon, *Gorgias*, 491d.

그러나 이 두 단어의 의미가 대단히 유사하긴 하지만 절대 완전한 동의어는 아니라는 점에 유의해야 한다. 이 둘은 각기 조금 다른 자기와의 관계방식을 가리킨다. 소프로수네의 덕목은 "신과 인간들에 대해 적절하게" 행동하도록 해주는, 다시 말해 절제할 뿐만 아니라 경건하고 정의로우며 또한 용기 있게 해주는 대단히 일반적인 상태 같은 것으로 기술된다.4 반면에 엔크라테이아는 욕망과 쾌락의 영역에서 저항하거나 싸울 수 있게 해주는, 그래서 그것들을 확실히 지배할 수 있도록 해주는 자기 지배의 능동적 형태로 특징된다. 노스H. North에 따르면 아리스토텔레스가 소프로수네와 엔크라테이아를 체계적으로 구분한 최초의 인물일 것이다.5 《니코마코스 윤리학》에서 소프로수네를 특징짓는 것은 다음과 같은 사실들이다. 즉, 주체가 이성에 적합한 행동원칙들을 숙고 끝에 선택한다는 사실, 그가 그 원칙들을 따르고 적용할 수 있다는 사실, 그리하여 그가 자기행동에서 무관심과 과도함 사이의 '중용'(이것은 등거리가 아닌 중용인데, 왜냐하면 사실 절제는 무관심보다는 과도함과 훨씬 더 거리가 멀기 때문이다) 을 지키고 있다는 사실, 그리고 그가 발휘하는 절제에서 기쁨을 느낀다는 사실이 그것이다. 이 소프로수네에 대립되는 것은 무절제akolasia인데, 이 무절제란 사람이 자발적으로, 그리고 단호한 선택에 의해 그릇된 원칙들을 따르는 것이

---

3 Platon, *République*, IV, 430b. 아리스토텔레스는 *Ethique à Nicomaque*(VII, 1,
   6, 1145b) 에서 sōphrōn한 자는 enkratēs하고 karterikos하다는 견해를 환기한다.
4 Platon, *Gorgias*, 507a~b. 또한 *Lois*, III, 697b 참조. "절제가 있을 때에는 영혼
   의 첫 번째 그리고 가장 소중한 선으로" 간주하라.
5 Cf. H. North. *Sōphrosunē*, *op. cit.*, pp. 202~203.

다. 그는 가장 미약한 욕망에까지도 빠져들며 이같이 좋지 못한 행동에서 기쁨을 느낀다. 무절제한 사람은 후회가 없고 치유가 불가능하다. 엔크라테이아는 그것의 역인 아크라시아와 더불어 싸움, 저항, 투쟁의 축 위에 위치한다. 그것은 자제, 긴장, '금욕'이다. 엔크라테이아는 쾌락과 욕망을 지배하지만 그것들을 이기기 위한 투쟁이 필요하다. '절제하는' 사람과는 달리 '금욕적인 사람'은 이성에 부합하는 것과는 다른 쾌락을 경험한다. 그러나 그는 더 이상 그 쾌락에 빠져들지 않으며, 이 욕망이 강한 만큼 그의 미덕은 더더욱 대단한 것이 될 것이다. 그 맞은편에 있는 아크라시아는 무절제와 같이 그릇된 원칙들을 단호히 선택하는 것이 아니다. 그보다는 훌륭한 법률을 갖고 있으면서도 그것을 시행하지 못하는 도시들에 비유해야 할 것이다. 금욕적이지 못한 사람은 자기도 모르게, 그리고 자기가 가진 합당한 원칙들에도 불구하고 그대로 휩쓸려 버린다. 그 원칙들을 실행할 힘이 없어서건 그것들에 대해 충분히 숙고해보지 않아서건 간에 말이다. 그런데 바로 그것 때문에 금욕적이지 못한 사람은 치유가 되고 자기 지배에 이를 수 있게 된다.6 이런 의미에서 엔크라테이아는 소프로수네의 조건이며, 개인이 절제적sōphrōn이 되기 위해 자기 자신에게 행해야 하는 훈련과 조절의 형태인 것이다.

어쨌든 고전어에서 엔크라테이아란 용어는 일반적으로 자기에 의한 자기 지배의 역학과 그것에 필요한 노력을 가리키는 듯하다.

---

6 Aristote, *Ethique à Nicomaque*, III, 11과 12, 1118b~1119와 VII, 7, 849, 1150a~1152a.

1. 이 같은 지배의 훈련에는 우선 투쟁관계가 함축된다. 플라톤은 《법률》에서 클리니아스에게 이를 환기시킨다. 용기를 가장 많이 타고난 사람도 전투의 "시련과 훈련"이 없으면 "자기 능력의 절반"밖에 발휘하지 못하는 것이 사실이라면 "수많은 쾌락과 욕망에 대한 싸움을 계속하지 않고서pollais hēdonais kai epithumiais diamemachēmenos, 또한 놀이에서건 행동에서건 이성logos과 훈련ergon, 기술technē의 덕택으로 승리를 거두지 않고서는"7 절제적인sophron 사람이 될 수 없다고 생각할 수 있을 것이다. 궤변론자인 안티폰이 사용했던 것도 거의 같은 단어들이다. "추잡한 것이나 악한 것을 욕망하지epithumein 않았던 자, 그것을 경험하지 못한 자는 지혜롭지sōphrōn 못하다. 왜냐하면 그럴 경우에는 그가 이겨낸kratein 것이 아무것도 없고, 그의 덕성스러움을kosmios 입증시켜 줄 것이 아무것도 없기 때문이다."8 사람은 쾌락에 대해 전투 태세를 취함으로써만 도덕적으로 행동할 수 있다. 우리가 살펴본 바와 같이 엔크라테이아는 어떤 힘들의 작용에 의해 가능해질 뿐만 아니라 바람직한 것이 되는데, 이 힘들의 기원과 목적성은 자연적이지만, 그것의 잠재성은 그 고유의 에너지로 인해 반항과 과도함에 이르게 된다. 이러한 힘들은 그것에 반대하고 저항하고 그것을 제어할 수 있을 때에만 적절하게 절제해서 사용할 수 있다. 그 힘들에 맞서야 한다면 그것은 분명 그것들이 우리가 배고픔이나 목마름 같이 동물들과 공유

---

7   Platon, *Lois*, I, 647e.
8   Antiphon, in *Stobée*, *Florilège*, V, 33, 이것은 안티폰의 *Oeuvres* (C. U. F)에 있는 단장 16번이다.

하게 되는 하등한 욕망들이기 때문이다. **9** 그러나 이 같은 힘들이 나머지 모든 것보다 더 강하여 개인을 전적으로 지배하고 결국에는 그 개인을 노예상태로 빠뜨릴 위험이 없다면, 이 같은 자연적인 하등함 자체는 싸워야 할 이유가 되지 않을 것이다. 다시 말해 자기 자신에 대한 '논쟁적' 태도가 촉구되는 것은 그 힘들에 내재된 본성 때문이거나 그것을 원칙적으로 가치폄하하기 때문이 아니라, 혹시나 그것들이 세력을 얻어 지배하게 될지도 모르기 때문인 것이다. 쾌락에 관한 도덕적 행동의 기초가 되는 것은 권력을 위한 투쟁이다. 이와 같이 헤도나이 hēdonai와 에피튀미아이를 위험하고 해로운 힘으로 인지하는 것, 그와 동시에 자기 자신을 그것들에 맞서고 그것들과 겨루며 그것들을 길들이려 하는, 주의를 게을리 하지 않는 적수로 세우는 것은 전통적으로 절제와 무절제를 특징짓기 위해 사용된 일련의 모든 표현들에서 나타난다. 즉, 쾌락과 욕망에 맞서는 것, 그것들에 굴복하지 않는 것, 몰려드는 쾌락과 욕망에 저항하든가 아니면 반대로 그것들에 사로잡히는 것, **10** 그것들을 극복하거나 아니면 그것들에 정복당하는 것, **11** 그

---

9 Xénophon, *Hiéron*, VII, Aristote, *Ethique à Nicomaque*, III, 10, 8, 1117b.

10 그리하여 agein, ageisthai(이끌어가다, 이끌려가다)와 같은 일련의 단어들을 발견하게 된다; Platon, *Protagoras*, 355a; *République*, IV, 431e; Aristote, *Ethique à Nicomaque*, VII, 7, 3, 1150a. kolazein(억제하다); *Gorgias*, 491e, *République*, VIII, 559b; IX, 571b. antiteinein(반대하다); *Ethique à Nicomaque*, VII, 2, 4, 1146a; VII, 7, 5와 6, 1150b. emphrassein(방해하다); Antiphon, *Fragm*. 15, antechein(저항하다); *Ethique à Nicomaque*, VII, 7, 4와 6, 1150a와 b.

11 Nikan(극복하다); Platon, *Phèdre*, 238c; *Lois*, I, 634b; VIII, 634b; Aristote, *Ethique à Nicomaque*, VII, 7, 1150a; VII, 9, 1151a; Antiphon, *Fragm*. 15. kratein(지배하다); Platon, *Protagoras*, 353c; *Phèdre*, 237e~238a; *République*,

것들에 대항해 무장하거나 장비를 갖추는 것12 등의 표현들에서 말이다. 그것은 또한 다음과 같은 은유들에서도 나타난다. 무장한 적수들에 대항해야 하는 싸움의 은유나13 적군의 공격을 받고 강건한 수비대에 의지하여 스스로를 방어해야 할 영혼 혹은 성채의 은유, 14 아니면 현명하고 절제된 욕망을 비난하고, 만일 그것을 제거하지 못하게 되면 그것을 죽이고 쫓아내는 말벌들의 은유가 그것이다. 15 그것은 또한 사전에 필요한 조치를 취해 자신을 보호하지 못했을 경우, 사람이 잠든 동안 몰려드는 욕망의 야만적 힘과 같은 테마들에 의해 표현된다. 16 욕망과 쾌락에 대한 관계는 전투적 관계와 같은 것으로 생각된다. 욕망과 쾌락에 대해서는 싸우는 군인의 모델에서건 시합에서의 투사의 모델에서건 그 적수의 위치에 서야 하며 적수의 역할을 맡아야 한다. 《법률》에서 플라톤이 3가지 중요한 기본욕망을 억제해야 할 필요성에 대해 이야기할 때 "그 작용을 주재하는 뮤즈와 신들의 지원theoi agonioi"17을 환기시키고 있음을 잊지 않도록 하자. 수많은 다양한 형태

IV, 431a~c; *Lois*, 840c; Xénophon, *Mémorables*, I, 2, 24; Antiphon, *Fragm.* 15와 16; Aristote, *Ethique à Nicomaque*, VII, 4c, 1148a; VII, 5, 1149a. hēttasthai(패배하다); *Protagoras*, 352e; *Phèdre*, 233c; *Lois*, VIII, 840c; *Lettre VII*, 351a; *Ethique à Nicomaque*, VII, 6, 1, 1149b; VII, 7, 4, 1150a; VII, 7, 6, 1150b; Isocrate, *Nicoclès*, 39.

12 Xénophon, *Mémorables*, I, 3, 14.
13 Xénophon, *Economique*, I, 23.
14 Platon, *République*, VIII, 560b.
15 *Ibid.*, IX, 572d~573b.
16 *Ibid.*, IX, 571d.
17 Platon, *Lois*, VI, 783a~b.

들을 취하게 될 영적 투쟁의 오랜 전통이 이미 고대 그리스 사상에 명확히 진술되어 있었던 것이다.

2. 이 같은 적수들과의 전투 관계는 또한 자기 자신과의 투쟁 관계이다. 싸움을 해야 하고, 승리를 거둬야 하고, 패배를 당할 위험이 있고 하는 것은 자기와 자기 사이에서 일어나는 과정이요, 사건들이다. 개인이 싸워야 하는 적수들은 단순히 자기 안에, 혹은 기껏해야 자기 가까이에 있는 것이 아니다. 그것들은 그의 일부분이다. 물론 자기 안에서 공격을 맡아야 할 부분과 공격을 당해야 하는 부분 사이의 구분에 대해 제안된 다양한 이론적 구상들을 고려해야만 할 것이다. 예컨대 그것들을 그 사이에 어떤 위계적 관계를 존중해야 할 영혼의 부분들로 봐야 할 것인가? 육체와 영혼으로? 그 기원이 상이하며, 하나가 다른 하나로부터 분명 벗어나려 할 이 육체와 영혼이라는 두 개의 현실로? 다른 목표를 추구하면서 하나의 수레에 매인 두 마리 말처럼 서로 대립되는 힘으로? 그러나 어쨌든 이러한 '금욕주의'의 일반적 양식을 정의할 때 명심해야 하는 것은 싸워야 할 적수가 그 본성상 영혼이나 이성이나 덕이 그럴 만한 됨됨이와는 아무리 동떨어진 것이라 해도 그것이 존재론적으로 이질적인 아주 다른 힘은 아니라는 점이다. 가장 은근하고 비밀스런 형태로 나타나는 정욕의 움직임, 그리고 그 자체의 책략 및 환각 능력을 지닌 타자의 존재, 이 양자 사이의 원칙적인 관계는 육신에 관한 기독교 윤리의 본질적 특성 중 하나가 될 것이다. 그와는 반대로 엔크라테이아의 윤리학에서 전투가 필요하고 또 어려운 것은 그것이 자기와의 투쟁으로 전개되어야 하기 때문인 것이다.

110

'욕망과 쾌락'에 맞서 싸우는 것, 그것은 자기와 힘을 겨루는 것이다.

《국가》에서 플라톤은 그 자신도 몇 번 사용했던 친숙한 표현, 사람이 자기보다 "더 강하다kreittōn"거나 아니면 "더 약하다hēttōn heautou"고 하는 표현이, 동시에 얼마나 낯설고 약간은 우스꽝스러우며 낡아빠진 표현인지를 강조해 말하고 있다.18 사실상 사람이 자기 자신보다 더 강하다고 말하는 것은 역설이다. 왜냐하면 바로 이 같은 사실만으로도 이 말에는 자기보다 더 약하다는 것이 동시에 함축되기 때문이다. 그러나 플라톤에 따르면 그 표현이 유지되는 것은 그것이 영혼의 "보다 좋은 부분"과 "보다 못한 부분"이라는 두 부분 간의 구분을 전제로 하기 때문이며, 자기에 대한 자기의 승리나 패배로부터 출발하여 인간이 "보다 좋은 부분"의 관점에 서게 되기 때문이라는 것이다. "원래 최상인 부분이 최하인 부분을 지배하게 될 때 그것이 '자기보다 더 강하다'고 표현되며 그것은 찬사이다. 반대로 좋지 못한 교육이나 어떤 교제의 결과로 최상의 부분이 더 약해져서 최악의 부분의 힘에 정복당하게 될 때, 이런 상태에 놓인 사람에 대해서는 그가 자기 자신의 노예이며 무절제하다고 말하게 되는데, 이것은 질책이고 비난이다."19 그리고 이 같은 자기와 자기의 대립이 욕망과 쾌락에 대한 개인의 윤리적 태도를 구성해야 한다는 것, 이것이 《법률》의 서두에서 명백히 주장되고 있다. 각 정부에 지휘권과 입법권이 있어야 하는 이유는 모든

---

18 Platon, *Phèdre*, 232a; *République*, IV, 430c; *Lois*, I, 626e, 633e, VIII, 840c; *Lettre VI*, 337a.

19 Platon, *République*, IV, 431a.

정부들이 심지어 평화로운 시기에도 서로 싸우고 있기 때문이다. 마찬가지로 만일 "공공의 삶에서 모든 인간이 모든 인간에게 적"이라면 개인적 삶에서 "각자는 자기 자신에 대해 적이다"라고 생각해야 한다. 그리고 사람이 거둘 수 있는 모든 승리 중에서 "최고의, 그리고 가장 영광스러운 승리"는 "자기 자신에 대해" 거둔 승리이다. 반면에 "가장 수치스러운 패배, 가장 비열한 패배"는 "자기 자신에 의해 정복당하는 것이다."[20]

3. 자기 자신에 대한 이 같은 '투쟁적' 태도는 당연히 승리로 표현되는 결과를 지향한다 —《법률》에서는 이것이 씨름이나 경기에서의 승리보다 훨씬 더 아름다운 승리로 이야기된다.[21] 이 같은 승리는 욕망의 완전한 근절이나 추방으로 특징되기도 한다.[22] 그러나 그것은 대개 자기에 대해 굳건하고 흔들리지 않는 지배상태를 구축하는 것으로 정의된다. 격렬한 욕망과 쾌락은 사라지지 않았지만 절제력 있는 주체는 결코 그 격렬함에 휩쓸리지 않을 만큼 그 욕망과 쾌락에 대한 완벽한 지배력을 행사한다. 소크라테스가 그 유명한 시험에서 알키비아데스의 유혹에 빠지지 않을 수 있었다고 하여 소년에 대한 모든 욕망이 '정화된' 것으로 보이지는 않는다. 그것이 분명히 드러내 보여주는

---

20 Platon, *Lois*, I, 626d~e.
21 Platon, *Lois*, VIII, 840c.
22 Platon, *République*, IX, 571b. 《니코마코스 윤리학》에서는 트로이의 노인들이 헬레나에게 그렇게 하려 했던 것처럼 "쾌락과 결별하는 것"이 문제가 된다(II, 9, 1109b).

것은 정확히 그가 원하는 때에 그가 원하는 대로 그 욕망에 저항할 수 있는 소크라테스의 능력이다. 그 같은 시험을 기독교인들은 비난할 것이다. 왜냐하면 그것은 기독교인들에게는 비도덕적 욕망이 지속적으로 현존함을 입증하기 때문이다. 그들보다 훨씬 앞서서 보리스테네의 비온이 소크라테스의 시험을 비웃긴 했지만 그의 주장은 소크라테스가 알키비아데스에게 욕망을 느꼈는데도 그것을 삼갔다면 어리석은 일이고, 그가 욕망을 전혀 느끼지 못했다면 그건 별반 찬양 받을 일이 못 된다는 것이었다. 23 마찬가지로 아리스토텔레스의 분석에서 지배와 승리로 정의되는 엔크라테이아는 욕망의 현존을 전제로 하며, 그것이 격렬한 욕망을 지배하게 될수록 더더욱 가치 있는 것이 된다. 24 그러나 아리스토텔레스가 덕성스런 상태로 정의한 소프로쉬네 자체에 내포된 것은 욕망의 제거가 아니라 그것의 지배이다. 아리스토텔레스는 그것을 사람이 기꺼이 자기 욕망에 몸을 맡기는 방탕akolasia과, 사람이 어떤 쾌락도 느끼지 못하는, 그것도 아주 드물게 보이는 무감각 anaisthēsia 사이의 중간 위치에다 놓는다. 절제력 있는 사람은 더 이상 욕망이 없는 사람이 아니라 "절도 있게" 욕망하는 사람, "그래야 하는 것 이상으로도" 욕망하지 않고 "그리하지 말아야 하는 때에"25 욕망하지도 않는 사람이다.

쾌락의 차원에서 미덕이란 순결한 상태가 아니라 지배 관계, 제어 관

23 Diogène Laërce, *Vie des Philosophes*, IV, 7, 49.
24 Aristote, *Ethique à Nicomaque*, VII, 2, 1146a.
25 *Ibid.*, III, 11, 1119a.

계로 이해된다. 플라톤이건 크세노폰, 디오게네스, 안티폰, 아리스토텔레스이건 간에 이들이 절제를 정의하기 위해 사용하는 "욕망과 쾌락을 지배하다", "그것들에 권력을 행사하다", "그것들을 억누르다kratein, archein" 등의 표현들을 보면 알 수 있다. 쾌락에 대해 소크라테스와는 아주 다른 이론을 가졌던 아리스티포스로부터 인용되는 다음 경구는 절제의 일반 개념을 잘 나타낸다. "쾌락에 정복당하지 않고 그것을 지배하는 것이 최선이다. 그것을 이용하지 않는 것이 최선은 아니다o kratein kai mē hēttasthai hēdonōn aritston, ou to mē chrēsthai". **26** 다시 말해 쾌락의 활용에서, 스스로를 덕성스럽고 절제력 있는 주체로 세우기 위해 개인은 '지배-복종', '명령-굴복', '억제-순종'과 같은 식으로 자기와의 관계를 정립해야만 한다(후에 기독교적 정신성에서 그럴 것과 같은 '해명-포기', '해독-정화'류의 관계가 아니라). 이것이 쾌락의 도덕적 실천에서 주체의 '자기비판적' 구조라 불릴 수 있을 것이다.

4. 이 같은 자기비판의 형태는 플라톤의 한 쌍의 말과 그 마부의 모델이나, 아리스토텔레스의 아이와 어른의 모델 같은(우리의 욕망의 자유는 "아이가 자기 스승의 명령에 따라 살아야 하듯이"**27** 이성의 명령에 따라야 한다) 몇 가지 모델에 따라 발전되었다. 그러나 그것은 특히 두 개의 다른 중요한 도식들과 관계가 있다. 먼저 가정생활의 도식. 즉, 동

---

26 Diogène Laërce, *Vie des Philosophes*, II, 8, 75.

27 Aristote, *Ethique à Nicomaque*, VII, 2, 1119b. 또한 Platon, *République*, IX, 590e 참조.

거하는 한가족 전체는 그 안에서 가장의 권위 및 위계가 지켜져야만 질서정연하게 될 수 있는 것과 마찬가지로, 인간은 자신의 욕망을 마치 자기 하인들인 양 제어할 수 있는 한에서만 절제력 있는 인간이 될 것이다. 역으로 무절제는 잘못 관리된 가정으로 이해될 수 있을 것이다. 크세노폰은 《가정관리술》 서두에서 — 이 책에서는 바로 가장의 역할과 그의 아내, 재산, 하인들을 다스리는 기술이 문제가 될 것인데 — 무질서한 사람을 묘사한다. 이것은 대단히 잘 정돈된 가정의 바람직한 모습에 대한 반례이며, 자기 자신을 다스리지 못해 가정을 파탄으로 몰고 가는 품행 나쁜 가장의 초상이다. 무절제한 인간의 영혼 속에서는 식탐, 음주벽, 음란, 야망 같은 "심술궂고" "고집스런" 가장들이 명령해야 할 자를 노예로 만들어 버리는데, 그로 인해 젊은 시절 혹사당한 인간에게는 비참한 노년이 예고된다. 28 절제의 태도를 정의하는 데는 또한 시민생활의 모델이 이용된다. 욕망을 하층민과 동렬에 두는 것, 구속을 가하지 않으면 동요하고 늘 반항하려 드는 하층민과 동렬에 두는 것은 플라톤을 통해 알려진 테마이다. 29 그러나 《국가》의 사상을 지탱하는 개인과 도시국가 간의 엄격한 상관관계를 통해 절제와 그 반대항의 '시민적' 모델이 일목요연하게 전개될 수 있다. 여기서 쾌락의 윤리학은 정치적 구조와 같은 차원의 것이다. "개인이 도시국가와 유사하다면 그 안에서 필연적으로 같은 일들이 일어나지 않겠는

---

28 Xénophon, *Economique*, I, 22~23.
29 Platon, *Lois*, III, 689a~b: "영혼 속에 고통받는 부분과 즐기는 부분이 있는 것은 도시국가 내에 국민과 군중이 있는 것과 같다".

가?" 인간에게 하등한 힘들을 물리치고 지배할kratein 수 있는 권력구조, 아르케archē가 결여되어 있을 때, 인간은 무절제해질 것이다. 그러면 "극도의 굴종과 비천함"이 그의 영혼을 가득 채울 것이다. 이 영혼의 "가장 훌륭한" 부분은 노예상태에 빠지고 "소수의 가장 나쁘고 격한 부분이 주인으로서 명령을 내릴 것이다."[30] 《국가》의 끝에서 두 번째 권 말미에서 플라톤은 도시국가의 모델을 세우고 난 후, 철학자가 이 세상에서 그렇듯 완벽한 정부를 만날 기회, 그리고 거기서 활동할 기회는 거의 없을 것임을 자인한다. 그러나 그는 덧붙여 말하기를, 도시국가의 "모범"은 그것을 주시하려는 자에게는 천상에 있는 것으로 여겨지며, 철학자는 그것을 보면서 "그 개인의 정부를 다스릴heauton katoikizein" 수 있으리라는 것이다. "이러한 정부가 어딘가에 실현되어 있는지 아니면 아직 실현해야 할 것인지는 중요하지 않다. 그는 다른 어느 것도 아닌 그 정부의 법칙을 따르게 될 것이다."[31] 개인의 덕목은 하나의 도시국가와 같이 구성되어야 한다.

5. 이러한 투쟁을 위해서는 훈련이 필요하다. 경쟁, 운동, 시합이나 전투의 은유는 단순히 우리가 욕망 및 쾌락과 맺고 있는 관계, 언제든 소요를 일으키고 반항할 준비가 되어 있는 그것들의 힘과 맺고 있는 관계의 본성을 지칭하기 위해서만 쓰이는 것이 아니다. 그것은 또한 이 같은 대결을 지탱할 수 있는 준비와 관계가 있다. 플라톤은 이렇

---

30 Platon, *République*, IX, 577d.
31 *Ibid.*, IX, 592b.

게 말한다. 즉, 인간이 훈련을 쌓아두지 않으면 욕망과 쾌락에 맞설 수도, 그것들을 물리칠 수도 없다고.[32] 이런 유의 훈련은 어떤 다른 기술을 획득하는 것 못지않게 필수적이다. 훈련, 아스케시스askesis에 기대지 않은 마테시스mathēsis(보편학)만으로는 충분하지 못할 것이다. 여기에 소크라테스의 위대한 교훈 중 하나가 있다. 그 교훈은, 사람이 그렇다는 것을 알면서도 고의적으로 나쁜 짓을 저지를 수 없으리라는 원칙을 부인하지는 않는다. 그것은 이 같은 지식에 하나의 형태를 부여하는데, 이것은 단지 원칙의 인식으로 귀착되지는 않는다. 소크라테스에게 가해진 비난과 관련하여 크세노폰은 그의 교훈을 다른 철학자들 — '철학자라 자칭하는 사람들' — 의 교훈과 유의해서 구분하는데, 이 철학자들 생각에는 인간이 일단 올바르거나 혹은 절제적인sōphrōn 것이 무엇인지를 알고 나면 부정을 행하거나 방탕할 수가 없다는 것이다. 소크라테스와 마찬가지로 크세노폰도 이 이론에 반대한다. 사람이 자기 육체를 훈련시키지 않으면 그 육체의 기능을 수행할 수 없다ta tou sōmatos erga. 마찬가지로 사람이 영혼을 훈련시키지 않으면 영혼의 기능을 수행할 수 없다는 것이다. 그러면 "해야 할 것을 하고 피해야 할 것을 삼갈"[33] 수 없다. 이 때문에 크세노폰은 알키비아데스의 그릇된 행동에 대한 책임을 소크라테스에게 돌리려 하지 않는 것이다. 알키비아데스는 그가 받은 교육의 희생물이 아니었다. 그는 남자와 여자들, 그리고 그를 최우선 순위로 올려놓은 전 민중으로부터

---

32 Platon, *Lois*, I, 647d.
33 Xénophon, *Mémorables*, I, 2, 19.

그 모든 성공을 거둔 이후에 많은 투사들이 한 것처럼 행동했다. 즉, 일단 승리를 얻고 나자 그는 "훈련을 소홀히 해도amelein tēs askēseōs"**34** 되는 것으로 생각했던 것이다.

플라톤은 소크라테스의 이러한 아스케시스 원칙을 종종 되풀이할 것이다. 소크라테스는 알키비아데스나 칼리클레스에게, 그들이 먼저 필요한 것을 배우고 그것을 훈련하지 않으면 도시국가를 맡아 다른 사람들을 다스리겠다고 나설 수 없을 것이라 가르치는데, 플라톤은 이런 소크라테스를 환기할 것이다. "우리가 함께 이러한 훈련을 충분히 실행하고 나서askēsantes 만일 그렇게 해야겠다는 생각이 들면, 그때 가서 정치에 나서도 좋을 것이다."**35** 그리고 그는 이 같은 훈련의 의무를 자기 자신에 대한 배려의 필요성과 결부시킬 것이다. 다른 사람들을 보살피고 인도할 수 있기 위한 선행 조건인 에피메레이아 헤아우투 epimeleia heautou, 즉 자기에의 전념에는 앎의 필요성, 즉 모르는 것을 알아야 할 필요성, 자신이 무지함을 알아야 할 필요성, 자신이 어떤 존재인지를 알아야 할 필요성뿐만 아니라 실제로 자신에게 전념하고 자신을 훈련시키며 스스로 변화되어야 할 필요성까지도 내포되어 있다.**36** 견유학자犬儒學者들의 학설과 행동 역시 견유학자적 삶 전체가 일종의 영원한 훈련으로 보일 정도로 아스케시스에 대단한 중요성을 부여한다. 디오게네스는 사람이 육체와 영혼을 동시에 훈련시키기를

---

34 *Ibid.*, I, 2, 24.
35 Platon, *Gorgias*, 527d.
36 훈련과 자기에의 배려 간의 관계에 대해서는 *Alcibiade*, 123d 참조.

원했다. 두 가지 훈련 각각은 "다른 하나 없이는 무익한 것이나. 좋은 건강과 체력은 나머지 다른 하나에 못지않게 중요하다. 왜냐하면 육체에 관계된 것은 또한 영혼과도 관계되기 때문이다." 이 같은 이중의 훈련은 다음 두 가지를 동시에 그 목표로 한다. 그 하나는 박탈이 생길 때 고통 없이 그것에 직면할 수 있게 하는 것이고, 다른 하나는 항시 욕구의 기본적 충족만으로 쾌락을 느낄 수 있게 하는 것이다. 훈련은 자연으로의 환원인 동시에, 자신에 대한 승리, 그리고 진정으로 만족스런 삶의 자연적 관리술이다. 디오게네스에 의하면 "삶에서 훈련 없이는 아무것도 할 수 없으며 훈련은 인간들이 모든 것을 물리칠 수 있게 해준다pan eknikēsai ⋯. 우리가 자신에게 가하는 하찮은 고통들을 제쳐둔다면, 그리고 본성에 맞게 우리를 훈련시킨다면 우리는 행복하게 살 수 있으며, 그렇게 살아야만 할 것이다. ⋯ 만일 우리가 스스로를 훈련시킨다면, 쾌락의 경시 자체가 우리에게 큰 만족을 줄 것이다. 쾌락 속에서 사는 습관을 지녔던 자들이 생활을 바꿔야만 할 때는 괴로워 하지만, 고통스런 일들을 견디도록 훈련받은 자들은 어려움 없이 쾌락을 무시한다hēdion autōn tōn hēdonōn kataphronousi."37

훈련의 중요성은 이후의 철학적 전통에서도 결코 망각되지 않을 것이다. 그것은 상당히 확장되기까지 할 것이다. 훈련들은 배가되고 그것의 절차, 목적, 변형 가능한 형태들이 정의되며, 그것의 유효성이 논의될 것이다. 훈련, 성찰, 사고의 시험, 양심 성찰, 의견 검열 등 여러 다른 형태의 아스케시스가 교과목이 될 것이고 영신靈身지도의

---

37 Diogène Laërce, *Vie des Philosophes*, VI, 2, 70.

중요한 도구 중 하나가 될 것이다. 반면에 고대 문헌들에서는 도덕적 아스케시스가 취할 수 있는 구체적 형태에 대한 상세한 내용을 거의 찾아볼 수 없다. 분명 피타고라스학파의 전통에서는 식이요법, 하루가 끝날 때 행하는 죄에 대한 명상, 혹은 악몽을 피하고 혹시 있을지도 모를 견신見神에 유리하도록 잠들기 전에 해야 하는 성찰 활동 등 많은 훈련을 받아들였다. 플라톤은 항시 순식간에 영혼을 사로잡아 버리는 욕망의 위험을 거론하는 《국가》의 한 구절에서 이 같은 저녁의 영적 준비에 대해 분명하게 언급한다. 38 그러나 이러한 피타고라스학파의 실천을 제외하고는 크세노폰, 디오게네스, 아리스토텔레스에서 아스케시스가 절제의 훈련으로 규정된 것을 거의 찾아볼 수가 없다. 여기에는 분명 두 가지 이유가 있다. 첫째는 훈련이 그 훈련대상의 실천 자체로 이해되기 때문이다. 도달해야 할 목표와 관련하여 훈련이 이상할 것은 없다. 훈련에 의해 그 다음에 취해야 할 행동에 익숙해지는 것이다. 39 이렇게 해서 크세노폰은 어린이들에게 먹을 것을 제한함으로써 배고픔을 이기도록 가르치고, 옷을 한 가지씩만 주어 추위를 이기도록 가르치며, 체벌을 당하게 함으로써 고통을 이기도록 가르치고, 가장 엄격한 태도의 절제를 강요함으로써(아무 말 없이 눈을 내리깔고 두 손은 외투 속에 넣은 채로 길을 걷는 것) 금욕을 실천하도록 가르치는 스파르타식 교육을 찬양한 것이다. 40 마찬가지로 플라톤은 젊은이들

---

38 Platon, *République*, IX, 571c~572b.
39 Cf. Platon, *Lois*, I, 643b ; "언제든 무엇에서건 뛰어나고자 하는 사람은 누구든 그것과 관계된 모든 것에서 즐거움과 할 일을 찾으면서 어렸을 때부터 이 같은 목표에 전념해야 한다(*meletan*)."

에게 그들을 가상의 위험에 빠뜨리는 담력시험을 시행하고자 했다. 그것은 그들을 길들이고 완성시키며 동시에 그들의 가치를 평가하는 수단이 될 것이다. "망아지들이 겁이 많은지 아닌지를 알기 위해 소음과 소동 속으로" 끌고 가는 것과 마찬가지로 "우리 전사들이 젊을 때, 공포감을 주는 것들 속으로 데려가고 또 쾌락 속에 던져 넣어 보아야 할 것이다." 이리하여 "그들이 유혹에 저항하는지, 그들이 어떤 경우에서건 품위를 지키는지, 그들이 자기네 자신, 그리고 그들이 그 가르침을 받은 음악의 충실한 수호자인지를 알기 위해 그들을 시험할 수 있는 방법, 불로 금을 시험하는 것보다 더 주의 깊게"[41] 그들을 시험할 방법을 갖게 될 것이다. 그는 《법률》에서 아직 발명되지도 않은 약을 생각하기까지 한다. 그 약을 마시는 자의 눈에는 모든 것이 무섭게 보이도록 할 것이며, 담력을 훈련하기 위해 그것을 사용할 수도 있을 것이다. "훌륭히 훈련하기 전에 남들에게 보여서는 안 된다"고 생각한다면 혼자서 사용할 수도 있고, "그 물약의 피할 수 없는 격동"을 제어할 수 있다는 것을 보여주기 위해 여럿이서, 혹은 심지어 "수많은 회식자들 앞에서" 공공연하게 사용할 수도 있을 것이다. 이같이 이상적이고 인위적인 모델에 의거하여 향연이 일종의 절제 시험으로 받아들여지고 운영될 수 있었다.[42] 아리스토텔레스의 다음 진술은 도덕적 수련과 이를 통해 습득한 미덕의 순환성을 한마디로 요약해 보여준다. "우

40 Xénophon, *République des Lacédémoniens*, 2와 3.
41 Platon, *République*, III, 413d sq.
42 Platon, *Lois*, I, 647e~648c.

리는 쾌락에서 멀어짐으로써 절제력 있는 사람이 된다. 그러나 우리가 쾌락으로부터 가장 많이 멀어질 수 있는 것은 우리가 절제력 있는 사람이 되었을 때이다."[43]

특별한 영혼 훈련 기술이 없는 데 대한 설명을 제공할 수 있는 또 다른 이유로 말하자면, 그것은 자기 지배와 타인들의 지배가 똑같은 형태를 지닌 것으로 간주되기 때문이다. 사람이 가정을 지배하고 국가 내에서 자기의 역할을 행하듯 자기 자신을 다스려야 하기 때문에 개인적 미덕, 특히 엔크라테이아에 대한 교육이, 다른 시민들보다 더 우월해져 그들을 지도할 수 있는 능력을 부여하는 그런 교육과 다르지 않게 되는 것이다. 동일한 수련을 통해 미덕과 권력을 지닐 수 있어야 한다. 자기 자신을 확실히 감독하고 자기 집안을 관리하며 도시국가의 통치에 참여하는 것, 이것은 동일한 유형에 속하는 3가지 실천들이다. 크세노폰의 《가정관리술》은 이 3가지 '기술'들 간의 계속성, 동형성, 더불어 한 개인의 실존에서 그것이 연대순으로 잇달아 사용됨을 잘 보여준다. 크리토불레스 2세는 그가 이제 자신을 제어할 수 있으며 더 이상 욕망과 쾌락에 휩쓸리지 않을 수 있게 되었다고 선언한다(그리고 소크라테스는 욕망과 쾌락이 하인들과 같다는 것, 그들에 대해 권위를 지켜야만 하는 하인들과 같다는 사실을 그에게 환기한다). 이리하여 그가 결혼하고 아내와 함께 가정관리를 확실히 해야 할 때가 왔다. 이 같은 가정의 지배는 가정을 관리하고 영지를 경영하며 재산을 유지하고 불리는 일 등으로 이해된다. 크세노폰이 되풀이하여 강조하는 것은, 그

---

43 Aristote, *Ethique à Nicomaque*, II, 2, 1104a.

일에 합당하게 몸을 바칠 때, 시민으로서의 의무를 다하고 자신의 공권력을 확실히 하며 지휘 임무를 맡고자 하는 자에게는 그것이 뛰어난 육체적·도덕적 훈련이 된다는 것이다. 일반적으로 시민의 정치교육에 도움이 되는 모든 것은 인간의 미덕의 훈련에도 도움이 될 것이며, 그 역으로 미덕의 훈련에 도움이 되는 것은 시민의 정치교육에도 도움이 될 것이다. 이처럼 양자는 어깨를 나란히 하고 있다. 도덕적 아스케시스는 도시국가 내에서 다른 사람들에 대해 해야 할 역할이 있는 자유민 남자의 교육에 속하는 것이다. 그렇다고 별개의 방법을 사용해야 하는 것은 아니다. 체조와 인내력 시험, 음악, 남성적이고 기운찬 리듬의 수련, 사냥과 검술의 실행, 대중 앞에서 행실을 바르게 하도록 주의하는 것, 타인에 대한 존중을 통해 자신을 존중하게끔 해주는 공손함을 습득하는 것, 이 모든 것이 도시국가에 유용한 인간의 교육인 동시에 자기 자신을 제어하고자 하는 자의 도덕적 훈련이다. 자신이 추천하는 인위적 공포의 시험을 언급할 때, 플라톤은 그것이 젊은이들 중 "그들 자신과 정부에 가장 유용"할 수 있을 자들을 찾아내는 방법이라고 보고 있다. 통치를 위해 추려지는 사람들이 바로 그들일 것이다. "우리는 유년기와 청년기, 그리고 중년기까지 계속되는 모든 시험을 무사히 통과하는" 사람을 도시국가의 우두머리이자 수호자로 세울 것이다.44 그리고 《법률》에서 파이데이아paideia란 말의 의미를 정의하고자 하면서 플라톤은 그것을 "어릴 때부터 덕성스럽게" 키워주는 것, 그리고 "정의에 의거해 명령을 내리고 복종할 수 있는 완전무결

----

44 Platon, *République*, III, 413e.

한 시민이 되고자 하는 열정적 욕망"[45]을 불러일으키는 것으로 특징짓고 있다.

한마디로 개인이 스스로를 도덕적 주체로 세우는 데 필요 불가결한 실천적 훈련으로서의 아스케시스라는 테마는 고대 그리스 사상에서, 최소한 소크라테스로부터 나온 전통에서는 중요하고, 심지어 끈질기기까지 하다고 할 수 있다. 그러나 이 같은 '금욕주의'는 어떤 특이한 실천들, 그 자체의 기술·절차·방법을 지닌 일종의 특별한 영혼의 기술이 될 수도 있을 그런 특이한 실천들을 모아놓은 것으로 체계가 갖춰지지도, 그런 것으로 생각되지도 않는다. 한편으로 이 금욕주의는 미덕 자체의 실천과 구분되지도 않는다. 그것은 미덕의 실천을 예상해서 반복하는 것이다. 다른 한편으로 그것은 시민 양성에서 쓰이는 것과 같은 훈련들을 사용한다. 자신의 지배자와 타인들의 지배자가 동시에 형성되는 것이다. 이 같은 금욕주의는 조만간 독립성을, 그게 아니라면 적어도 부분적이고 상대적인 자율성을 갖기 시작할 것이다. 이것은 두 가지 방식에 의해 이루어진다. 스스로를 지배하기 위한 훈련들과 타인들을 지배하기 위해 필요한 수련이 분리될 것이다. 또한 고유한 형태의 훈련들과 이 훈련을 통해 이르게 되는 미덕, 중용, 절제도 분리될 것이다. 시험, 심사, 자기 조절 같은 훈련의 절차들은 이후 특별한 기술, 그것들이 지향하는 도덕적 행동의 단순한 반복보다 더 복잡한 특별한 기술이 되려는 경향을 보일 것이다. 이렇게 해서 자기에 관한 기술이 그것의 배경이 되는 파이데이아와 그것의 목표 구

---

45 Platon, *Lois*, I, 643e.

실을 하는 도덕적 행동과의 관계에서 그것에 고유한 형상을 취할 것이다. 그러나 고대 그리스 사상에서 스스로를 도덕적 주체로 세울 수 있게 해주는 '금욕주의'는 전적으로, 그 형태 자체에서까지도, 덕성스런 삶의 훈련에 속하는데, 이 덕성스런 삶이란 그 용어의 완전하고 능동적이고 정치적인 의미에서 '자유인' 남자의 삶이다.

4

자유와 진리

1. "말해 보게, 에우티데무스, 자네는 자유가 개인을 위해서나 국가를 위해서나 고귀하고 훌륭한 선이라고 생각하는가?" "최고로 좋은 것이라 생각합니다." 에우티데무스가 대답했다. "하지만 육체의 쾌락에 지배당하고 그래서 선을 실천할 수 없게 된 자, 자네는 그를 자유인이라고 생각하나?" "절대로 그렇게 생각하지 않습니다."[1]

우리가 자제력을 훈련함으로써, 그리고 쾌락의 실천에서 자제함으로써 도달하고자 하는 상태인 소프로쉬네는 자유와 유사한 특징을 지닌다. 욕망과 쾌락을 지배하는 것이 이 정도로 중요하다고 할 때, 그것의 활용이 그 정도로 중요한 도덕적 관건이 된다고 할 때, 그것은 태초의 순수함을 유지하거나 되찾기 위해서 그런 것이 아니다. 그것은

---

1   Xénophon, *Mémorables*, IV, 5, 2~3.

일반적으로 ─ 물론 피타고라스학파의 전통을 제외하고는 ─ 순결을 지키기 위해서 그런 것도 아니다. 2 그것은 자유롭기 위해, 그리고 계속 자유로운 상태로 있을 수 있기 위해 그런 것이다. 여기서 아직도 필요하다면 다음과 같은 증거를 볼 수 있을 것이다. 즉, 그리스 사상에서 자유라는 것이 시민들 자신은 개성도 내재성도 없는 요소들에 지나지 않는 상태에서 그저 도시국가 전체의 독립으로 생각되지는 않았다는 증거를 말이다. 확립하고 보존해야 할 자유는 물론 전체로 본 시민들의 자유이지만 그것은 또한 각 개인이 자기 자신과 갖는 어떤 관계 형태이다. 도시국가의 구조, 법률의 성격, 교육의 형태, 지도자들이 행동하는 방식들은 분명 시민들의 행동에 중요한 요인들이다. 그러나 역으로 개인들이 그들 자신에 대해 행사할 수 있는 지배력이라는 의미에서의 개인들의 자유가 국가 전체에도 필요 불가결하다. 《정치학》에서 아리스토텔레스가 하는 말을 들어 보자. "하나의 도시국가는 그 국가의 정치에 참여하는 시민들이 덕망이 있기 때문에 덕성스러워 지는 것이다. 그런데 우리 국가에서는 모든 시민들이 정치에 참여하고 있다. 따라서 고려해야 할 것은 인간이 어떻게 해서 덕성스럽게 되는가 하는 점이다. 왜냐하면 시민들이 그 개개인으로서는 누구도 덕성

---

2 여기서 말하려는 것은 분명 순결의 테마가 고대 그리스의 쾌락에 관한 도덕에서 빠져 있었다는 것이 아니다. 그것은 피타고라스학파 사람들에게서는 상당히 중요한 위치를 차지하고 있었고, 플라톤에게서는 대단히 중요했다. 그러나 일반적으로 육체적 욕망과 쾌락에 관해서는 도덕적 행동의 관건이 특히 지배와 같은 것으로 생각되었던 것 같다. 순결의 윤리가 부각되고 발전하는 것은 그 윤리와 상관관계에 있는 자기실천과 더불어 오래도록 영향을 미치는 역사적 현상이 될 것이다.

스럽지 않으면서 시민들의 집단 전체가 덕성스러울 수 있다 할지라도, 사회집단 전체의 미덕은 논리적으로 볼 때 각 시민의 미덕으로부터 비롯되는 것이므로, 선호해야 할 것은 개인적 미덕이기 때문이다."3 자기 자신에 대한 개인의 태도, 자신의 욕망에 대한 자유를 확고히 하는 방식, 개인이 자신에 대해 행하는 절대권위의 형태, 이것들이 도시국가의 행복과 질서를 구성하는 한 요소인 것이다.

그러나 이 같은 개인적 자유가 자유의지의 독립 같은 것으로 이해되어서는 안 된다. 그것이 마주 대하는 것, 그것이 대립되는 극점은 자연적 결정주의도 전능의 의지도 아니다. 그것은 노예상태 — 자기에 대한 자기의 노예상태이다. 쾌락에 대해 자유로운 것, 그것은 쾌락의 종이 되지 않으며 쾌락의 노예가 되지 않는 것이다. 아프로디지아에 내포된 더 큰 위험은 오점汚點보다도 노예상태이다. 디오게네스는, 하인들은 그 주인들의 노예이며 비도덕적 사람들은 그들 욕망의 노예라고 말했다tous de phaulous tais epithumiais douleuein. 4 이 같은 노예상태에 대해 《가정관리술》 서두에는 소크라테스가 크리토불레스에게 경고하는 내용이 나오며, 5 절제, 자유로 간주된 절제에 대한 찬가인 《회상록》의 한 대화에서도 에우티데무스에게 이에 대해 경고하는 소크라테스를 볼 수 있다. "자네는 아마도 선을 실천하는 것이 자유로운 것이

3 Aristote, *Politique*, VII, 14, 1332a.
4 Diogène Laërce, *Vie des Philosophes*, VI, 2, 66. '쾌락에 대한 노예상태'는 아주 흔한 표현이다. Xénophon, *Economique*, I, 22; *Mémorables*, IV, 5, Platon, *République*, IX, 577d.
5 Xénophon, *Economique*, I, 1, 17 sq.

며 그것을 방해하는 주인을 모시는 것은 노예가 되는 것이라고 생각하고 있겠지?" "정말로 그렇게 생각하고 있습니다." "그렇다면 자네한테는 무절제한 자들이 노예라는 게 사실이겠군 … 자네 생각엔 최악의 노예상태가 어떤 것인가?" "그것은 최악의 주인을 섬기는 자의 노예상태이겠지요." 그가 말했다. "그러면 최악의 노예상태는 무절제한 자들의 노예상태이겠군." "제가 바로 알아들은 거라면 소크라테스, 당신이 주장하는 바는 감각의 쾌락에 예속된 인간은 어떤 미덕과도 무관하다는 것입니까?" "그렇다네, 에우티데무스", 소크라테스가 말했다. "절제하지 못하는 인간이 가장 어리석은 동물보다 무엇이 낫단 말인가?"**6**

그런데 이 자유는 비非노예상태 이상의 것이며, 개인을 모든 외적·내적 구속으로부터 독립시켜 줄 해방 이상의 것이다. 가장 충만하고 능동적인 형태의 자유란 사람이 타인들에게 행하는 권력 안에서 자기 자신에게 행하는 권력이다. 사실, 신분상 타인들의 권한에 예속된 자는 그 자신에게서 자기 절제의 원칙을 기대할 필요가 없다. 그는 사람들이 그에게 내리는 명령과 규칙에 복종하기만 하면 될 것이다. 플라톤이 직공에 대해 설명하는 것이 그런 것이다. 직공에게서 뒤처지는 점은 그의 영혼의 최상의 부분이 "본래 너무도 미약하여 그의 내부에 있는 야수들을 지배할 수 없다는 것, 그것들을 만족시키며 그것들에 아첨하는 것 외에 다른 것을 배울 수 없다"는 것이다. 그런데 이 직공이 "우월한 인간들을 지배하는" 것과 유사한 합리적 원칙에 의해 지배되기를 원한다면 어찌해야 할 것인가? 유일한 방법은 그를 이 우월한

---

6 Id., *Mémorables*, IV, 5, 2~11.

인간의 권한과 권력하에 두는 것이다. "그를 신적 요소가 지배하는 자의 노예가 되게 하라."7 반면에 타인들을 이끌어 가야 하는 자는 자기 자신에 대해 완전한 권한을 행사할 수 있어야만 한다. 그런 자는 자신의 지위에서, 그 같은 권력을 행사할 수 있으니 자신의 모든 욕망을 만족시키고 그래서 그 욕망에 빠져들기가 쉬울 것이기 때문이다. 뿐만 아니라, 그의 행동이 문란하면 모든 사람들, 그리고 도시국가 전체의 삶에 영향을 미치게 되기 때문이다. 중용에서 벗어나지 않으며 폭력을 쓰지 않기 위해서, (다른 사람들에 대한) 전제적 권한과 (욕망의) 전제적 지배를 받는 영혼이 맞물린 상태를 벗어나기 위하여, 정치권력을 행사할 때는 그것 자체의 내적 조절원칙으로서 자기에 대한 지배력이 필요하게 될 것이다. 자기에 대한 지배의 일면으로서 이해된 절제는 정의, 용기, 신중함에 못지않게 타인에 대해 지배력을 행사해야 하는 자가 갖춰야 할 덕목이다. 가장 임금다운 인간은 자기 자신의 왕인 자이다basilikos, basileuōn heautou. 8

이로 인해 쾌락의 도덕에서는 도덕적 표본화의 두 가지 오랜 형상이 중요해지는 것이다. 한편으로는 품행이 나쁜 폭군의 형상이 있다. 그는 자기 자신의 정열을 제어할 수가 없고, 이로 인해 항시 자신의 권력을 남용하고 백성들에게 폭력을 쓰는hubrizein 경향이 있다. 그는 국가에 문제를 야기하고 시민들이 자신에게 반항하는 것을 보게 된다. 폭군이 시민의 자녀들을 — 소년이건 소녀건 — 범하려 할 때에 그 폭군

---

7 Platon, *République*, IX, 590c.
8 *Ibid.*, IX, 580c.

의 성적 악습이 동기가 되어 폭정을 뒤엎고 자유를 되찾기 위한 모의
가 시작되기도 한다. 아리스토텔레스가 《정치학》 V권에서 언급하는
아테네의 피지스트라티데스, 암브라시의 페리안드레스, 그리고 그
외 다른 사람들이 그러했던 것이다.9 그 맞은편에는 타인들에게 행사
하는 권한 속에서 자기 자신에게 엄격한 지배력을 행사할 수 있는 지
도자의 긍정적 영상이 그려지는데, 자신에 대한 그의 지배력이 타인
에 대한 그의 지배를 절제시킨다. 다른 그 누구보다 자기 권력을 남용
할 수 있었을, 그러나 궁정 내에서 자기 감정을 절제했던 크세노폰의
씨루스가 이를 입증한다. "그의 그런 행동으로 인해 궁정의 하급자들
은 자신들의 신분이 어떤 것인지를 정확히 느끼게 되었고, 그로 인해
상급자들에게 복종하게 되었으며, 그들 사이에서는 존경과 예의의 감
정이 생겨나게 되었다."10 마찬가지로 이소크라테스의 니코클레스가
자신이 절제했고 부부간의 정절을 지켰다 자찬할 때에 그는 자신의 정
치적 위상이 요구하는 바에 따르고 있는 것이다. 그가 자신의 욕망을
확실히 굴복시킬 수 없다면 어찌 그가 타인들로부터 복종을 받겠다고
주장할 수 있을 것인가?11 아리스토텔레스는 절대 군주에게 어떤 방탕
에도 빠지지 말라고 권유한다. 사실 그는 유덕한 사람들이 명예에 집
착한다는 점을 염두에 두고 있음에 틀림이 없다. 이러한 이유 때문에
그들에게 체벌의 굴욕을 가하는 것은 분별없는 짓이 될 것이다. 같은

---

9 Aristote, *Politique*, V. 10.
10 Xénophon, *Cyropédie*, VIII, 1, 30~34.
11 Isocrate, *Nicoclès*, 37~39.

이유로 해서 그는 "청년의 수치심을 건드리지" 말아야 할 것이다. "젊은이들과 사랑의 관계를 갖는 경우에는, 무엇을 해도 좋다는 생각 때문이 아니라 연정 때문이어야 하며, 사람들의 존경심이 사라진 것처럼 보일 때는 언제고 더더욱 명예로운 행위로 이를 만회해야 한다."[12] 우리는 그것이 바로 소크라테스와 칼리클레스가 벌였던 논쟁의 관건이었음을 떠올릴 수 있을 것이다. 즉, 자신을 지배하는 것이 절제를 알고 자신에게 이기는 것, 다시 말해 "자기 내부의 온갖 쾌락과 욕망을 지배하는"[13] 것으로 규정된다고 할 때, 타인들을 지배하는 자들을 그들 자신과의 관계에서 "지배하는 자로 이해해야 할 것인가, 아니면 지배받는 자로archontas e archomenous" 이해해야 할 것인가?

언젠가는 성에 관한 미덕을 예시하기 위해, 자신들에게 전권을 지닌 남성의 공격으로부터 자신을 지킨 여성 또는 젊은 처녀의 전형이 가장 많이 사용되는 날이 올 것이다. 순결성과 처녀성을 지켰는지, 서약과 서원誓願에 충실했는지가 그때에는 미덕의 전형적 시험이 될 것이다. 고대에 이 같은 형상이 알려지지 않았던 것은 분명 아니다. 그러나 타인에 대한 권력을 자기 마음대로 사용할 수 있는 때에도 자신의 욕망을 스스로 제어할 수 있는 주인, 남자, 지도자, 그것이 그리스 사상에서는 그 고유한 본성에서 절제의 미덕이 무엇인지를 더 잘 나타내주는 모델이었던 것 같다.

12 Aristote, *Politique*, V, 11, 1315a.
13 Platon, *Gorgias*, 491d.

2. 이처럼 능동적 자유로서의 자제의 개념을 통해 확인할 수 있는 것은 절제의 '남성적' 성격이다. 집에서 명령을 내리는 것이 남자인 것처럼, 도시국가에서 권력을 행사하는 것이 노예나 아이들이나 여자들이 아닌 남자들, 오직 남자들에게만 속한 일인 것과 마찬가지로, 남자들 개개인은 자기 자신에 대해 그의 남성으로서의 자질들을 행사해야 한다. 자기 지배는 자기 자신에 대해 남자가 되는 방식이다. 다시 말해 억제되어야 할 것은 억제하고, 스스로를 통제하지 못하는 것을 굴복시키며, 이성의 원칙들이 없는 것에 그 원칙들을 부과하는 방식이 그것이다. 이것은 결국 본래 수동적이며 그런 상태로 있어야만 하는 것에 대해 능동적이 되는 방법이다. 이같이 남자들을 위해 만들어진 남자들의 도덕에서 자기를 도덕적 주체로 만들기 위해서는 자신과 자신 사이에 남성적 구조를 세워야 한다. 자기 자신에 대해 남성이 됨으로써 성적 행동에서 타인들에 대해 행하는 남성적 활동을 조절하고 지배할 수 있는 것이다. 이것이 자기 자신과의 투쟁에서, 그리고 욕망을 지배하기 위한 투쟁에서 지향해야 할 바이며, 바로 이 점에서 자기와의 관계가 남자, 자유인인 남자로서 자기 하급자들에 대해 세우고자 하는 지배, 계급, 권력관계와 동형同形이 되는 것이다. 그리고 이 같은 '윤리적 남성다움'을 조건으로 하여 '사회적 남성다움'의 모델에 의거해 '성적 남성다움'의 실행에 적합한 기준을 부여할 수 있을 것이다. 자신의 남성적 쾌락을 활용하는 데에는, 자신의 사회적 역할에서 남성적인 것과 마찬가지로 자기 자신에 대해서도 남성적이어야 하는 것이다.

그렇다고 해서 여자들은 절제할 필요가 없다든지 그녀들에게 엔크라테이아의 능력이 없다든지 아니면 그네들이 소프로수네의 미덕을 모른다는 얘기는 분명 아니다. 그러나 이 같은 미덕이 여자들에게는 언제나 어떤 방식으로든 남성다움에 준거를 두게 된다. 그것은 제도적 준거이다. 왜냐하면, 그네들이 절제를 강요당하는 것은 그네들의 위상이 자기네 가족, 남편에게 종속되어 있기 때문이며, 그네들의 생식 기능이 가문의 영속성, 재산의 양도, 도시국가의 생존을 가능하게 해주기 때문이다. 그것은 또한 구조적 준거이기도 하다. 왜냐하면, 여자가 절제력이 있기 위해서는 자기 자신에 대해 그 자체로 남성적 유형의 것인 우월성과 지배의 관계를 세워야 하기 때문이다. 소크라테스가 크세노폰의 《가정관리술》에서, 자신이 다듬어낸 아내의 미덕을 자랑하는 이즈코마쿠스의 말을 듣고 난 후 (잊지 않고 엄격한 결혼의 여신을 내세우면서) 이렇게 선언하는 것은 의미가 깊다. "헤라의 이름을 걸고 말하거니와 바로 그것이 자네 아내의 내면에 있는 대단히 남성적인 영혼을 드러내주는 것이라네andrike dianoia." 이 말에 이즈코마쿠스는 자기 아내에게 주었던 교태 없는 몸가짐이란 교훈을 이끌어들이기 위해 다음과 같이 대답하는데, 여기서 여자의 덕성스런 남성성의 두 가지 본질적 요소들, 즉 개인적 영혼의 힘과 남자에 대한 복종이란 두 요소를 읽어낼 수가 있다. "아내의 영혼의 힘이 지닌 또 다른 자질들megalophrōn에 대해서도 자네에게 이야기해주고 싶네. 그녀가 내 충고를 들은 후 얼마나 신속히 내게 복종했는가를 보여주고 싶단 말일세."[14]

잘 알려졌듯이 아리스토텔레스는 미덕의 본질적 단일성, 즉 남자와

---

[14] Xénophon, *Economique*, X, 1.

여자들에게서 그것이 동일하다는 소크라테스적 명제에 분명히 반대했다. 그러나 그는 엄격히 여성적이라 할 수 있을 여자의 덕목德目들은 기술하지 않는다. 그가 여자들에게 인정하는 덕목들은 하나의 본질적 덕목, 남자에게서 그 충만하고 완성된 형태가 발견되는 그런 본질적 덕목에 의거하여 정의된다. 그리고 그는 그 이유를 남자와 여자 사이의 관계가 '정치적'이라는 사실에서 찾는다. 즉, 그것은 정부와 피통치자 사이의 관계인 것이다. 관계의 적절한 질서를 위해서는 양자가 모두 똑같은 덕목에 관여되어 있어야 한다. 하지만 그 각각은 자기네 방식대로 거기에 관여할 것이다. 명령하는 자, 그러니까 남자는 "절정의 윤리적 덕목을 소유하고 있는" 반면에, 지배받는 자들, 즉 여자는 "그들 각각에게 적합한 덕목의 합"을 갖기만 하면 된다. 따라서 남자에게 절제와 용기는 충만하고 완전한 "명령의" 덕목이다. 여자의 절제나 용기로 말하자면 그것은 "복종의" 덕목인데, 다시 말해 남자 안에 그 덕목들의 완전하고 완성된 모델, 그리고 그것들의 적용원칙이 들어 있는 것이다.[15]

절제가 본질적으로 남성적 구조라는 것, 이로부터 앞의 결론과 대칭적이고 반대되는 또 다른 결론이 나오게 된다. 그것은 무절제라는 것이, 그것을 여성다움에 결부시키는 수동성과 관계된다는 것이다. 무절제하다는 것, 사실 그것은 쾌락의 힘에 대해 무저항의 상태, 그리고 무력하고 복종하는 위치에 있다는 것이다. 그것은 자기 자신에 대해 이 같은 남성다움의 태도, 자신보다 더 강할 수 있게 해주는 그런

---

15 Aristote, *Politique*, I, 13, 1260a.

남성다움의 태도를 가질 능력이 없다는 것이다. 이런 의미에서 쾌락이나 욕망을 본위로 하는 남자, 자제력이 없거나akrasia 무절제한akolasia 남자는 여성적이라 할 수 있을 텐데, 이것은 타인들에 대해서보다는 훨씬 더 본질적으로 자기 자신에 대해 그렇다는 것이다. 남성적인 것과 여성적인 것이 근본적 분할에 의해 대립되는 우리의 성적 경험 같은 데서는 남자가 그의 성적 역할을 실제적 혹은 잠재적으로 위반할 때 그의 여성성이 인지된다. 남자가 여자에 대한 애욕愛欲 때문에 방탕에 빠졌어도 누구도 그 남자가 여성화되었다고 말하려 들지는 않을 것이다. 그의 욕망에 대해 온갖 해석 작업을 해서 여자들에 대한 그의 갖가지 불안정한 관계 속에 은밀히 숨어 있는 '잠재된 동성애'를 들춰낼 가능성은 있을 수도 있지만 말이다. 반면에 그리스인들에게 본질적인 것은 능동성과 수동성 사이의 대립인데, 이것은 도덕적 태도의 영역 뿐 아니라 성적 행동의 영역에도 깊은 영향을 미친다. 따라서 어떤 남자가 성 관계와 자기 자신에 대한 도덕적 지배에 능동적인 이상, 그가 남성에 대한 사랑을 선호한다 해도 여성성을 의심받지 않을 수 있는 이유를 잘 알게 된다. 반면에 자신의 쾌락을 충분히 제어하지 못한 남자는 그가 어떤 대상을 선택하건 간에 '여성적'이라고 간주된다. 남성적인 남자와 여성화한 남자를 갈라놓는 분할선은 우리가 나눠놓는 이성애와 동성애의 대립에 일치하지 않는다. 그것은 능동적 동성애와 수동적 동성애의 대립으로 귀착되지도 않는다. 그것은 쾌락에 대한 태도의 차이를 나타낸다. 그리고 이 같은 여성성의 전통적 표지들 — 나태, 무기력, 다소 거친 스포츠 활동의 거부, 향수와 치장에의 취향, 유약함malakia ⋯ — 은 19세기에 '성도착자性倒錯者'라 불리게 될 그런 사람하고만 관계된 것이 아니라, 자신을 유혹하는 쾌락에 몸을 내맡기는 사람과 관련지어질 것이다. 그는 다른 사람들의 욕망에 대해서와 마찬가지로 자기 자신의 욕망에 종속되어 있기 때문이다. 지나치게 몸단장을 한 소년 앞에서 디오게네스는 화를 낸다. 그러나 그는 이 같은 여성적 태도가 남자들에 대한 애정만큼이나 여자들에 대한 애정 역시 드러낼 수 있다고 생각한다.[16] 그리스인들이 보기에 윤리적 차원에서 전형적으로 부정적인 태도는 분명 양성을 사랑하는 것도, 이성보다 동성을 더 사랑하는 것도 아니다. 그것은 쾌락에 대해 수동적인 것이다.

3. 절제력 있는 남자의 존재양식을 특징짓는 이러한 자유-지배력은 진리와의 관계를 배제하고는 이해될 수 없다. 자신의 쾌락을 지배하는 것과 그것을 로고스에 복종시키는 것은 동일한 성질의 것이다. 아리스토텔레스가 말하길 절제하는 자는 "올바른 이성이 명하는 것orthos logos"[17] 만을 욕망한다. 우리는 소크라테스적 전통으로부터 출발하여 일반적으로 미덕에 있어, 그리고 특히 절제에 있어 인식이 가지는 역할에 대해 오랜 논쟁이 전개되었음을 알고 있다. 크세노폰은 《회상록》에서 인식과 절제를 분리시킬 수 없으리라는 소크라테스의 명제를 상기시킨다. 무엇을 해야 할지를 알면서도 그와는 반대되게 행동할 가능성을 언급하는 자들에게 소크라테스는 항시 무절제한 자들이 바

---

16 Diogène Laërce, *Vie des Philosophes*, VI, 2, 54.
17 Aristote, *Ethique à Nicomaque*, III, 12, 1119b.

로 무지한 자들이라고 대답한다. 왜냐하면 어쨌든 사람들은 "모든 행동 가운데서 그들이 가장 유리하다고 판단하는 행동을 선택하기"[18] 때문이다. 이러한 원칙들에 대해 아리스토텔레스는 오래도록 문제를 제기하지만 그의 비판도 논쟁을 종결시키지는 못하는데, 이에 대한 논쟁은 스토이시즘과 그 주변에서 여전히 지속될 것이다. 그러나 사람이 알면서도 나쁜 짓을 저지를 가능성을 받아들이건 그렇지 않건 간에, 그리고 자신들이 알고 있는 원칙들에도 불구하고 행동해버리는 자들이 갖고 있다고 추측되는 인식의 양식이 어떠하건 간에, 한 가지점에 대해서는 이론의 여지가 없다. 그것은 적어도 절제의 본질적 조건들 중의 하나인 어떤 형태의 인식 없이는 절제를 실천할 수가 없다는 것이다. 스스로를 인식의 주체로 세우지 않고서는 쾌락의 활용에서 스스로를 도덕적 주체로 세울 수가 없다.

기원전 4세기 그리스 철학에서는 쾌락의 실천에서 로고스와의 관계를 3가지 주요한 형태로 기술했다. 우선 구조적 형태로서, 절제에 함축된 바는 로고스가 인간 존재에서는 최고의 위치에 놓여 있고 쾌락을 자기에게 복종시킬 수 있으며 행동을 규제할 수 있다는 것이다. 무절제한 자에게서는 욕망의 힘이 최고의 자리를 빼앗아 절제를 행하는 반면에, 절제하는 자에게서는 이성이 인간 존재의 구조에 맞게 명령하고 규정한다는 것이다. 소크라테스는 이렇게 묻는다. "이성이 현명하고 영혼 전체를 돌볼 책임을 맡고 있으니 명령을 내리는 것은 마땅히 이성에 주어져야 할 일이 아닌가?" 이로부터 그는 절제의 인간을 다음

---

18 Xénophon, *Mémorables*, III, 9, 4.

과 같이 정의한다. 즉 영혼의 여러 부분 가운데 명령하는 부분과 복종하는 부분들이 합의하여, 명령을 내리는 것은 이성이고 다른 부분은 이성과 다투어 권위를 얻고자 하지 않겠노라 인정하고 받아들임으로써 영혼의 여러 부분들이 사이좋게 조화를 이루는 그러한 사람이 절제의 인간이라는 것이다. 19 그리고 플라톤 식의 영혼의 삼분법과 《니코마코스 윤리학》 시기의 아리스토텔레스의 개념에는 여러 가지 대립되는 차이점들이 있긴 하지만, 후자의 문헌에서 소프로쉬네를 특징짓는 것은 바로 욕망에 대한 이성의 우월성이란 표현이다. "쾌락에 대한 욕망은 채워질 수 없는 것이며 이성을 박탈당한 존재에게서는 모든 것이 이 쾌락에 대한 욕망을 자극한다." 따라서 "만일 권한에 순종하고 따르지 않는다면" 욕망은 과도하게 증대될 것이다. 이때의 권한이란 "탐욕의 자유to epithumētikon"가 따라야 하는 로고스의 권한이다. 20

그런데 절제에 있어 로고스의 행사는 도구적 형태로도 기술된다. 실제로 쾌락을 지배함으로써 확실히 쾌락을 욕구와 시기, 상황에 적합하게 활용할 수 있게 되면, 아리스토텔레스가 표현한 대로 "무엇을 해야 하고 그것을 어떻게 해야 하며 언제 해야 하는지"21를 결정할 수 있는 실천적 이성이 필요하게 된다. 플라톤은 도시국가에서와 마찬가지로 개인에게서도 "적절한 상황이 아닌 때에ektos tōn kairōn 그리고 알지도 못하면서anepistēmonōs"22 쾌락을 사용해서는 안 되는 것이 얼마나

---

19 Platon, *République*, IV, 431e~432b.
20 Aristote, *Ethique à Nicomaque*, III, 12, 1119b.
21 *Ibid.*
22 Platon, *Lois*, I, 636d~e.

중요한지를 강조하였다. 그리고 이와 아주 유사한 생각에서 크세노폰은 절제력 있는 인간이 또한 명령을 내리고 토론할 수 있으며 최상의 인간이 될 수 있는 변증법적 인간이라는 점을 지적하였다. 왜냐하면 소크라테스가 《회상록》에서 설명하는 바와 같이 "절제력 있는 사람들만이 사물들 중에서 최상의 것들을 존중하고 그것들을 실천적·이론적으로 분류할 수 있으며 좋은 것들을 선택하고 나쁜 것들을 삼갈 수 있기 때문이다."[23]

절제에 있어 로고스의 행사는 마지막으로 플라톤에게서 그 세 번째 형태, 즉 자기에 의한 자기의 존재론적 인식이란 형태로 나타난다. 미덕을 실천하고 욕망을 지배하기 위해서는 자기 자신을 알아야 할 필요가 있다는 것은 소크라테스의 테마이다. 그러나 이 같은 자기인식이 취해야 할 형태에 대해서는 영혼들의 여행과 사랑의 탄생이 이야기되고 있는 《파이드로스》의 훌륭한 담론 같은 문헌에서 상세한 것을 알 수 있다. 고대 문학 중 아마도 이 작품에서 최초로 이후 '정신적 투쟁'이 될 것이 묘사된다. 여기서 우리는 — 소크라테스가 《향연》의 알키비아데스를 통해 입증할 수 있었던 평정平靜이라든가, 인내나 금욕의 성과와는 대단히 거리가 먼 — 자기 자신, 그리고 자기 욕망의 격렬함에 대항해 싸우는 영혼의 극적 갈등을 보게 된다. 이러한 여러 요소들은 정신성의 역사에서 오랜 수명을 누리게 될 것이다. 여기서 그 요소란 영혼을 사로잡은, 그런데 영혼이 그 이름조차도 모르는 혼란, 영혼이 경계하도록 만드는 불안, 신비스런 격동, 번갈아 와서 뒤섞이는 고

---

23 Xénophon, *Mémorables*, IV, 5, 11.

통과 쾌락, 존재를 휩쓰는 움직임, 대립되는 힘들 간의 투쟁, 추락, 상처, 고통, 보복, 그리고 최후의 평안이다. 그런데 신적인 동시에 인간적인 영혼의 본성이 진정 무엇인지를 드러내는 것으로 제시된 이 이야기에서 처음부터 끝까지 근본적 역할을 하는 것은 진리와의 관계이다. 사실 영혼은 "하늘 밖에 있는 현실들"을 관조하고 이승의 아름다움 속에서 그것의 그림자를 인지했기 때문에 사랑의 열광에 사로잡히면 흥분해서 더 이상 감정을 억제하지 못한다. 그러나 또한 그 추억들이 영혼을 "미의 현실" 쪽으로 이끌어가고, "지혜를 동반하고 신성한 초석 위에 서 있는 그 현실을 영혼이 다시 보게 되기" 때문에, 영혼이 자제하고, 육체적 욕망을 억제하려 하며, 그것에 무거운 짐을 지우거나 그것이 보았던 진리를 되찾지 못하게 할 수도 있을 모든 것으로부터 벗어나려 하는 것이다. 24 영혼이 진리와 맺는 관계는 에로스를 그것의 움직임, 그것의 힘, 그것의 강도 속에서 정당화시켜주며, 에로스가 모든 육체적 쾌락에서 벗어나도록 도움으로써 그것이 진정한 사랑이 될 수 있게 해준다.

우리가 알게 된 것은 인간 존재의 계급적 구조라는 형태로건, 신중함의 실천이나 영혼이 자신의 고유한 존재를 인식하는 형태로건 진리와의 관계가 절제의 본질적 요소가 된다는 점이다. 그것은 쾌락을 절도 있게 활용하고, 쾌락의 격렬함을 제어하기 위해 필요하다. 그러나 분명히 알아야만 하는 것은 이러한 진리와의 관계가 결코 자기에 의한 자기 해독, 혹은 욕망의 해석학이란 형태를 취하지는 않는다는 것이

---

24 Platon, *Phèdre*, 254b.

다. 그것은 절제하는 주체의 존재양식이 된다. 그것은 주체가 자기 자신에 대해 진실을 말해야 하는 의무와는 다르다. 그것은 결코 영혼을, 쉽게 파악되지 않는 욕망의 자취들을 읽어내고 해석해내야 할 가능한 인식의 영역 같은 것으로 열어두지 않는다. 진리와의 관계는 개인을 절제하는 주체, 절제적 삶을 영위하는 주체로 세우기 위한 구조적 · 도구적 · 존재론적 조건이다. 그것은 개인이 스스로를 욕망하는 주체의 특이성 속에서 인식하고, 그렇게 드러난 욕망을 스스로 정화시킬 수 있게 하기 위한 인식론적 조건이 아니다.

4. 그런데 절제하는 주체의 구성요소인 이 진리와의 관계는 후에 기독교적 정신성에서 그럴 것 같이 욕망의 해석학에 이르는 것이 아니라, 그와는 반대로 존재의 미학美學으로 향하게 된다. 이 존재의 미학이라는 것은 어떤 삶의 방식으로 이해되어야 하는데, 이 삶의 방식의 도덕적 가치는 어떤 행동규범에 합치되는가, 자신을 깨끗이 하는 작업을 하는가에 달려 있는 것이 아니다. 그것은 쾌락의 활용과 배분, 우리가 준수하는 한계, 우리가 존중하는 위계 관계에서의 어떤 형식, 보다 정확히 말해 어떤 일반적인 형식적 원칙들과 관계된 것이다. 로고스에 의해, 이성과 그것을 지배하는 진리와의 관계에 의해 그러한 삶은 존재론적 질서의 유지나 재생과 접하게 된다. 또 다른 한편으로 그러한 삶은 어떤 미의 광채를 받게 되는데, 이 같은 미는 그것을 관조하거나 그것의 기억을 간직할 수 있는 자들에게 뚜렷이 보이는 것이다. 이같이 절제할 줄 아는 삶의 척도는 진리에 근거한 것으로, 어떤 존재론적 구조의 존중인 동시에 어떤 가시적 미의 윤곽이다. 이러한

삶에 대해서는 크세노폰, 플라톤, 아리스토텔레스가 자주 설명한 바 있다. 예를 들어 《고르기아스》에서 소크라테스는 그의 질문에 대해 묵묵부답인 칼리클레스에게 자신이 대답까지 해가면서 그러한 삶을 묘사한다. "가구, 육체, 영혼, 어떤 동물이건 각각의 사물에 고유한 특징은 우연히 생겨난 것이 아니라, 이 사물의 본성에 적합한 어떤 질서, 적절함, 기술taxis, orthotēs, technē로부터 생겨난다. 그것이 사실인가? 나는 그렇다고 단언하겠네. 그렇다면 각 사물의 덕목은 질서정연함과, 질서에서 비롯된 만족스런 배치에 있는 것일까? 나는 그렇다고 주장할 것이네. 결국 각 사물의 본성에 고유한 어떤 정돈의 미kosmos tis가 존재하기 때문에 이 사물이 훌륭해지는 것일까? 나는 그렇게 생각하네. 결과적으로 또한 그 영혼에 적합한 질서를 가진 영혼이 이러한 질서가 없는 영혼보다 더 나은 것일까? 당연히 그렇네. 그러면 질서가 있는 영혼은 잘 정돈된 영혼인가? 물론 그렇네. 그리고 잘 정돈된 영혼은 절제력 있고 현명한가? 필연적으로 그럴 수밖에 없네. 따라서 절제력 있는 영혼은 훌륭하다 … 이것이 바로 내가 주장하는 바이며 확실하다고 생각하는 바일세. 만일 이것이 진실이라면 우리 각자가 행복해지기 위해서는 그러므로 절제를 추구하고 그것을 훈련해야만 할 것 같네diōkteon kai askēteon."[25]

절제와 (그 고유한 본성이 질서인) 영혼의 미를 결부시키고 있는 이 문헌에 대한 반향으로 《국가》가 보여주게 될 것은 그와는 반대로, 영혼과 육체의 완벽함이 쾌락의 과도함, 격렬함과 얼마나 대립되는가

25 Platon, *Gorgias*, 506d~507d.

하는 것이다. "만일 어떤 사람이 그 영혼 속에 아름다운 품성kala ēthē을 지니고 있고, 또 그 용모에도 품성에 어울리고 일치되는 동일한 유형의 아름다움을 겸비하고 있다면, 보는 눈을 가진 사람에게 이보다 아름다운 광경은 없지 않을까?" "월등히 가장 아름다운 것이지요." "그런데 그 가장 아름다운 것은 또한 가장 사랑스러운 것erasmiōtaton이기도 한가?" "물론 그렇습니다. … 그런데, 절제와 과도한 쾌락은 일치하는 것인가요?" "어떻게 그럴 수가 있겠나? 그러한 쾌락은 고통에 못지않게 영혼을 어지럽히는 것인데?" "그렇다면, 그러한 쾌락과 일반적인 미덕 사이는 어떠합니까?" "절대로 일치될 수 없지." "그렇다면, 격렬함이나 무절제hubris, akolasia와는 어떠할까요?" "다른 어떤 것하고 보다도 잘 일치된다네. 그런데 애욕의 쾌락보다도 크고 강렬한 쾌락을 자네는 들 수 있겠나?" "그보다 더 격렬한 쾌락은 없습니다." "반대로 이성에 합당한 사랑ho orthos erōs이란 질서와 미에 의해 지배되는 현명한 사랑이란 말인가?" "분명히 그렇습니다." "그렇다면, 합당한 사랑에는 광기에 찬 것이나 무절제와 같은 것은 무엇 하나 접근시켜서는 안 되겠군."[26]

우리가 또한 떠올릴 수 있는 것은 크세노폰이 제시했던 씨루스 궁정의 이상적 묘사인데, 이 궁정은 각 개인이 자신을 완벽히 제어함으로써 그 자체가 미의 광경으로 제시된다. 군주는 자제력과 신중함을 공공연히 과시하며, 그 주위의 모든 사람들도 서열에 따라 절도 있게 행동하고, 자신과 타인을 존중하며, 영혼과 육체를 세심하게 조절하고

---

26 Platon, *République*, III, 402d~403b.

행동을 관리하는지라 어떤 무의식적이고 격렬한 움직임도, 모든 사람들의 정신에 현존하는 것처럼 보이는 미의 질서를 어지럽히지 않았던 것이다. "화가 나거나 기뻐서 울부짖는 소리, 크게 웃는 소리는 결코 듣지 못했을 것이며, 그들을 보았다면 그들이 미美를 모범으로 삼고 있다 말했을 것이다."27 개인은 모든 사람들의 눈에 아주 잘 띄고 오래 기억될 만한 대단히 절도 있는 행동의 조형술造形術 속에서 도덕적 주체로 완성된다.

지금까지 한 것은 예비적 목적의 간략한 소묘素描에 지나지 않는다. 즉, 고대 그리스 사상에서 성적 행동이 고려되었던 방식과 그것이 도덕적 영역으로 확립되었던 방식을 특징짓는 몇 가지 일반적 특성을 제시한 것이다. 이러한 영역의 요소들 —'윤리적 실체'— 은 아프로디지아에 의해 형성되었다. 다시 말해 자연이 원한 행위들, 자연이 강도 높은 쾌락과 연결시킨 행위들, 그리고 자연이 언제나 과도하고 반항하기 쉬운 힘에 의해 이끌어 가는 행위들로 형성되었던 것이다. 이 같은 행동의 조절 원칙, '복종양식'은 허용되는 행위와 금지되는 행위들을 결정하는 보편적 법에 의해 정의되지는 않았다. 그보다는 다양한 변수(필요, 순간, 위상)에 따라 활용의 양태들을 규정하는 기술·수완에 의해 정의되었다. 개인이 자기 자신에 대해 행해야 할 작업, 필요한 금욕은 가정적 혹은 정치적 권력의 모델에 의거해 스스로를 지배하고자 할 때 해야 할 싸움, 거둬야 할 승리의 형태를 지니고 있었다. 결

---

27 Xénophon, *Cyropédie*, VIII, 1, 33.

국 이러한 자기 지배를 통해 도달하게 된 존재양식은 진리와 구조적·도구적·존재론적으로 불가분의 관계를 맺고 있는 능동적 자유와 같은 것으로 특징되었다.

이제 우리는 이 같은 도덕적 성찰을 통해 육체에 관한, 결혼과 소년애에 관한 엄격성의 테마들이 발전되어 왔음을 알 수 있게 되었다. 이같은 테마들은 그 이후에 찾아볼 수 있을 계율 및 금지들과 유사점이 없지 않다. 그러나 이같이 겉으로 드러난 계속성 하에서도 도덕적 주체가 같은 방식으로 형성되지는 않으리라는 점을 명심해야 한다. 성적 행동에 관한 기독교 도덕에서 윤리적 실체는 아프로디지아에 의해 정의되지는 않을 것이다. 그것은 심정의 비밀 속에 감춰져 있는 욕망의 영역에 의해, 그리고 그 형태와 조건들이 세심하게 정해진 행위들의 총체에 의해 정의될 것이다. 복종은 수완의 형태가 아니라 법률을 인정하고 사목적 권위에 복종하는 형태를 취할 것이다. 따라서 도덕적 주체의 특징은 남성적 유형의 활동을 할 때의 완벽한 자기제어가 아니라 차라리 자기 포기, 그리고 처녀성 속에서 그 모델을 찾아야 할 순결함이 될 것이다. 이로부터 우리는 기독교 도덕에서 대립되는 동시에 보충적인 다음 두 가지 실천, 즉 점점 더 명확해져 갈 성행위의 규약화와, 욕망의 해석학 및 자기 해석절차의 발전이라는 두 가지 실천이 갖는 중요성을 이해할 수 있을 것이다.

도식적으로 말하면 쾌락에 대한 고대의 도덕적 성찰이 행위의 규약화나 주체의 해석학 쪽이 아니라 태도의 양식화樣式化와 존재의 미학 쪽으로 방향을 잡고 있다 할 수도 있을 것이다. 양식화라고 하는 이유는 성적 활동의 감소가 일종의 개방된 요구처럼 제시되기 때문이다.

그것은 쉽게 확인할 수 있을 것이다. 양생술養生術에 대해 충고하는 의사들도, 남편들에게 아내를 존중하라고 요구하는 모럴리스트들도, 소년애에서 지녀야 할 훌륭한 행실에 대한 충고를 주는 자들도 성적 행위나 실천의 차원에서 해야 할 것과 하지 말아야 할 것을 아주 정확히 말하지는 않을 것이다. 그리고 그 이유는 분명 저자들이 점잖거나 조심스럽기 때문이 아니라 문제가 거기 있지 않기 때문이다. 성적 절제는 자유를 행사하는 것인데 여기서 그것은 자기 지배의 형태를 취한다. 그리고 이 자기 지배는 주체가 남성적 행동을 할 때 조심하고 자제하는 방식, 그가 타인들과 맺는 관계 속에서 자신과 갖는 관계방식을 통해 드러난다. 이 같은 태도는 사람이 저지르는 행위들이나 감추는 욕망들보다 훨씬 더한 가치판단의 대상이 된다. 이 도덕적 가치는 미학적 가치이기도 하며, 진리치眞理値이기도 하다. 왜냐하면 우리가 진정한 욕구들을 충족시키려 하고 인간 존재의 진정한 위계를 존중함으로써, 그리고 우리가 진실로 어떤 존재인지를 결코 잊지 않음으로써 우리 행동에 명성이 보장되고 기억될 만한 형태를 부여할 수 있을 것이기 때문이다.

이제는 그리스 문화를 넘어서 훨씬 더 오랜 역사를 지니게 될 몇 가지 중요한 성적 엄격함의 테마들이 기원전 4세기의 사상 속에서 어떻게 형성되고 발전되었는가를 검토해야 한다. 나는 쾌락이나 미덕의 일반이론들로부터 출발하지는 않을 것이다. 내가 근거를 두고자 하는 것은 현재 존재하고 인정된 실천들, 인간들이 그것을 통해 자신들의 행동에 형태를 부여하고자 했던 그런 실천들이다. 즉, 양생술의 실천, 가정관리의 실천, 사랑의 행동에서의 구애의 실천이 그것이다.

나는 이러한 3가지 실천이 의학이나 철학에서 어떻게 고찰되었는지,
그리고 이 같은 고찰을 통해 성적 행동을 명확히 규약화하는 방식들이
아니라 그것을 '양식화'하는 다양한 방식들이 어떻게 제안되었는지를
보여주고자 한다. 여기서 '양식화'라 함은 개인이 자기 육체에 대해 갖
는 일상적 관계의 기술인 양생술에서의 양식화, 가장인 남자의 행동
기술인 가정관리술에서의 양식화, 그리고 사랑의 관계에서 성인 남자
와 소년의 상호행동 기술인 연애술에서의 양식화를 말하는 것이다. **28**

---

28 Henry Joly의 저작인 *Le Renversement platonicien*은 그리스 사상에서 실천의 영역
과 철학적 고찰 사이의 관계를 분석할 수 있는 방법의 본보기를 제시하고 있다.

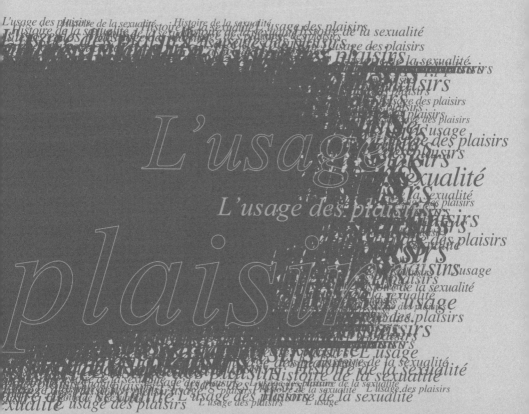

제 2장

양생술

Histoire de la sexualité

성적 행동에 관한 그리스인들의 도덕적 성찰은 금지들을 정당화시키려 한 것이 아니라 어떠한 자유, '자유인'인 남자가 자신의 활동 속에서 행사하는 자유를 양식화하려는 것이었다. 그 때문에 언뜻 보기에는 역설로 간주될 수 있을 다음과 같은 일이 생겨난다. 그리스인들은 성인 남자와 소년들 사이의 관계를 실천하고 받아들였으며 가치를 부여했다. 그런데 철학자들은 이 점에 관해 금욕의 도덕을 생각해 내고 확립시켰던 것이다. 그리스인들은 결혼한 남자가 혼외의 쾌락을 구하러 갈 수 있다는 것을 전적으로 받아들였지만 이 그리스의 모럴리스트들은 남편이 자기 아내하고만 관계를 가질 수 있다는 결혼생활의 원칙을 생각해 냈다. 그들은 성적 쾌락이 그 자체로 악이라거나 아니면 그것이 과오의 자연적 상흔들의 일부일 수 있다고는 결코 생각지 않았다. 그러나 그리스 의사들은 성적 활동과 건강의 관계를 염려했고 그러한 행동의 위험에 관한 일련의 성찰을 전개시켰다.

이 마지막 지점에서부터 시작하도록 하자. 바로 유의해야 할 점은 이들의 성찰 대상이 본질적으로 성적 활동의 여러 병리학적 결과에 대한 분석이 아니었다는 점이다. 이들의 성찰에서는 또한 성적 행동을, 정상적 행동과 비정상적이고 병리학적인 행동들을 나눠놓을 수 있을 영역 같은 것으로 조직화하려 하지도 않았다. 분명 이 같은 테마들이 전혀 없었던 것은 아니었다. 그러나 아프로디지아, 건강, 삶과 죽음 사이의 관계에 대한 질문의 일반적 테마는 그것이 아니었다. 이 같은 성찰의 주된 관심사는 자신의 육체를 돌보는 어떤 방식에 따라 쾌락의 활용 — 그것에 알맞은 조건, 그것의 유용한 실천, 그것의 필연적 감소 — 을 정의하는 것이었다. 그것은 '치료법'이라기보다는 '양생술'에 가까웠다. 즉, 건강을 위해 중요하다고 알려진 활동의 조절을 목표로 하는 관리법의 문제였던 것이다. 성적 행동을 의학적으로 문제 삼게 된 것은 그것의 병리학적 형태를 제거하려는 배려보다는 건강관리와 육체의 삶에 가능한 한 성적 행동을 통합하려는 의지 때문이었다.

1

일반적 관리법에 관하여

그리스인들이 관리법에 얼마만한 중요성을 부여했는지, 그들이 '양생술'에 어떤 일반적 의미를 부여했는지, 그리고 그들이 그것의 실천을 의학과 어떤 방식으로 연결시켰는지를 밝히기 위해 그 근거로 삼을 수 있는 것은 다음 두 가지 기원담紀元談인데, 하나는 히포크라테스 총서에 있는 것이고 다른 하나는 플라톤에 있는 것이다.

《고대 의학론》의 저자는 관리법이 의술에 인접한 실천, 즉 의술이 응용되거나 발전된 것 중의 하나라고 생각했던 것이 아니다. 그와는 반대로 그는 무엇보다도 본질적으로 관리법에 전념하는 의학을 탄생시킨다.[1] 그에 따르면 인류가 동물적 삶에서 벗어나게 된 것은 일종의 식사법의 급격한 변화에 의해서였을 것이라는 것이다. 사실상 태초에

---

[1] Hippocrate, *Ancienne médecine*, III.

는 인간들도 동물과 유사하게, 전혀 조리되지 않은 날것의 채소와 고기 같은 음식을 먹었을 것이다. 이러한 식사방법은 가장 강인한 자들을 단련시킬 수는 있었겠지만, 가장 허약한 자들에게는 가혹한 것이었다. 요컨대 단명하든가 장수하든가 둘 중 하나였던 것이다. 따라서 인간들은 '그들의 본성'에 적합한 관리법을 찾아야만 했을 것이다. 이러한 관리법은 아직까지도 현재의 생활양식을 특징짓고 있다. 이같이 보다 부드러운 식이요법 덕분에 질병이 즉각적으로 죽음을 몰고 오지는 않게 되었을 것이다. 이렇게 해서 사람들은 건강한 사람들의 음식이 병자들에게는 맞을 수 없다는 사실을 알아차렸을 것이다. 그들에겐 다른 음식이 필요했다. 따라서 의학은 병자들에게 적절한 '식이요법' 같은 것으로, 그리고 그들에게 알맞은 특별한 관리법에 관한 질문을 출발점으로 하여 형성되었을 것이다. 이 기원담에서 최초의 것으로 생각되는 것이 양생술養生術인데 그것이 의학을 탄생시키고 의학의 특정한 응용분야 중 하나를 탄생시키는 것이다.

플라톤은 — 그는 우리가 앞으로 살펴보게 될 정치적이고 도덕적인 이유들로 해서 양생술의 실천이나 아니면 적어도 그것의 극단적 실천에 대해 대단한 의혹을 품었는데 — 그와는 반대로 관리법에 대한 관심이 의학적 실천의 변화에서 비롯된 것이라고 생각한다.[2] 즉, 태초에는 아스클레피오스 신이 사람들에게 준하제峻下劑와 효험 있는 조제에 의해 질병과 부상을 치료하는 방법을 가르쳤으리라는 것이다. 플라톤에 따르자면, 이 같은 간단한 치료활동에 대한 증거는 호메로스

---

2   Platon, *République*, III, 405e~408d.

가 트로이 성벽 아래에서 메넬라우스와 에우리필레스의 치료에 대한 이야기 속에서 찾아볼 수 있을 것이다. 부상자들의 피를 빨아내고 그들의 상처 위에다 완화제 같은 것을 뿌렸으며, 밀가루와 치즈 간 것을 섞은 포도주를 마시라고 주었다는 것이다.[3] 질병을 '차근차근' 추적하여 오랜 시간에 걸친 관리법을 통해 건강이 나쁜 자들, 적절하게 살지 않아서 계속되는 질병에 시달려 건강이 나빠진 자들을 지켜주려 하게 되는 것은 더 나중에 인간들이 고대의 거칠고 강건한 삶으로부터 멀어졌을 때였다.[4] 이 같은 기원에 따르자면 양생술은 일종의 나약한 시대를 위한 의학처럼 보인다. 그것은 잘못 처신하고서 수명을 연장하고 싶어하는 존재들을 위한 것이다. 그러나 잘 살펴야만 한다. 플라톤에게 양생술이 최초의 기술이 아니었던 것은 관리법, 즉 다이아이테diaitē가 중요하지 않기 때문이 아니다. 아스클레피오스나 그의 최초 계승자들의 시대에 양생술에 전념하지 않았던 이유는 인간들이 실제로 따랐던 '관리법', 즉 그들이 섭생하고 운동하는 방식이 자연에 부합했기 때문이었다.[5] 이러한 관점에서 양생술은 굴절된 의학이었다. 양생술은 삶의 방식으로서의 관리법이 자연으로부터 분리되는 날에 가서야 이러한 치료술의 연장선상에 놓이게 되었다. 그리고 그것이 항시 의학에 필수적인 부속물이 되는 것은, 실제로 사람의 병을 유발시킨 삶의 양식을 바로잡지 않고는 아무도 치료할 수 없으리라는 점에서 그러

---

3 사실 플라톤이 내리는 지시들이 바로 《일리아드》(XI, 624와 833)에서 찾아볼 수 있는 지시들은 아니다.

4 Platon, *République*, III, 407c.

5 질병 치료를 위한 관리법의 필요성에 대해서는 또한 *Timée*, 89d를 보라.

한 것이다.[6]

　어쨌든 양생술적 지식을 원초적 기술로 치부하건 아니면 그것을 나중에 파생된 것으로 보건 간에 '식이요법' 그 자체가, 즉 관리법이 그것을 통해 인간의 행동을 생각해볼 수 있는 기본적 범주임은 분명하다. 그것에 의해 사람이 자기 존재를 영위해 가는 방식이 특징되며 행동에 대한 규칙들의 총체가 정해지는 것이다. 그것은 보존하고 순응해야 하는 자연에 따라 이루어진, 행동의 문제설정 방식인 것이다. 관리법은 삶의 기술 전체이다.

　1. 적절하게 숙고하여 결정된 관리법이 담당해야 할 영역은 하나의 일람표에 의해 정의되는데, 그 일람표는 시간이 지남에 따라 거의 규범적 가치를 갖게 되었다. 그것은 《전염병》 IV권에서 찾아볼 수 있는 일람표인데, 여기에는 다음과 같은 것들이 포함된다. "운동ponoi, 음식sitia, 마실 것pota, 수면hupnoi, 성 관계aphrodisia" — 이 모든 것들은 "절도가 있어야"만 한다. 양생술의 성찰을 통해 이러한 목록이 발달되었다. 운동 중에서도 자연스러운 것(걷는 것, 산보하는 것)과 격렬한 것(달리기, 레슬링)이 구분된다. 그리고 하루의 시간, 한 해의 때, 주체의 연령, 그가 취하는 음식에 따라 얼마만한 강도로 어떤 운동을 실시하는 것이 적합한지가 정해진다. 운동 후 다소간 더운 목욕을 해도 좋은데, 그 목욕은 역시 계절이나 연령이나 운동, 그리고 식사 전이냐 식

6　Hippocrate, *Epidémies*, VI, 6, 1. 이 문헌에 대한 고대의 여러 다른 해석에 대해서는 Hippocrate, *Oeuvres*, trad. Littré, t. V, pp. 323~324 참조.

사 후냐에 따라서 좌우된다. 식이요법 — 음식과 음료 — 은 사람이 흡수하는 것의 질과 양, 육체의 일반적 상태, 기후, 그가 종사하는 활동들을 고려해야만 한다. 배설 — 하제를 써서 씻어내는 것과 토하기 — 은 섭생행위와 그것의 과도함을 바로잡아 준다. 수면의 여러 측면 역시 관리법에 의해 변화될 수 있다. 사람이 수면에 할애하는 때, 선택하는 시간, 침대의 성질, 그것의 딱딱함, 그것의 열기 등등이 그것이다. 따라서 관리법은 남자, 적어도 자유인인 남자의 육체적 삶에 함축된 수많은 요소들을 고려해야만 한다. 더구나 그것은 일어나서 잠들 때까지 그의 하루 전체에 걸쳐 있다. 관리법을 자세히 설명하면 진짜 시간표처럼 보인다. 디오클레스가 제안한 관리법이 그러하다. 그것은 기상에서 저녁식사, 그리고 취침에 이르기까지 일상적인 하루의 흐름을 시시각각 따라가는데, 그 중간에는 최초의 운동, 목욕, 목과 머리 마사지, 산책, 개인적 활동과 체조, 점심식사, 낮잠, 그리고 다시금 산책과 체조, 기름 바르기와 마사지, 저녁식사 등을 거치게 된다. 시간의 흐름에 따라, 그리고 각각의 인간 활동에 대해, 관리법은 육체와의 관계를 문제로 설정하고 어떤 삶의 방식을 발전시키는데, 이 삶의 방식의 형태, 선택, 변수들은 육체에 대한 배려에서 정해진다. 그러나 육체만이 문제가 되는 것은 아니다.

2. 관리법이 요구되는 여러 영역에서 관리법은 절도를 확립해야만 한다. 《경쟁자들》에서 플라톤의 대화 상대자들 중 하나가 말하는 것처럼 "오입쟁이나 추잡한 남자는 알아차리게 될 테지만"[7] "육체와 관련하여" 유용한 것은 "중용中庸에 있는 것"이지 양이 많거나 적은 것이 아

니다. 그런데 이러한 절도는 육체적 차원에서뿐만 아니라 도덕적 차원에서도 이해되어야 한다. 양생술의 발전에서 확실히 중요한 역할을 했던 피타고라스학파 사람들이 강하게 주장했던 것은 육체에 기울여야 할 주의와, 영혼의 순수함과 조화를 지켜주려는 배려 간의 상관관계였다. 그들이 의학에서 육체의 정화를, 그리고 음악에서 영혼의 정화를 추구했던 것이 사실이라면, 그들은 또한 노래와 악기들에 인체의 안정에 이로운 효과가 있다고 보았다. 8 그들이 스스로 정해 놓은 섭생상의 수많은 금기에는 문화적이고 종교적인 의미가 있었다. 그리고 그들이 먹을 것, 마실 것, 운동과 성적 활동 차원에서의 모든 남용에 대해 가했던 비판은 도덕적 계율로서의 가치와 동시에 건강을 위해 유효한 충고로서의 가치를 지닌 것이었다. 9

엄격히 피타고라스학파적인 문맥을 벗어나더라도 관리법은 대체로 이중의 영역, 즉 양호한 건강이라는 영역과 영혼의 바른 태도라는 영역에서 정의된다. 그것은 이 두 영역이 서로가 서로에게서 나오기 때

---

7 Pseudo-Platon, *Rivaux*, 134a~d.
8 Cf. R. Joly, "Notice," à Hippocrate, *Du regime* (C. U. F), p. XI.
9 "그는 … 육체적 질병에 대해 병을 고치는 기(氣)를 지니고 있었는데 그로 인해 그의 노래는 병자들을 일으켜 세웠다. 다른 기(氣)들은 고통을 잊게 해주고 분노를 가라앉히며 무질서한 욕망을 몰아내 주었다. 이제 그의 관리법을 보자. 점심에는 꿀, 저녁에는 빵 과자와 야채, 아주 가끔씩 고기 … 이렇게 해서 그의 육체는 때로는 건강하고 때로는 아프거나, 때로는 살이 찌고 몸이 붓고 때로는 날씬해지고 마르는 일이 없이 거의 규칙적으로 같은 상태를 유지하였고, 그의 영혼은 그의 시선으로 볼 때 언제나 같은 성격(*to homoin ēthos*)을 나타내었다." Porphyre, *Vie de Pythagore*, 34. 피타고라스 역시 투사들에게 관리법에 대한 충고를 주었을 것이다 (*Ibid.*, 15).

문이며, 절도 있고 합리적인 관리법을 따르겠다는 결심과 그 관리법의 시행이라는 것 자체가 절대 없어서는 안 될 도덕적 확신과 관계되었기 때문이다. 크세노폰의 《회상록》에서 소크라테스가 젊은이들에게 체조를 하여 그들의 육체를 규칙적으로 훈련시키라고 권고할 때 그는 이 같은 상관관계를 잘 지적하고 있다. 그는 이렇게 함으로써 전쟁에서 자신을 보다 잘 방어할 수 있으며, 군인으로서 비열하다는 평판을 피하고 최선을 다해 조국에 봉사하며 고귀한 보상을 얻는 것이(따라서 자기 자손들에게 재산과 지위를 남기는 것이) 보장되리라 보는 것이다. 그는 그 훈련에서 육체의 질병과 병약함에 대한 예방도 기대한다. 그러나 그는 또한 그것이 가장 기대되지 않는 곳, 즉 사고에서도 이 같은 체조로 훌륭한 효과를 볼 수 있음을 강조한다. 왜냐하면 건강이 좋지 못한 육체는 그 결과로 망각, 실의, 언짢은 기분, 광기를 갖게 되며 그리하여 습득했던 지식이 마침내는 영혼으로부터 지워질 지경에까지 이르게 되기 때문이다.[10]

그런데 그것은 또한 신체적 양생 생활의 엄격함, 이를 수행하기 위해 요구되는 결단성에는 도덕적 강인함이 절대적으로 필요하며, 그 강인함 덕택에 이 양생 생활을 할 수 있게 되기 때문이다. 플라톤이 보기에는 그것이 바로 사람들이 힘과 아름다움과 육체의 건강을 얻으려 하는 실천들에 부여해야 할 진짜 이유이다. 《국가》 IX권에서 소크라테스는 이렇게 말한다. 지각 있는 사람은 "동물적이고 부조리한 쾌락에 몸을 맡기지 않을 것이다". "자기 관심사를 그쪽으로 돌려놓지 않

---

10 Xénophon, *Mémorables*, III, 12.

을" 뿐만 아니라 그 이상의 일을 할 것이다. "그는 자기 건강을 고려에 넣지 않을 것이며 강하고, 건강하고, 아름다워지는 것을 중요하게 여기지도 않을 것이다. 그렇게 함으로써 절제력 있는 인간이 되어야 하는 것이 아니라면 말이다." 육체적 관리법은 일반적 존재미학의 원칙에 편입되어야 하는데, 여기서는 육체적 균형이 영혼의 올바른 위계를 위한 조건 중 하나가 될 것이다. "그는 자기 영혼 속에 조화를 유지하기 위하여 그의 육체 안에 조화를 세울 것이다." — 이렇게 함으로써 그는 진정한 음악가mousikos로 처신할 수 있을 것이다.11 따라서 육체적 관리법 그 자체를 위해 지나칠 정도로 심하게 그것에 열중해서는 안 된다.

우리는 '식이요법'의 실천 그 자체에 위험의 가능성이 있음을 기꺼이 인정했다. 왜냐하면 관리법의 목표가 과도함을 피하는 것이지만 관리법에 과도한 중요성이나 자율성이 부여될 수 있기 때문이다. 이 같은 위험은 대개 두 가지 형태로 인식된다. 우선 '경기자의' 과도함이라 불릴 만한 위험이 있다. 이것은 반복적 훈련에 기인한 것인데, 그 같은 훈련은 육체를 과도하게 발달시키고, 지나치게 강건해진 근육조직 속에 파묻힌 영혼을 끝내는 잠재우게 된다. 플라톤은 몇 번을 되풀이하여 경기자들이 이 같이 무리하는 것을 비난하고 자기네 도시국가의 젊은이들에 대해서는 전혀 그러기를 바라지 않는다고 선언한다.12

11 Platon, *République*, IX, 591c~d.
12 *Ibid.*, III, 404a. 아리스토텔레스 역시 《정치학》, VIII, 16, 1335b, 그리고 VIII, 4, 1338b~1139a에서, 경기자의 관리법과 몇몇 훈련이 과도하다고 비판한다.

그런데 '병약한' 과도함이라 불릴 수 있을 위험도 있다. 여기서 문제가 되는 것은 사람이 매순간 자기의 육체, 건강, 아주 사소한 아픔에까지 주의를 기울인다는 것이다. 플라톤에 의하면 이러한 과도함의 제일 좋은 본보기가 되는 것은 양생술의 창시자 중 한 사람인 체육교사 헤로디코스이다. 그는 스스로 정한 관리법의 가장 사소한 규칙까지도 어기지 않으려고 지나치게 집착한 나머지 수년 동안 사그라져 가는 목숨을 "힘들게 부지했었을" 것이다. 이러한 태도에 대해 플라톤은 두 가지 비난을 가한다. 그것은 도시국가에 쓸모가 없는 나태한 인간들의 짓이라는 것이다. 이들은 부지런한 장인들과 두드러지게 비교될 수 있을 텐데, 이 장인들은 건강에 소소하게 신경을 쓰느라 허비할 시간이 없기 때문에 두통이 나는데도 가서 머리를 싸매고 눕지 않는 것이다. 그것은 또한 목숨을 잃지 않기 위해서, 할 수 있는 한 자연이 정해놓은 기한을 늦추려고 하는 자들의 짓이다. 관리법의 실천에는 육체에 지나친 정성을 들일peritté epimeleia tou sōmatos[13] 위험, 도덕적이며 정치적인 위험이 내포되어 있다. 물약과 절제술切除術만으로 치료를 했던 아스클레피오스는 현명한 정치가였다. 그는 훌륭하게 통치되는 국가에는 한가롭게 아프고, 치료받으면서 자기 생을 보낼 사람은 아무도 없다는 것을 알고 있었다.[14]

---

13 Platon, *République*, III, 406a~407b.
14 *Ibid.*, 407c~e. 《티마이오스(*Timée*)》에서 플라톤은 각 생물의 수명이 운명적으로 정해져 있다고 주장한다(89b~c).

3. 지나친 관리법에 대한 경계를 통해 드러나는 것은 식이요법의 목표가 삶을 가능한 한 연장시키는 것도, 그 성과를 가능한 한 높이는 것도 아니라는 것, 그보다는 삶을 그 정해진 한계 내에서 보다 유익하고 행복하게 만드는 것이 식이요법의 목표라는 것이다. 그것은 삶의 조건들을 결정적으로 고정시켜놓을 작정을 해서도 안 된다. 한 곳에서, 한 가지 유형의 식량만을 가지고, 어떤 변화에 노출될 수도 없이 살도록 하는 관리법은 좋지 못하다. 관리법의 유용성은 분명 그것이 개인들을 여러 다른 상황에 맞설 수 있도록 해줄 때 찾을 수 있는 것이다. 바로 이런 식으로 플라톤은 너무도 엄격해서 "중하고 격한 병"이 아니고는 그것으로부터 벗어날 수 없는 육상 경기자들의 관리법과, 자기네 전사들이 채택했으면 하는 관리법을 대립시킨다. 전사들은 항시 깨어 있는 개들과 같아야 한다. 그들이 전쟁터에 있을 때는 "물과 음식이 자주 바뀌고" "타는 듯한 태양과 겨울의 추위에 번갈아 가며" 노출되면서도 "변함없는 건강"을 유지할 수 있어야만 한다. 15 아마도 플라톤의 전사들에게는 특별한 책임이 있을 것이다. 그러나 보다 일반적인 관리법들도 이와 동일한 원칙에 따르고 있다. 히포크라테스 총서의 《관리법》에서 저자는 자기가 충고하는 대상이 특권층의 몇몇 나태한 자들이 아니라 대다수의 사람들이라는 사실을 주의하여 강조한다. 즉, "일하는 자들, 여행하고 항해하며, 불볕과 추위에 노출되는 자들"16이다. 이 구절은 능동적 직업생활의 형태들에 대한 특별한 관심

---

15 Platon, *République*, III, 404a~b.
16 Hippocrate, *Du régime*, III, 69, 1; C. U. F. 판의 R. Joly의 주, p. 71 참조.

의 표시로 해석될 수도 있을 것이다. 여기서는 무엇보다도 수많은 가능한 상황에 대해 개인을 무장시키려는 배려, 그것도 도덕과 의학에 공통된 배려를 가려내야만 한다. 관리법이 운명을 피하게 해주거나 자연의 방향을 바꿔놓길 바랄 수도 없거니와 그러기를 바라서도 안 된다. 관리법으로부터 기대하는 것은 그것이, 제시되는 그대로의 예기치 못했던 사건들에 대해 맹목적이지 않게 반응해 주었으면 하는 것이다. 양생술은 합리적이고 유용한 방식으로 상황에 대처할 수 있게 해주어야 한다는 의미에서 전략적 기술이다.

　양생술은 육체와 육체의 활동을 세심히 돌보는 가운데 개인에게 두 가지 아주 특별한 형태의 주의를 촉구한다. 그것은 우선 '연속적' 주의라 불릴 수 있을, 연속에 대한 주의를 요구한다. 활동은 단순히 그 자체로서 좋거나 나쁜 것이 아니다. 그것의 가치는 어느 정도는 그 이전과 그 이후의 활동들에 의해 정해지며, 똑같은 것이라도(어떤 음식, 어떤 유형의 운동, 뜨겁거나 차가운 목욕) 사람이 어떤 다른 활동을 했는지 아니면 해야만 하는지에 따라 권장되기도 하고 만류되기도 할 것이다(연속되는 활동들은 그 결과가 상호 보충적이어야 하지만 그것들 사이의 대조가 지나치게 심해서도 안 된다). 관리법의 실천에 또 한 가지 함축된 것은 '상황적' 주의를 기울여야 한다는 것, 즉 외부세계와 그 외부세계의 요소・감각들에 대단히 예민하면서도 광범위한 주의를 기울여야 한다는 것이다. 그 요소와 감각이란 기후와 계절, 하루 중의 시간, 건・습도, 온・냉도, 바람, 지역에 고유한 특성, 도시의 배치도 등을 말한다. 그리고 히포크라테스의 관리법에서 제시되는 비교적 자세한 지시들은 그 같은 지시에 익숙해진 자가 이 모든 변수들에 따라 자기 삶의 방식을 바꾸는 데는 분명 도움이 될 것이다. 관리법은 보편적이고 획일적인 규칙들의 실체 같은 것으로 고려되어서는 안 된다. 그것은 사람이 처할 수 있는 다양한 상황에 대처하기 위한 일종의 개론서이다. 즉, 상황에 따라 자신의 행동을 맞추기 위한 하나의 개론인 것이다.

4. 양생술은 결국 의사의 충고들을 수동적으로 실행하라고 개인에게 전달하는 것으로 그치지 않는다는 의미에서 존재의 기법이 된다. 여기서 관리법의 결정에 대한 자기들 각각의 권한을 놓고 의학과 체육이 대립했던 논쟁의 역사를 파고들지 않더라도 명심해야 할 것은, 양생養生이 타인의 지식에 대한 순진한 복종으로 생각되지는 않았다는 점이다. 그것은 개인 편에서 보자면 자기 자신과 육체를 신중하게 실천하는 것이어야 했다. 분명, 적합한 관리법을 따르기 위해서는 그에 대해 아는 사람들의 말을 듣는 것이 필요하다. 그러나 이러한 이야기는 설득의 형태를 취해야만 한다. 육체의 관리법이 합리적이며, 상황과 시간에 잘 맞는 것이 되기 위해서는 그것이 또한 사고와 성찰과 신중함에 관련된 문제여야 한다. 약이나 수술이 그것을 받아들이는 육체에 작용한다면, 관리법은 영혼에 갖가지 원칙들을 가르친다. 《법률》17에서 플라톤은 이런 식으로 두 종류의 의사를 구분한다. 노예들에게 친절한, 그들 자신도 대개는 노예 신분이며, 설명 없이 처방하는 데 그치는 의사들. 그리고 자유인 출신으로 자유인들을 담당하는 의사들. 그들은 처방을 내리는 데 만족하지 않으며 이야기를 꺼내고 환

---

17 Platon, *Lois*, IV, 720b~e.

자와 그 친구들에게 질문한다. 그들은 환자가 납득하면 적합한 삶을 영위할 수 있게 해줄 논거에 의해 그를 교육하고 훈계하며 설득한다. 현명한 의사로부터 자유인은 엄밀한 의미에서의 치료를 가능하게 하는 수단들뿐만 아니라 그의 삶 전체를 위한 합리적 골격을 받아들여야만 한다. 18 《회상록》의 짧은 구절 하나가 자기와의 관계를 구체적이고 능동적으로 실천하는 측면에서의 관리법을 잘 보여준다. 여기서 우리가 보게 되는 것은 자기 제자들을 그들이 처한 상황에서 "자급자족할 수 있게" 만들려 애쓰는 소크라테스이다. 이러한 목적에서 그는 (자신이나 혹은 다른 스승에게서) 제자들 자신에게 유용한 것의 한도 내에서 덕德이 있는 사람이 알아야만 하는 것을 배우고 그 외에는 아무것도 배우지 말라고 자기 제자들에게 명령한다. 즉, 기하학과 천문학과 산술 차원에서 필요한 것을 배우라는 것이다. 그러나 그는 또한 그들이 "건강에 주의하도록" 권유한다. 그리고 사실, 자신이 얻은 지식에 기대야 할 이러한 '배려'는 또한 자기 자신에 대한 세심한 주의로 발전되어야 한다. 자기관찰과 더불어 중요한 것은 기록하고 확인하는 작업이다. "각자가 스스로를 관찰하고 어떤 음식, 어떤 음료, 어떤 운동이 그에게 적합한지, 그리고 가장 완벽한 건강을 유지하기 위해서는 그것을 어떻게 활용해야 하는지를 적어두도록 하자." 육체의 훌륭한 관리가 존재의 기술이 되기 위해서는 자기 자신에 대한 주체의 기록

---

18 그가 관리법에 대해 방금 이야기한 바를 이런 식으로 요약해놓은 플라톤의 《티마이오스》, 89d 참조. "살아 있는 사람 전체, 그의 육체적 부분, 그것을 지배하거나 그것의 지배를 받게 되는 방식에 관한 것은 그만하면 충분하다."

작업을 거쳐야만 한다. 이를 통해 그는 자율성을 획득하고, 모든 것을 헤아려 그에게 좋은 것과 나쁜 것을 선택할 수 있을 것이다. 소크라테스는 자기 제자들에게 말한다. "자네들이 이렇게 스스로를 관찰하면 자네들보다 자네들 건강에 좋은 것을 더 잘 분별하는 의사는 찾아보기 어려울 걸세."[19]

결국 삶의 기술로서의 관리법의 실천은 질병을 피하거나 그것의 치료를 끝내기 위한 예방법들의 총체와는 아주 다른 것이다. 그것은 스스로를 자신의 육체에 대해 적절한, 필요 충분한 배려를 하는 주체로 세우는 방식이다. 이것은 일상생활을 총괄하는 배려이다. 삶의 일상적인 대다수 활동들을 건강과 도덕의 관건으로 삼으려는 배려, 육체와 그것을 둘러싸고 있는 요소들 사이에 상황적 전략을 규정하려는 배려, 종국적으로 개인 자신을 합리적 행동으로 무장시키고자 하는 배려가 그것이다. 이 같이 삶을 합리적이고 자연스럽게 관리함에 있어 이들은 아프로디지아에 어떤 자리를 내주겠다고 동의하고 있었던 것일까?

---

19 Xénophon, *Mémorables*, IV, 7.

2

쾌락의 관리법

히포크라테스 전집 가운데, 양생술에 관한 두 개의 논문이 오늘날까지 우리에게 전해진다. 그중 더 오래된 것이 역시 더 간략하다. 그것은 〈건강관리법*Peri diaitēs hugiains*〉이다. 이 논문은 오랫동안 《인간의 본성에 관하여》1라는 개론서의 마지막 부분에 해당하는 것으로 간주되었다. 두 번째 논문, 〈관리법*Peri diaitē*〉은 더 상세하게 설명되어 있다. 또한 오리바즈는 그의 《의학총서》2에 대단히 세심하게 일상생활의 규칙을 제시하는, 위생학에 관한 디오클레스의 한 문헌을 발췌해 놓았다. 마지막으로 아주 짧은 교재가 — 이 역시 기원전 4세기에 살

---

1   C. H. S. Jones, "Introduction," in *Oeuvres* d'Hippocrate, 4권(Loeb classical Library) 참조.

2   Oribase, *Collection médicale*, t. III, pp. 168~182.

았던 디오클레스의 것으로 여겨졌으나 — 에기나의 파울루스의 저작 속에 수록되어 있다. 3 저자는 여기서 계절에 따른 식이요법의 몇 가지 일반 규칙들과 더불어 자기 자신에게서 병의 첫 번째 징후들을 알아볼 수 있는 방법을 지적하고 있다.

〈건강관리법〉이 '아프로디지아'(성 관계)의 문제에 대해서는 아무 말도 하지 않는 반면, 〈관리법〉에는 이 점에 관한 일련의 권고와 처방 이 포함되어 있다. 이 논문의 1부는 식이요법 체계를 주관해야 할 일 반적 원칙들에 대한 성찰로 보인다. 저자는 실제로 그의 수많은 선배 들 중 몇몇이 이러저러한 특수사항에 대해 훌륭한 충고를 해주었음을 강조한다. 그러나 그들 가운데 그 누구도 그가 다루려는 문제에 관하 여 완벽한 설명을 제시할 수는 없었다. 왜냐하면 "인간의 양생에 관하 여 정확하게 기술하기" 위해서는 인간 일반의 본래 성질과 더불어 타 고난 체질hē ex archēs sustasis, 그리고 육체를 지배하는 원리to epicrateon en tōi sōmati를 "인식하고 식별할 수" 있어야 하기 때문이다. 4 저자는 관 리법의 두 가지 기본 요소로서 섭생과 운동을 들고 있는데, 운동이 체 력을 소비시키면 음식과 음료는 그것을 보충하는 역할을 한다.

이 문헌의 2부는 관리법에 속하는 요소들의 특성과 효과의 관점에서 양생술의 실천에 대해 자세히 설명한다. 지역 — 고지대인지 저지대인 지, 건조한지 습한지, 어떤 바람이 부는 곳인지 — 에 대한 고찰에 이

---

3 Paul d'Egine, *Chirurgie*, trad. R. Briau, 고대의 양생술에 관해서는 W. D. Smith, "The Development of Classical Dietetic Theory," *Hippocratica* (1980), pp. 439~448 참조.

4 Hippocrate, *Du régime*, I, 2, 1.

어 음식(입자의 크기와 밀가루를 반죽한 시간, 혼합한 물의 양에 따라 고찰된 귀리 혹은 밀, 다양한 원산지에 따라 구별되는 고기, 종류에 따라 고려된 과일과 채소), 그다음으로 목욕(식사 전 혹은 후에 하는 온수욕 혹은 냉수욕), 구토, 수면, 운동(시각·청각·음성·사고 훈련이나 산책과 같은 자연스러운 운동, 또 단거리·장거리 달리기, 팔 운동, 기구를 가지고 또는 맨손으로 하는 격투기와 같은 격렬한 운동, 먼지 속을 뒹굴거나 몸에 기름을 바르고 하는 운동)이 차례로 검토된다. 열거한 관리법의 기본 요소들 가운데 성행위lagneiē는 한편으로는 목욕과 기름 바르기 사이에서, 다른 한편으로는 목욕과 구토 사이에서 겨우 눈에 띄며, 성행위의 3가지 효과에 관해서만 기술되어 있다. 그중 둘은 성질에 관한 것으로, 격렬한 운동ponos과 습기의 제거에 기인한 체온상승과 이와 반대로 운동이 몸을 용해시키기 때문에 발생하는 습윤 작용이 그것이다. 세 번째 효과는 양과 관련된 것으로, 사출射出은 몸을 야위게 한다. "성교는 몸을 야위게 하고 습하게 하며 열이 나게 한다. 그것은 운동과 땀의 배출에 의해 몸에 열을 내며, 사출에 의해 몸을 마르게 하고, 운동이 야기한 (몸의) 용해가 신체에 남긴 것에 의해 몸을 습하게 한다."[5]

반대로 이 〈관리법〉의 3부에서는 '아프로디지아'에 관한 몇 가지 처방을 찾아볼 수 있다. 3부의 첫 부분은 마치 일종의 큰 건강 달력, 절기와 각 절기에 맞는 식이요법을 제시한 영구적 연감처럼 보인다. 그러나 저자는 운동과 음식 사이의 올바른 균형을 정할 수 있는 일반적 공식을 제시하기란 불가능하다고 강조한다. 또한 상황과 개인별·지

---

5   *Ibid.*, II, 58, 2.

역별·시기별 차이를 고려해야 할 필요성도 강조한다. 6 따라서 그 달력은 일단의 강제적 처방들로 읽혀서는 안 되고, 상황에 맞게 적용할 줄 알아야 하는 전략적 원리들로 읽혀야 한다. 요컨대 이 문헌의 2부가 식이요법의 기본 요소들을 그것들의 성질에 따라 그것이 지닌 내적 속성들을 통해 그 자체로 고찰하는 반면(그리고 '아프로디지아'는 겨우 언급되어 있다), 3부의 첫 부분은 상황에 따른 변수들에 할애되어 있다.

한 해는 물론 4계절로 나뉘어진다. 그러나 이 계절들은 다시 더 짧은 기간, 몇 주 혹은 심지어 며칠로까지 세분된다. 이는 각 계절 고유의 특성들이 대개 점진적으로 달라지기 때문이다. 더욱이 관리법을 갑자기 바꾸는 데는 언제나 위험이 따르기 때문이다. 과도함과 마찬가지로 갑작스러운 변화 역시 해로운 결과를 낳는다. "'조금씩 조금씩 to kata mikron'은 특히 한 조항에서 다른 조항으로 넘어갈 경우에 지켜야 할 확실한 규칙이다." 그 결과 "각 계절마다 관리법을 구성하는 요소들을 조금씩 바꾸어야 할 것이다."7 따라서 겨울의 관리법은 그 계절에 맞게끔, 묘성昴星이 지는 시기부터 동지冬至까지 44일의 기간으로, 이어서 15일간 날이 풀리기 전 정확히 그만큼의 기간으로 더 세분되어야 한다. 봄은 대각성大角星이 뜨고 제비가 돌아오는 시기부터 춘분까지 32일의 기간으로 시작된다. 그로부터 시작하여 봄은 8일씩 여섯 기간으로 나뉘어야 한다. 그리고 나서 묘성이 뜨는 때부터 하지夏至까

---

6 *Ibid.*, III, 67, 1~2.

7 *Ibid.*, III, 10. 같은 취지로서 Hippocrate, *De la nature de l'homme*, 9와 *Aphorismes*, 51 참조. 같은 주제가 아리스토텔레스의 것으로 추정되는 *Problèmes*, XXVIII, 1과 디오클레스의 *Régime*, Oribase, III, p. 181에서도 다시 발견된다.

지, 그리고 그때부터 추분秋分까지 두 단계로 된 여름이 온다. 이때부터 묘성이 질 때까지 48일 동안 '겨울 관리법'을 준비해야 한다.

저자는 세분된 이 각각의 기간들에 대하여 완벽한 관리법을 제시하지는 않는다. 그보다는 다소 세부적인 사항들을 제시하면서 한 해의 각 절기에 고유한 특성에 따라 달라지는 전반적인 전략을 정하고 있다. 이러한 전략은 대립, 그리고 저항 내지 최소한 보상의 원칙에 따른다. 겨울의 추위는 육체가 지나치게 차가워질까 염려하여 몸을 덥게 하는 관리법에 의해 다시 균형이 잡혀야 한다. 반면에 지나친 더위는 온화하고 열기를 식히는 관리법을 요구한다. 하지만 이 전략은 반드시 모방과 적합성의 원칙에도 따라야만 한다. 즉, 온화하고 조금씩 변하는 계절에는 온화하고 점진적인 관리법을, 식물들이 생장할 준비를 하는 시기에는 인간들도 그와 같이 하여 신체의 발달을 준비해야 하는 것이다. 마찬가지로 혹한의 겨울에 나무들은 단단해지고 강인함을 얻게 된다. 따라서 인간 또한 추위를 피하지 않고 "용감하게"[8] 추위에 몸을 내맡김으로써 활력을 얻는다.

바로 이러한 일반적 맥락에서, 이 문헌의 제2부에 나온 일반 공식을 따라 '아프로디지아'가 추위와 따스함, 건조함과 습기의 작용에 미칠 수 있는 영향을 고려하여 '아프로디지아'의 활용이 조정된다. '아프로디지아'와 관련된 권고사항들은 대개 섭생의 규칙과 운동 혹은 배설에 관한 충고 사이에 위치한다. 묘성昴星이 지는 시기부터 춘분春分까지의 겨울은 계절이 차고 습하므로 관리법 또한 건조하고 몸을 덥게 하는 것

8 Hippocrate, *Du régime*, III, 68, 6과 9.

이어야 하는 절기이다. 따라서 삶은 것보다는 구운 고기, 밀가루 빵, 소량의 마른 채소, 거의 희석하지 않은 약간의 포도주, 또한 온갖 종류의 다양한 운동들(달리기, 격투기, 산책)이 좋다. 달리기 — 언제나 몸을 매우 덥게 하는 — 훈련을 하고 난 후에는 반드시 차게 목욕해야 하고, 그 외 다른 운동을 하고 난 후에는 따뜻하게 목욕해야 한다. 특히, 몸이 차가워지는 경향이 있는 나이든 남자들의 경우에는 좀더 자주 성 관계를 가져야 하고, 습한 체질의 경우에는 한 달에 3번, 건성 체질의 경우에는 한 달에 두 번 구토제가 필요하다. 9 공기가 더 따뜻하고 더 건조해지고, 신체의 성장을 준비해야 하는 봄에는 구운 고기와 삶은 고기를 같은 양씩 먹고, 물기 있는 채소를 섭취하고 목욕을 하고 성 관계와 구토제의 양을 줄여야 한다. 또한 육체가 "깨끗한 몸"을 간직할 수 있도록 한 달에 두 번씩만, 그다음엔 횟수를 더 줄여서 토해야 한다. 묘성이 뜨고 난 후 여름이 되면, 관리법이 맞서 싸워야 하는 것은 특히 건조함이다. 희석된 가벼운 백포도주를 마시고, 귀리로 만든 과자, 삶은 채소나, 몸을 덥게 할 위험이 없다면, 생야채를 먹고, 구토제를 삼가고 가능한 한 성행위를 줄여야 한다oisi de aphrodisioisin hōs hēkista. 운동을 줄이고, 태양 아래에서 걷는 것과 같이 몸을 건조하게 만드는 달리기를 피하며, 먼지 속에서 하는 격투기를 해야 한다. 10 대각성大角星이 뜨고 추분이 다가옴에 따라, 관리법을 보다 부드럽고 습한 것이 되게 해야 한다. 성의 관리법에 대해서는 특별히 언급된 것이 없다.

---

9 *Ibid.*, III, 68, 5.
10 *Ibid.*, III, 68, 11.

디오클레스의 〈관리법〉은 히포크라테스의 관리법보다 훨씬 덜 상
세하다. 그러나 문헌의 대부분을 차지하는 일상적 시간의 사용에 대
해서는 매우 자세하게 나와 있다. 기상하자마자 곧 경직된 몸을 풀어
주어야 하는 마사지로부터 취침 시 침대에서 취해야 하는 자세(지나치
게 몸을 펴거나 구부려서는 안 되며, 특히 똑바로 누워서는 안 된다)에 이
르기까지, 목욕, 마사지, 기름 바르기, 배설, 산책, 알맞은 음식과
함께 하루 동안의 주요한 매 순간들이 검토된다.[11] 성적 쾌락과 그것
의 조정에 관한 문제는 몇 가지 일반적 조절 원칙을 언급하고 난 후 오
로지 계절에 따른 변화에 대해서만 고찰된다. "신체의 힘이 다른 힘에
의해 가치절하 되지 않는 것이 건강에서 매우 중요하다." 그러나 저자
는 간략하게 일반적 고찰을 하는 데 그친다. 우선, 누구도 "성교를 자
주, 연이어서 활용"해서는 안 된다는 점과, "몸이 차고 습하고 우울증
에 걸린, 가스가 찬 사람들에게는" 잘 맞으나 마른 사람들에게는 더 나
쁘다는 것, 나이든 사람들이나 "소년기에서 청년기에 걸친 기간"[12]에
속한 사람들처럼 성교가 더 해로운 시기들이 있다는 점을 지적한다.
디오클레스가 안티고네 왕에게 보낸 편지로 알려진, 아마도 더 나중
에 나왔을 이 문헌에서 그가 제안하는 성적 쾌락의 경제적 사용은 그
보편적 방침에서 히포크라테스의 그것과 너무도 흡사하다. 가장 감기
에 걸리기 쉬운 동지 때는 성행위를 제한할 필요가 없다. 체내에서 쓴
담즙이 우세한 시기인 묘성의 승행기昇行期에는 성행위를 매우 절도

11 Oribase, *Collection médicale*, III, pp. 168~178.
12 *Ibid.*, p. 181.

있게 해야 한다. 인체 내에서 검은 담즙이 우세한 하지 때는 성행위를 아예 포기해야 한다. 그리고 추분 때까지는 구토와 마찬가지로 성행위도 삼가야 한다. **13**

이 쾌락의 관리법에서 몇 가지 특성들이 주목을 끌 만하다. 우선 운동과 특히 섭생에 할당된 자리와 비교해볼 때, 성 관계의 문제에는 제한된 자리를 내주고 있다는 점이다. 음식의 질 자체와 음식물을 섭취하는 상황(한 해 중 어느 계절인지, 인체의 개별적 상태가 어떠한지에) 관련된 음식의 문제는 양생술적 사고에서 성적 활동보다 훨씬 더 중요하다. 다른 한편 관리법에 대한 관심이 결코 행위들의 형식 자체와 관련되지 않는다는 점에 유의해야만 한다. 성 관계의 유형, "자연스런" 체위나 상식에서 벗어난 행동들과 자위행위에 대해서, 또 이후로 너무나 중요해지는 성교의 중단과 피임 방식의 문제들에 대해서도 아무런 언급이 없다. **14** '아프로디지아'는 일괄적으로, 마치 중요한 것은 그 행동이 취할 수 있는 다양한 형태들에 의해 결정되지 않는 그런 행동인 것처럼 검토된다. 오로지 그것이 어느 정도의 빈도로, 어떤 상황에서 행해져야 하는가만 생각해 보아야 한다. 문제제기는 주로 양적 용어들과 상황의 표현으로 이루어진다.

게다가 좀더 양도 정해진 정확한 숫자의 형태로 고찰되고 있지 않다. 언제나 총괄적 평가의 차원에 머물러 있다. 즉, 쾌락을 "보다 충

---

13 Paul d'Egine, *Chirurgie*, 성 관리법의 계절에 따른 리듬은 아주 오랫동안 받아들여졌다. 제정(帝政) 시대 셀수스(Celse)에게서 그것을 다시 보게 될 것이다.

14 그렇지만 디오클레스(*Oribase*, III, p. 177)의, 잠을 자는 동안 몽정을 유발하는 등의 자세에 대한 언급에 주목할 것.

분히pleon", 혹은 더 소량으로elasson, 가능한 한 적게hōs hēkista 활용하라는 식이다. 이것이 의미하는 바는 거기에 지나치게 세심한 주의를 기울이는 게 쓸모없다는 것이 아니라, 신체와 그것이 처해 있는 환경 사이에서 여러 가지 성질들 ― 건조함, 더위, 습함, 추위 ― 을 작용하게 만드는 어떤 행동의 리듬을 일괄적으로 미리 단정하는 것이 가능하지 않다는 것이다. 만일 실제로 성행위가 관리법에 속해 있고 "절제"를 요구한다면, 그것은 성행위가 ― 신체의 움직임과 정액의 배출에 의해 ― 몸을 덥게 하고 차게 하고 건조하게 하고 습하게 하는 효과를 냄에 따라서 그러하다. 성행위는 신체의 균형을 이루는 각 요소들의 수준을 낮추거나 높인다. 그리하여 이 균형과 외부세계의 이러한 요소들의 작용 사이의 관계를 변화시킨다. 예를 들어 습하고 차가운 몸에는 몸을 건조하게 하거나 덥게 하는 것이 좋을 수 있지만, 계절과 기후 자체가 덥고 건조할 때는 별로 좋지 않을 것이다. 관리법이 횟수를 정하거나 리듬을 결정해야 할 필요는 없으며, 그 전체적 특성들만 규정할 수 있는 관계들 속에서 질적 변화와 그에 따라 필요해진 조정을 절충해야 한다. 여기서 우리는 아리스토텔레스로 추정되는 《여러 가지 문제들》의 저자가 이러한 질적 생리학의 가장 잘 알려진 원칙들 중의 하나(즉, 여자들이 일반적으로 차고 습한 반면, 남자는 몸이 덥고 건조하다는 것)로부터 성 관계에 적합한 계절이 남자와 여자의 경우에 같지 않다는 결과를 이끌어낸 유일한 사람으로 보인다는 데에 주목해볼 수 있다. 여자들이 특히 성행위를 하고 싶어하는 계절이 여름인 데 반하여 남자들은 특히 겨울에 성행위에 이끌린다. 15

이런 식으로 양생술은 성행위를 그 형태들과 각각의 형태가 갖는 가치에 따라 구별해야 할 일군의 행위들로서가 아니라, 연대기적 지표에 따라 전체적으로 자유롭게 내버려두든가 아니면 구속을 가해야 하는 일종의 '활동'으로서 문제시한다. 이런 점에서 우리는 이와 같은 관리법을 후에 기독교의 목회신학에서 보게 될 일정한 조정사항들과 비교해볼 수 있다. 사실상 기독교의 경우에도 성행위를 제한하기 위해 사용된 몇몇 기준들은 시간순서를 따를 것이다. 그러나 이 기준들은 단지 더 자세한 것만이 아니라, 완전히 다른 방식으로 작용할 것이다. 그 기준들은 성행위가 허용되는 시기와 그것이 금지되는 시기를 정할 터인데, 이러한 엄격한 구분은 여러 다양한 변수들, 즉 성스러운 해, 월경주기, 임신기간 혹은 산후조리 기간 등에 의해 정해질 것이다. 16 고대 의학의 관리법들에서는 이와 반대로 변화가 점진적으로 이루어진다. 그리고 허용과 금지의 이원적 형식에 따라 체계화되어 있기보다는 '더 많이'와 '더 적게' 사이에서 영속적으로 변화를 줄 것을 제안한다. 성행위는 그 행위가 포함되어 있는 시간적 제한에 따라 적법하거나 불법적인 것이 되는 행동으로 간주되지 않는다. 그것은 개인과 세계, 체질과 기후, 신체의 특질과 계절의 특성 사이의 교차 지점에서 어느 정도 해로운 결과를 초래할 수 있으므로, 다소간 제한을 가하기

---

15 아리스토텔레스로 추정, *Problèmes*, IV, 26과 29 (Hippocrate, *Du régime*, I, 24, 1 참조).

16 이 점에 관해서는 J.-L. Flandrin, *Un Temps pour embrasser*, 1983을 참조해야 하는데, 이 책은 7세기의 원전에서 출발하여, 허용되는 시기와 금지되는 시기를 구분하는 일의 중요성, 그리고 이러한 리듬에 의해 취해진 다양한 형태들을 보여준다. 이러한 시간의 분배는 그리스 양생술의 상황적 전략과 얼마나 다른지를 알 수 있다.

도 하는 경제적 체계에 따라야만 하는 활동으로서 고려된다. 그것은
숙고와 신중함을 요구하는 행동이다. 따라서 모든 사람들에게 획일적
으로 성적 쾌락의 '근무일수'를 정하는 것이 문제가 아니라, 적절한 시
기와 적합한 빈도수를 최대한 계산해내는 것이 문제이다.

3

위험과 해독_{害毒}

아프로디지아의 활동을 절제해야 할 필요성을 포함한 아프로디지아의 관리법은 성행위가 그 자체로 본래 나쁘다는 가정에 근거하는 것은 아니다. 그것은 원칙적으로 가치 폄하되는 대상이 아니다. 아프로디지아의 주제에 대해 제기되는 문제는 육체의 상태와 외적 상황에 따라 조정해야 할 일종의 활용법의 문제이다. 그러나 세심한 관리법에 호소하고 성적 행동에 주의를 게을리 하지 않아야 하는 필요성은 두 부류의 이유에 의해 정당화되는데, 여기에는 성적 활동이 가져오는 영향에 대한 일종의 불안이 드러나 있다.

 1. 첫 번째 부류의 이유들은 성행위가 개인의 육체에 미치는 영향과 관계가 있다. 분명 사람들은 성적 활동에 보다 적합한 체질이 있다는 것을 인정한다. 점액이 많아서 고통 받는 사람이 그 경우이다. 왜냐하

면 성적 활동이, 부패하여 생긴 이 같은 분비액을 만들어 내는 액체들의 배설을 가능하게 해주기 때문이다. 또한 소화를 잘 시키지 못하여 육체가 쇠약해지고, 배가 차고 건조한 사람들 역시 그런 경우이다.[1] 그렇지 않은 다른 사람들 — 육체와 머리가 분비액으로 가득 차 있는 — 의 경우에는 성행위가 오히려 해로운 영향을 미친다.[2]

그렇지만 이러한 원칙의 중립성과 상황의 양면성에도 불구하고 성적 활동은 매우 지속적인 의심의 대상이다. 디오게네스 라에르쿠스는, 계절에 따른 관리법의 일반 규칙을 지속적으로 행위를 줄이라는 요구와 행위 자체에 내재된 유해성의 확인에 직접 결부시키는 피타고라스의 소견을 인용한다. "여름이 아니라 겨울에 아프로디지아에 몰두해야 한다. 그리고 봄, 가을에는 매우 절제해야 한다. 하기야 그것은 모든 계절에 고통스럽고 건강에 해롭다." 또한 디오게네스는 사랑을 하기 위해 어떤 시기를 택해야 하느냐는 질문에 대해 피타고라스가 한 대답, 즉 "몸이 쇠약해지고 싶을 때"[3]를 인용한다. 그러나 피타고라스학파만이 이와 같은 불신을 표명했던 것은 아니다. "가능한 한 횟수를 적게"의 규칙, "최소한으로 해를 줄이려는" 노력은 의학적, 혹은 위생학적 목적만을 지닌 문헌들에도 권고되어 있다. 디오클레스의 《관리법》은 쾌락의 활용으로 "최소한의 피해"hēkista enochlei만 야기할 수 있는 조건들을 밝히려는 계획을 갖고 있다.[4] 또한 저자가 아리스토

1   Hippocrate, *Du régime*, III, 80, 2.
2   *Ibid.*, III, 73과 2.
3   Diogène Laërce, *Vie des Philosophes*, VIII, 1, 9.
4   Oribase, *Collection médicale*, III, 181.

텔레스로 추정되는 《여러 가지 문제들》은 성행위의 영향을 식물의 뿌리뽑기 — 이는 언제나 그 식물의 뿌리를 상하게 한다 — 에 비교하면서 긴박하게 필요할 경우에만 관계를 갖도록 충고한다. 5 성적 쾌락을 느끼는 것이 언제 유용하고 언제 해로운가를 결정해야만 하는 양생술을 통해, 우리는 제한을 통한 경제적 관리로 나아가는 전반적 경향이 그 윤곽을 드러냄을 볼 수 있다.

이러한 불신은 많은 신체 기관들이, 그중에서도 중요한 것들이 성적 활동의 영향을 받고 그것의 남용으로 고통받을 수 있다는 생각 속에서 드러난다. 아리스토텔레스는 뇌가 성행위의 영향을 느끼는 첫 번째 기관이라는 데에 주목한다. 왜냐하면 그것이 신체 중에서 "가장 차가운 요소"이기 때문이다. 사정은 인체로부터 "순수한 본래의 열기"를 빼앗음으로써 일반적으로 몸을 차갑게 하는 효과를 가져온다. 6 디오클레스는 특히 과도한 쾌락의 영향에 노출된 기관들로 방광, 신장, 허파, 눈, 척수脊髓를 들고 있다. 7 《여러 가지 문제들》에 따르면 특히 영향을 받는 것이 눈과 허리인데, 그것들이 다른 기관들보다 성행위에 더 기여를 하기 때문이든 과도한 열이 그 기관들에서 액화 현상을 일으키기 때문이든, 하여튼 그러하다. 8

이처럼 수많은 기관들 간의 상관관계들은 성적 활동이 필수적인 경제적 관리법의 규칙에 따르지 않을 때 흔히 그것과 결부되는 수많은

---

5   Pseudo-Aristote, *Problèmes*, IV, 9, 877b.
6   Aristote, *De la génération des animaux*, V, 3, 783b.
7   Oribase, *Collection médicale*, III, p. 181.
8   Pseudo-Aristote, *Problèmes*, IV, 2, 876a~b.

병리학적 영향을 설명해준다. 대개는 — 적어도 남자들에게서는9 — 전적인 금욕에 의해 야기될 수도 있는 혼란에 관한 언급은 거의 찾아 볼 수 없다는 데 주목해야만 한다. 성적 활동의 부적절한 분배로 인해 생겨난 질병은 대개는 과도함으로 인한 질병이다. 히포크라테스가 《질병론》에서 정의한 '등 결핵結核'이 그 경우인데, 이에 대한 설명은 서구 의학에서 동일한 병인론病因論과 함께 매우 오랫동안 다시 찾아 볼 수 있을 것이다. 이것은 "특히 결혼한 젊은 사람들"과 "성 관계에 탐 닉하는 사람들이 걸리는philolagnoi" 병이다. 이 병의 시발점은 골수(앞 으로 보게 되겠지만 이것이 정액이 있는 신체부분으로 간주된다)인데, 그 것은 척추를 따라 내려오면서 따끔따끔한 감각을 준다. 잠을 자는 동 안 정액이 무의식중에 소변과 대변 속에 흘러나와 환자는 생식능력이 없어지게 된다. 이 질병에 호흡곤란과 두통이 수반될 때는 그로 인해 죽을 수도 있다. 부드러운 식이요법과 배설요법으로 치유될 수도 있 지만, 그것은 포도주와 운동과 '아프로디지아'에 대한 1년간의 전적인 금욕 후에나 가능하다.10 《전염병》도 또한 쾌락의 남용으로 심각한 질병에 걸린 환자들의 예를 들고 있다. 압데르의 한 주민의 경우 성 관 계와 술이 열을 유발하였는데, 초기 증세로 구토와 위통, 갈증, 검은 소변, 혀에 낀 백태가 수반되었다. 몇 차례에 걸쳐 병세가 일시적으로

---

9 좀더 가다보면 성교가 여자에게서는 그와 반대로 건강의 요인으로 간주됨을 보게 될 것이다. 그러나 《여러 가지 문제들》의 저자는 원기 왕성하고 충분한 영양을 섭 취한 남성들이 만일 성적 활동을 하지 않으면 발작적으로 화를 내게 된다는 데 주목 한다.

10 Hippocrate, *Des maladies*, II, 51.

완화되었다가 다시 열이 오르기를 되풀이 한 후 그는 24일째 되는 날 완쾌되었다. 11 반면에 멜리베의 한 젊은이는 오랫동안 술과 성적 쾌락을 남용한 후 장腸의 고통과 호흡장애로 병세가 시작된 지 24일 만에 완전히 미쳐서 죽었다. 12

그와는 반대로 종종 극단적이라고 비난받는 경기자들의 관리법은 성적 금욕이 가져다줄 수 있는 이로운 효과들의 본보기로 인용된다. 플라톤은 《법률》에서 올림피아의 승리자인 타렌트의 잇소스와 관련하여 이 점을 상기시킨다. 야심에 찬 그, "영혼 속에 절제와 더불어 기술과 힘을 지녔던 그"는 운동에 전념하는 동안에는, "사람들의 말에 따르면, 여자에게도 소년에게도 가까이 가지 않았다." 동일한 사실이 크리손, 아스틸로스, 디오폼푸스에 대해서도 전해진다. 13 이러한 실천 원칙에는 분명 몇 가지 테마가 교차되고 있다. 즉, 전투에서와 마찬가지로 경기에서도 성공의 조건들 중 하나가 되었던 관례적인 금욕의 테마와, 경기자가 다른 사람들보다 자신이 우월하다는 것을 확신할 수 있고 또 그럴 만한 자격이 있기를 원할 경우 그가 자기 자신에게 거두어야만 하는 승리의 테마, 또한 성행위가 몸 밖에서 허비해버릴 힘을 온전히 간직하기 위해 육체에 필요한 관리법의 테마가 그러한 것들이다. 여자들이 인체에 필요한 배출이 규칙적으로 이루어질 수 있도록 성 관계를 필요로 하는 반면, 남자들은 최소한 몇몇 경우에는 정

11 Hippocrate, *Epidémies*, III, 17, cas 10.
12 *Ibid.*, III, 18, cas 16.
13 Platon, *Lois*, VIII, 840a.

액을 온전히 억류해둘 수가 있다. 남성의 철저한 금욕은 자신들에게 해가 되기는커녕 그들 안에 힘의 전체를 보존하고 축적하고 집중시켜 마침내는 그 누구도 필적할 수 없을 정도가 되게 한다.

따라서 양생 생활에 대한 이러한 관심에는 하나의 역설이 숨겨져 있는데, 이 관심을 통해 사람들은 그 자체로는 악으로 간주될 수 없는 활동의 공정한 배분과, '최소'가 '최다'보다 거의 언제나 더 가치가 크다고 여겨지는, 제한을 통한 경제적 관리를 동시에 추구한다. 육체가 생식능력을 가진 물질의 활발한 움직임을 조장하는 것은 자연스러운 일이고, 그것을 인체에서 뽑아내어 몸 밖으로 내버리는 행위 자체도 원칙적으로 자연에 부합하는 것이지만 또 그만큼 해로운 영향을 미칠 위험도 있다. 즉, 육체 전체가 가장 중요한, 혹은 가장 허약한 기관들과 더불어 이러한 손실, 그러나 자연이 원했던 이 손실에 대해 큰 대가를 치를 위험이 있는 것이다. 그 자체의 힘에 의해 빠져나오고자 하는 이러한 물질을 억류하는 것은 육체에 가장 강력한 에너지를 주기 위한 하나의 수단이 될 수 있을 것이다.

2. 자손에 대한 배려가 또한 쾌락을 활용하는 데서 발휘해야 할 경계심을 정당화한다. 왜냐하면 자연이 양성 간의 교접을 개인들의 후손과 종족의 생존을 확보하기 위해 체계화했다는 설이 받아들여지고 있고, 또한 바로 이 때문에 자연이 성 관계에 그토록 강렬한 쾌락을 결부시켰다는 설이 통용되긴 하지만, 이로부터 태어난 후손이 적어도 그 자질이나 가치에서 나약하다는 것을 사람들이 인정하기 때문이다. 개인이 쾌락을 과도하게 즐기는 것은 위험하다. 그가 닥치는 대로 아

무릇게나 생식행위를 한다면, 그 가족의 장래는 위험에 처할 것이다. 플라톤은 《법률》에서 부모와 도시국가 전체가 관련된 이러한 목적을 위해 취해야 할 신중함의 중요성을 엄숙하게 강조한다. 결혼식 날 두 배우자간의 첫 번째 성행위시 유의해야 할 사항들이 있다. 최초의 행위에서 전통적으로 인정해온 모든 가치와 위험들이 그 속에서 가려진다. 바로 그날, 그날 밤에는 이 점에서 어떤 실수도 저지르지 않도록 조심해야 한다. "왜냐하면 첫 경험이란 신과도 같은 것이기 때문이다. 신은 신도들이 저마다 그에게 적합한 영광을 돌린다면, 인간들 사이에서 확고하게 자리를 잡고 모든 것을 구원하는 존재이다." 그러나 결혼생활을 하는 동안 매일 매일 조심해야만 한다. 사실 아무도 "어느 날, 어느 밤"에 신이 수태에 도움을 줄지 모르기 때문이다. 또한 "일년 내내 그리고 삶 전체를 통해서", 그리고 특히 임신하기 쉬운 기간에는 "고의로 건강을 해치는 일이나, 과도하거나 부정한 일은 절대로 하지 않도록 유념해야 한다. 왜냐하면 그것이 아이의 영혼과 육체를 뚫고 들어와 각인刻印되기 때문"이다. "어쨌든 보잘것없는 아이들을 낳을" 위험이 있는 것이다. [14]

사람들이 두려워하는 위험과 그래서 권고하는 예방은 크게 3가지 문제를 대상으로 한다. 먼저 부모의 나이이다. 남자가 가장 훌륭한 자손을 생산할 수 있다고 짐작되는 나이는 플라톤에 의하면 30세에서 35세까지로 비교적 늦다. 반면에 그는 소녀들의 결혼 적령기를 16~20세로 정해놓고 있다. [15] 동일한 연령차가 아리스토텔레스에게도 반드

---

14 *Ibid.*, VI, 775e.

시 필요할 것처럼 보인다. 그는 그 정도의 차이가 자손의 원기를 위해
필요하다고 판단한다. 이 정도 차이가 있어야 두 배우자가 함께 수태
능력이 약해지고 또한 생식활동을 하는 것이 별로 바람직하지 않은 나
이에 도달하게 되리라고 예측한다. 게다가 생의 이 시기 동안 수태된
아이들은 부모가 말년에 이르렀을 때 바로 그들 뒤를 이어받을 수 있
는 나이에 이른다는 장점을 가질 것이다. "바로 이러한 이유로 소녀들
의 결혼은 18세쯤으로, 남자들의 결혼은 37세나 아니면 그보다 좀 적
은 나이로 정해야 한다. 양성의 결합이 이루어지는 것은 이러한 시간
의 범위 내에서, 그리고 육체가 한창 원기 왕성할 때일 것이다."**16**

또 하나 중요한 문제는 부모들의 '양생'이다. 당연히 그것은 과도함
을 피하고 취한 상태에서 아이를 갖지 않도록 주의하며, 또한 일반적
이고 항구적인 관리법을 실천하는 것이다. 크세노폰은 리쿠르구스의
법과, 부모의 왕성한 기운을 통해 자녀의 좋은 상태를 확보할 수 있도
록 취해진 조치들을 찬양했다. 엄마가 되도록 예정된 젊은 아가씨들
은 되도록 포도주를 마셔서는 안 된다. 아니면 물을 섞은 것만 마셔야
한다. 빵과 고기는 엄격히 절제해야 했고, 남자들처럼 신체 훈련도 해
야 했다. 리쿠르구스는 "남성과 여성이 원기 왕성하면 보다 튼튼한 자
손을 가지리라 확신하고, 남자들과 마찬가지로 여자들도 달리기와 힘

---

15 Platon, *Lois*, IV, 72a~b, VI, 785b. *République*, V, 460e에서 남자들의 '적법
한' 수태기간은 25세에서 55세까지로, 여자들의 경우는 20세에서 40세로 정해져
있다.

16 Aristote, *Politique*, VII, 16, 1355a. 아테네의 결혼 연령에 대해서는 W. K.
Lacey, *The family in Classical Greece*, 1968, pp. 106~107과 162 참조.

경기"를 하도록 정해두기까지 하였다. 17 아리스토텔레스는 지나치게 강요된 운동 관리법은 원하지 않았다. 그는 시민에게 적합하고 그의 활동euexia politikē에 필요한 체질을 확보하는 관리법을 선호했다. "체질이 피로에 단련되어 있어야만 한다. 그러나 운동선수들의 체질과 같이 단 한 가지 형태의 활동을 위해, 그것도 격렬한 연습을 통해서가 아니라, 자유인에 적합한 활동을 위해 훈련이 되어 있어야 한다." 그는 여자들에 대해서도 같은 종류의 자질들을 갖출 수 있게 해줄 관리법을 원했다. 18

훌륭한 자손을 얻기에 가장 유리한 계절이나 한 해의 시기로 말하자면, 그것은 복합적인 요소들 전체의 작용으로 간주될 것이다. 플라톤에 따르면 아이들을 갖고 낳는 것이 요구되고 허용되는 10년 동안 부부의 좋은 품행을 감시하는 감독관이 주의를 기울여야 할 것은 무엇보다 이런 유의 신중함에 대해서일 것이다. 19 아리스토텔레스는 그 시대의 의사들과 자연에 정통한 사람들이 이 문제에 관해 가르칠 수 있는 지식을 간략하게 언급했다. 그에 따르면 배우자들은 이 모든 교훈들과 친숙해져야만 할 것이다. "의사들은 사실상 육체가 생식을 하기에

---

17 Xénophon, *République des Lacédémoniens*, I, 4. 《법률》에서 플라톤은 수태시 부모들의 취기가 미치는 해로운 영향을 강조한다.

18 Aristote, *Politique*, VIII, 16, 1335b. 크세노폰에 따르면, 스파르타의 결혼한 젊은이들이 너무 자주 만나지 말아야 했던 것은 튼튼한 자손을 갖기 위해서였다. "이런 상황에서 배우자는 서로를 더 욕망하게 되는데, 만일 그들이 아이를 낳는다면 그들은 배우자가 서로에게 싫증이 나 있을 때 낳았을 아이보다 더 튼튼할 것이다"(*République des Lacédémoniens*, I, 5).

19 Platon, *Lois*, VI, 784a~b.

유리한 순간에 대해 정확한 지시사항들을 제공한다."(일반적 관습에 따르면 그것은 겨울이다.) 또한 '자연학자'들로 말하자면, 그들은 "남풍보다 북풍에 대한 그들의 선호를 보여준다."[20]

이 모든 필수적 배려를 통해 우리는, 만일 우리가 생식행위를 위협하는 모든 위험을 피하고 그로부터 기대하는 성공을 확실히 보장하고자 한다면, 생식행위를 할 때 대단한 주의가, 아니 그보다 매우 도덕적인 어떤 태도가 요구된다는 사실을 알 수 있다. 플라톤은 부부가 둘다 도시국가에 "가능한 한 가장 아름답고 가장 훌륭한 아이들"을 제공해야 한다는 점을 명심해야dianoeisthai 한다고 강조한다. 그들은 이러한 과제를, "사람이 자기가 하는 일을 숙고하고 거기에 전념할 때"에는 그들이 착수한 일에서 성공하는 반면, "그들이 정신을 쏟지 않거나 그것이 부족하면" 실패한다는 원칙에 따라 능동적으로 생각해야 한다. 따라서 "남편은 아내와 아이를 갖는 일에 주의를 기울여야 하며 prosechetō ton noun, 마찬가지로 아내도 특히 첫 아이를 낳기 이전의 시기에는 그래야 한다."[21] 이 문제에 대해 아리스토텔레스가 쓴 것으로 추정되는 《여러 가지 문제들》의 짤막한 글을 언급해볼 수 있을 것이다. 아이들이 그들의 부모를 닮지 않는 일이 자주 발생하는 것은 부모들이 성행위 시에 그들이 그 순간에 하고 있는 행위만을 생각하지 않고 여러 가지 방식으로 마음이 동요되었기 때문이다.[22] 이후로는 육

---

20 Aristote, *Politique* VII, 16, 1335a.
21 Platon, *Lois*, VI, 783e.
22 Pseudo-Aristote, *Problèmes*, X, 10.

신의 세계에서, 성행위를 명확한 의도, 즉 생식 의도에 의해 옹호하는 것이 성행위를 정당화하는 데에 필수적인 규칙이 될 것이다. 그렇지만 이 시대에는 성 관계가 치명적 과오가 되지 않도록 하기 위해 그러한 생식의도가 반드시 필요한 것은 아니었다. 그러나 그것이 목표에 도달하여, 자신의 아이들을 통해 사후에도 명맥을 이어가고 또 도시국가의 구원에 기여할 수 있도록 하기 위해서는 영혼의 대단한 노력이 필요하다. 즉, 자연이 쾌락에 부여한 목표를 위협하는, 쾌락의 활용을 둘러싸고 있는 위험을 멀리 떼어놓으려는 항구적인 배려23가 필요한 것이다.

---

23 플라톤은 《법률》에서, 임산부는 아이의 도덕적 형성을 돕기 위하여 쾌락과 지나치게 심한 고통으로부터 안전한 생활을 할 것을 바라고 있다.

4

행위, 소모, 죽음

그러나 쾌락의 활용이 개인이 자신의 육체와 맺는 관계, 그리고 그의 육체 관리법의 정의에서 문제가 된다면, 그 이유는 단순히 사람들이 이러한 활용이 어떤 질병의 원인이 될 수 있다고 의심하거나 그것이 자손에 미칠 영향을 두려워한다는 사실에 있지 않다. 분명 그리스인들은 성행위를 악으로 이해하지 않으며, 그들에게 성행위는 윤리적 가치 폄하의 대상도 아니다. 그러나 문헌들에는 이러한 활동 자체에 대한 불안감이 나타나 있다. 그리고 이러한 불안감은 3가지 근거를 중심으로 조성되어 있다. 즉, 행위의 형식 자체, 그로 인해 치러야 할 대가, 그것과 연결된 죽음이 그것이다. 그리스 사상에서 성행위가 긍정적으로 평가된다고만 생각하는 것은 잘못일 것이다. 의학적·철학적 성찰에서 그것은 그 격렬함 때문에 자기에 대해 행해야 할 통제와 제어를 위협하는 것으로 묘사된다. 또한 성행위가 초래하는 쇠약함에 의해 개인이 보존하고 유지해야 할 힘이 조금씩 소모되는 것으로, 그리고 종족의 생존을 보장하는 동시에 개인의 필멸성必滅性을 나타내는 것으로 묘사된다. 쾌락의 관리법이 그리도 중요한 것은 단지 과도한 쾌락이 질병을 일으킬 수도 있기 때문만은 아니다. 일반적으로 성적 활동에는 인간의 자기제어와 힘과 생명이 관련되기 때문이다. 이러한 활동에 관리법의 축소되고 양식화된 형태를 부여하는 것, 그것은 미래의 질병으로부터 스스로를 보호하는 것이다. 그것은 또한 자신의 격렬함을 제어하고 그것을 적절한 한도 내에서 움직이도록 하며, 자신 안에 그 에너지의 원리를 간직하고 자손들의 탄생을 예측하면서 자신의 죽음을 받아들일 수 있는 개인으로 스스로를 형성하고 훈련시키며 시험하는 것이다. 아프로디지아의 신체 관리법은 일종의 건강에 대한 대비책이며, 동시에 존재의 훈련 — 아스케시스askēsis — 이다.

1. 행위의 격렬함

플라톤이 《필레부스》에서, 강도가 높을 경우 고통과 뒤섞이는 쾌락의 효과를 묘사한 것은 아프로디지아를 염두에 둔 것이었다. 쾌락은 "몸 전체를 굳어지게 하고 때로는 몸을 들썩일 정도의 경련을 일으키며, 모든 색채, 모든 몸짓, 모든 가능한 헐떡임을 맛보게 하면서 정신 나간 사람이 지르는 것 같은 비명과 더불어 전반적으로 지나친 흥분 상태를 야기한다. … 그리하여 그러한 쾌락을 겪은 사람은 자기 자신에 대해, 아니면 다른 사람들이 그를 두고, 모든 쾌락을 죽을 지경까지 누렸다고 말하게 된다. 또한 그에게 조심성과 절제력akolastoteros, aphronesteros1이 부족하다면 그만큼 더 그는 더욱 강력하게 그 쾌락을 끊임없이 추구한다."

성적 쾌락이 경미한 간질의 형태를 띨 것이라는 주장은 히포크라테스가 한 것으로 여겨졌다. 적어도 아울루-젤레스는 그렇게 전한다. "성 관계coitus venereus에 대하여 성스러운 히포크라테스의 견해는 이러했다. 그는 그것을 우리가 간질병이라 부르는 끔찍한 질병의 한 형태로 간주했다. 사람들은 다음과 같은 그의 말을 인용한다. 성교는 경미한 간질병이다tēn sunousian einai mikran epilepsian."2 이러한 정식 표현은 사실 데모크리토스의 것이다. 첫머리에서 성행위를 자세히 묘사하는 히포크라테스의 《발생론》은 오히려 또 다른 전통, 즉 아폴로니아의 디오게네스의 전통에 포함된다. 이 전통(이는 또한 알렉산드리아의 클레멘스에 의해 증명되고 있다) 이 의거하는 모델은 간질병이라는 병리학적 모델이 아니라, 열을 내면서 거품을 일으키는 액체의 기계론적 모델이다. 《교육자》에 의하면 "어떤 이들은 살아 있는 존재의 정액에 대해 그 실체는 혈액의 거품이라고 가정한다. 포옹할 때 몹시 동요된, 또 남성의 자연적 열기에 의해 데워진 혈액은 거품을 내면서 수정관을 통해 퍼진다. 아폴로니아의 디오게네스에 의하면 이러한 현상이 아프로디지아라는 명칭을 설명할 수 있으리라는 것이다."3 액체와 흥분, 열기, 번

---

1 Platon, *Philèbe*, 47b.
2 Aulu-Gelle, *Nuits attiques*, XIX, 2.
3 Clément d'Alexandrie, *Le Pédagogue*, I, 6, 48. R. Joly, "Notice," à Hipporcrate, *Oeuvres*, t. XI, C. U. F. 참조

지는 거품과 같은 일반적 테마에 대해서 히포크라테스 총서의 《발생론》은 그 전체가 "사정射精 도식"이라 불릴 수 있는 상황을 중심으로 기술되어 있다. 바로 이 도식이 남성으로부터 여성에게로 그대로 옮겨진다. 또한 남성의 역할과 여성의 역할 사이의 관계를 대치와 경쟁이란 용어뿐만 아니라, 하나에 의한 다른 하나의 지배와 조정이라는 용어로 해석하게끔 조장하는 것도 이 도식이다.

성행위는 그 시초에서부터, 정액의 배출을 향해 가는 격렬한 역학으로 분석된다.[4] 우선 성기의 마찰과 육체 전체에 가해지는 운동이 일반적으로 몸을 덥게 하는 효과를 일으킨다. 이 효과는 흥분과 결합되어 결과적으로 육체에 퍼져 있는 체액에다가 마치 "모든 흔들린 액체들이 거품을 내는 것처럼", 마침내 "거품이 날aphrein" 정도의 대단한 유동성을 부여한다. 이 순간 "분리apokrisis" 현상이 일어난다. 이 거품 나는 액체의 가장 원기 있고 "가장 진하며 끈적끈적한to ischurotaton kai piotaton" 부분이 뇌와 척수로 운반되어 그것을 타고 허리까지 내려온다. 더운 거품이 신장으로 가는 것은 이때이며, 그곳으로부터 고환을 거쳐 음경에까지 이르면 거기에서 격렬한 동요tarachē에 의해 배출이 이루어진다. 성교와 "성기 접촉"이 시작되는 출발점에서 의도적으로 야기되는 이 과정은 또한 완전히 무의식적으로 행해질 수도 있다. 《발생론》의 저자가 인용하는 몽정夢精의 경우에 발생하는 일이 바로 그것이다. 잠들기 전에 노동이나 그 외의 활동에 의해 몸이 더워져 있을 때는 체액이 저절로 거품을 내기 시작한다. 그것은 "성교할 때처럼 움직인다."

---

4 Hipporcrate, *De la génération*, I, 1~3.

196

그리고 꿈의 영상을 동반하면서, 그리고 분명 꿈들이 혹은 최소한 그 중의 몇몇 꿈이 신체의 실제 상태를 표현한 것이라는 자주 원용되는 원칙에 따라 사정이 일어난다.5

히포크라테스의 설명은 남자의 성행위와 여자의 성행위 사이에 전반적인 이질동형성異質同形性을 설정하고 있다. 몸이 더워지는 출발점이 여자의 경우에는 성교 중 남자의 성기에 의해 자극된 자궁에 있다는 점만 제외하면 그 절차는 동일하다. "나는 여자들의 경우 성교 시에 성기가 마찰되고 자궁이 운동함으로써 자궁이 일종의 가려움증 같은 것에 사로잡힌다고 생각한다. 그리고 이 증상이 나머지 신체에 쾌락과 열기를 가져다준다. 여자도 역시 육체로부터 액체를, 때로는 자궁 안에 때로는 자궁 밖으로 배출한다."6 같은 유형의 물질과 동일한 형성 과정(몸의 더워짐과 분리에 의해 혈액으로부터 생겨난 정액), 똑같은 메커니즘과 사정이란 동일한 마지막 행위를 볼 수 있다. 그러나 저자는 몇 가지 차이점을 주장하는데, 이 차이점들은 행위의 본질이 아니라 그것에 고유한 격렬함, 이와 더불어 그것에 수반되는 쾌락의 강도 및 지속과 관계되어 있다. 행위 자체로 볼 때 여자의 쾌락은 남자의 그것보다 강도가 훨씬 덜한데, 왜냐하면 남자의 경우 체액의 배출이 갑작스럽고 훨씬 더 격렬하게 이루어지기 때문이다. 반면에 여자에게서는 쾌락이 행위의 처음부터 시작되어 성교가 끝날 때까지 지속된다. 여자의 쾌락은 성 관계 전체를 통해 남자에게 달려 있다. 그것은 "남자

---

5 *Ibid.*, I, 3.
6 *Ibid.*, IV, 1.

가 여자를 놓아줄" 때에야 끝난다. 그리고 여자가 남자보다 먼저 오르가즘에 이르게 된다 하더라도, 그렇다고 해서 쾌락이 사라지지는 않는다. 그것은 단지 다른 방식으로 느껴질 뿐이다.[7]

히포크라테스의 문헌은 남자와 여자의 이러한 이질동형적 행위 사이에 인과적인 동시에 적대적인 하나의 관계를 상정한다. 이른바 경쟁관계인데, 거기서 남성은 선동자의 역할을 맡고 최후의 승리를 견지해야 한다. 남자의 쾌락이 여자의 쾌락에 미치는 효과를 설명하기 위해 이 문헌은 — 분명 오래된 히포크라테스 선집의 다른 구절들과 마찬가지로 — 물과 불이란 두 요소와, 더위와 추위의 상호 효과를 제시한다. 남자의 액체는 때로는 자극하는 역할을, 때로는 냉각시키는 역할을 한다. 언제나 뜨거운 여자의 요소로 말하자면 그것은 때로는 불꽃에 의해, 때로는 액체에 의해 표현된다. 여성의 쾌락이 "정액이 자궁 속에 떨어지는 순간" 강렬해진다면, 그것은 마치 술을 부었을 때 갑자기 불꽃이 확 일어나는 것과도 같다. 반면 남자의 사정이 여자의 쾌락을 끝나게 한다면, 그것은 아주 뜨거운 물에 찬 액체를 붓는 것과도 같다. 흥분은 즉시 멈추어질 것이다.[8] 이처럼 두 개의 유사한 행위가 비슷하지만 대립되는 특성을 지닌 물질들을 작용하게 하면서 성교에서 서로 맞선다. 힘에는 힘을, 끓어오르는 것에는 찬물을, 불꽃 위에는 알코올로 맞서는 것이다. 그러나 어쨌든 결정을 내리고 조절하고 선동하고 지배하는 것은 남자의 행위이다. 쾌락의 처음과 끝을 결

---

7 *Ibid.*, IV, 1.
8 *Ibid.*, IV, 2.

정하는 것도 남자의 행위이다. 여성의 기관들이 잘 기능하도록 해주면서 그것들의 건강을 보장하는 것 역시 남자의 행위이다. 즉, "여자는 남자와 성 관계를 가질 경우, 신체의 상태가 한층 더 좋아진다. 그렇지 않으면 그다지 좋아지지 않는다. 성교할 때 자궁은 축축해져서 마르지 않는다. 그런데 자궁이 건조할 때 그것은 격렬하게, 그리고 정도 이상으로 수축된다. 격렬하게 수축되면서 자궁이 육체에 고통을 준다. 다른 한편 성교는 피를 뜨겁고 습하게 하면서 월경을 보다 수월하게 해준다. 월경이 나오지 않으면 여자들의 육체는 병에 걸리게 된다."[9] 남성의 삽입과 정액의 흡수는 여자의 신체적 특질들의 균형을 잡아주는 원칙이며 체액의 필수적 배출의 열쇠이다.

성적 활동 전반을 이해하게 하는 이러한 "사정 도식"은 ─ 남성과 여성에게서 ─ 남성적 모델이 차지하고 있는 거의 절대적인 우위를 분명히 보여준다. 여성의 행위는 정확하게 그것의 보완물이 아니다. 오히려 여성의 행위는 남성적 모델의 복제, 쾌락과 건강의 측면에서 남성적 모델에 종속되어 있는 약화된 형태의 복제이다. 모든 관심을 이 방출 ─ 그 행위의 본질로 간주된 거품 부글거리는 이탈 ─ 의 순간에 집중시킴으로써, 사람들은 성적 활동의 중심에 그 격렬함과 거의 억제할 수 없는 역학, 그리고 통제되지 않는 힘으로 특징되는 과정을 위치시킨다. 그러나 사람들은 또한 쾌락의 활용에 관한 중요한 문제로서 관리술과 소모의 문제를 제기한다.

---

9 *Ibid.*, IV, 3.

2. 소모

성행위는 생명을 전달할 수 있는 어떤 물질, 오로지 그 자체가 개인의 생존에 결부되고 그 일부분을 유지하기 때문에 생명을 전달할 수 있는 어떤 물질을 신체로부터 빼낸다. 살아있는 존재가 정액을 배출할 때 그는 체액을 과도하게 배출해 내는 것으로 그치지 않고, 자신의 실존을 위해서 대단히 귀중한 요소들을 포기하는 것이다.

정액의 이러한 귀중한 특성에 대해, 모든 저자들이 동일한 설명을 제시하는 것은 아니다. 《발생론》은 정액의 기원에 대해 두 가지 개념에 의거하는 듯하다. 그중 한 개념에 따르면, 정액의 출처는 머리로서 그것은 뇌에서 형성되어 골수를 타고 신체의 하부들에까지 보내진다는 것이다. 디오게네스 라에르쿠스의 말에 따르면 그것은 피타고라스적 개념의 일반원칙이었다. 여기서 정액은 "뜨거운 증기를 담고 있는 뇌수 한 방울"로 간주되었다. 이러한 두뇌 물질의 파편으로부터 뒤이어 "신경, 살, 뼈, 머리카락"과 함께 신체 전체가 형성될 것이다. 또한 그것이 지니고 있던 뜨거운 입김으로부터 태아의 영혼과 감각이 생겨날 것이다.[10] 정액의 형성에서 머리가 갖는 특권에 대해, 히포크라테스의 문헌은 뇌 부근을 절개한 남자들 — 그들이 아직도 성 관계를 갖고 사정할 가능성을 지니고 있다면 — 의 정액이 양이 많지 않고 약하며 생식능력이 없다는 것을 상기시키면서 동의하고 있다. "왜냐하면 정액의 거의 대부분이 머리로부터 귀를 따라 골수를 향해 내려오기 때

---

10 Diogène Laërce, *Vie des Philosophes*, VIII, 1, 28.

문이다. 그런데 이제는 흉터로 남은 절개 이후 이 길이 굳어져 버렸다."11 그런데 이와 같이 머리가 중요시되고 있음에도 불구하고 《발생론》에서는 정액이 신체 전체에서 발생한다는 일반 원칙을 배제하지 않는다. 즉, 남자의 정액은 "육체에 있는 모든 체액으로부터 나온다". 이는 "몸 전체로부터 성기로 가는 혈관과 신경 덕분에"12 그러하다. 그것은 "몸 전체, 그것의 단단한 부분, 무른 부분, 그리고 4가지 종류의 모든 체액으로부터" 형성된다. 13 여자 역시 "몸 전체로부터 사정을 한다."14그리고 사춘기 전의 소년 소녀들이 정액을 배출할 수 없는 것은 이 나이에는 혈관이 너무 가늘고 좁아서 "정액이 흐르는 것을 방해하기" 때문이다. 15 어쨌든 몸 전체로부터, 혹은 대부분 머리로부터 나오는 정액은 체액의 "가장 강력한to ischurotaton" 부분을 분리하여 격리시키고 집중시키는 과정의 결과로 간주된다. 16 이러한 힘은 정액의 끈적끈적하며 거품이 이는 성질, 그리고 그것이 빠져나올 때의 격렬함을 통해 표출된다. 그것은 또한 분비되는 양이 아무리 적다 할지라도 성교 후에 늘 느끼는 무력감으로도 표현된다. 17

사실 정액의 기원은 의학과 철학 문헌에서 계속 논쟁의 주제가 되었다. 하지만 — 어떤 설명들이 제시되건 간에 — 그 설명들은 정액으로

---

11 Hipporcrate, *De la génération*, II, 2.
12 *Ibid.*, I, 1.
13 *Ibid.*, III, 1.
14 *Ibid.*, IV, 1.
15 *Ibid.*, II, 3.
16 *Ibid.*, I, 1과 2.
17 *Ibid.*, I, 1.

하여금 생명을 전달하고 또 다른 생명을 탄생시킬 수 있게 해주는 것이 무엇인가를 고려해야만 했다. 그리고 그것이 유래된 개인에게 있을 수 있는 생명의 원리로부터가 아니라면 정액 물질이 어디서 그 힘을 끌어낼 수 있겠는가? 정액 물질은 자신이 부여한 존재를 빌려 그 물질의 근원이었던 생명체로부터 그 물질을 분리해내야만 했다. 모든 정액의 사정에는 개인의 가장 귀중한 요소들로부터 나온, 그리고 그에게서 빼낸 무엇인가가 있다. 《티마이오스》의 조물주는 이렇게 인간들에게서 육체와 영혼, 죽음과 불멸이 접점을 이루는 것 속에 정액의 뿌리를 두었다. 그 접점이 (두개골 쪽의 둥근 부분에는 불멸의 영혼의 자리를 감춰두고, 장방형의 등 부분에는 죽음을 면할 수 없는 영혼의 자리를 감춰두고 있는) 골수이다. "육체에 영혼을 매어두는 생명의 끈, 그것이 소멸하게 되어 있는 종족으로 하여금 뿌리를 내리고 정착하게 하기 위해 달라붙어 고정되는 곳이 골수이다."[18] 그 골수로부터 커다란 두개의 등 쪽 혈관을 통해 육체가 필요로 하고 그래서 그 안에 갇혀 있던 습기가 생겨난다. 또 그 골수로부터 다른 개체를 탄생시키기 위하여 성기를 통해 배출되는 정액이 나온다. 살아있는 사람과 그 자손은 하나의 동일한 생명원칙을 갖는다.

아리스토텔레스의 분석은 히포크라테스나 플라톤의 분석과는 상당히 다르다. 위치 판단이 다르고 그 메커니즘이 다르다. 그러나 그에게서도 귀중한 것의 탈취奪取라는 동일한 원칙이 발견된다. 《동물발생론》에서 정액은 영양 섭취의 잉여물perittōma로 설명된다. 즉, 극히 소

---

18 Platon, *Timée*, 73b.

량으로 응축된, 게다가 유기체가 영양분에서 끄집어내는 발육원과 똑같이 유익한 최종 성분이라는 것이다. 사실 아리스토텔레스에 따르면 육체에 섭취된 영양의 최종 동화산물로 어떤 물질이 제공되는데, 그 일부는 신체의 모든 부분들이 매일 조금씩 성장하도록 각 부분으로 가고 다른 일부는 일단 여자의 자궁으로 들어가 배출 — 배출에 의해 이 물질은 태아를 형성시킬 것이다 — 을 기다린다는 것이다. 19 따라서 개인의 성장과 그의 번식은 같은 요소들에 근거하고 있으며 같은 실체 속에 그 원칙을 지니고 있다. 성장 요소들과 정액은 개인의 생명을 유지하고 또 다른 개인의 탄생을 가능하게 하는 영양분의 동화 결과 생겨난 쌍생아雙生兒들이다. 이런 상황에서 우리는 이 같은 정액의 배설이 육체에서 중대한 사건이 된다는 것을 이해하게 된다. 그것은 육체로부터 귀중한 실체를 뽑아내는데, 그 실체는 유기체의 오랜 작업의 마지막 결과이기 때문에, 그리고 그것이 그 본성상 "신체의 모든 부분에 갈" 수 있고 따라서 그것들을 빼앗기지 않는다면 육체를 성장시킬 수 있는 요소들을 그 안에 농축시켜놓고 있기 때문에 귀중한 것이다. 우리는 또한 어째서 이러한 배출이 — 이는 남자가 신체를 성장시킬 필요는 없고 단지 그것을 일신시킬 필요밖에 없는 나이에야 완전히 가능해진다 — 모든 영양의 근원이 성장을 위해 쓰여지는 소년기 동안에는 일어나지 않는지를 이해하게 된다. 이 나이에는 "모든 것이 미리 소모된다"고 아리스토텔레스는 말한다. 우리는 또한 노년기에 정액의 생산이 약화되는 것도 이해할 수 있다. "인체는 더 이상 충분히 소화시

---

19 Aristote, *De la génération des animaux*, 724a~725b.

키지를 못한다. "20 개인의 삶 전체를 통해 — 성장해야 할 청년기로부터 지탱하기가 몹시 힘든 노년기에 이르기까지 — 생식능력과 성장 혹은 생명유지 능력 사이의 이러한 보충적 관계가 나타난다.

정액이 인체 전체에서 취해지건, 육체와 영혼이 서로 이어지는 곳에서 유래되건 아니면 영양분의 오랜 내적 동화 끝에 형성되건 간에, 그것을 배출하는 성행위는 살아있는 존재에게 값비싼 소모消耗이다. 인간들이 스스로 자손을 가질 생각을 하도록 하기 위해 자연이 바랐던 대로, 쾌락이 성행위에 동반될 수 있다. 그러나 존재 자체를 내포하고 있는 것의 한 부분을 모두 다 포기한다는 것은 존재 자신에게는 적잖이 힘든 타격이다. 이런 식으로 아리스토텔레스는 성 관계에 따르는 "명백한" 쇠진衰盡을 설명한다. 21 그리고 《여러 가지 문제들》의 저자도 젊은이들이 성 관계를 가졌던 첫 여자에 대해 갖는 혐오감을 이렇게 설명한다. 22 살아있는 인간은 비록 소량이지만 — 하지만 다른 동물들에게보다 인간들에게 비교적 많은 — 그 자신의 존재에 중요한 요소들의 일부를 포기한다. 23 우리는 성적 쾌락의 남용이 어떤 경우에 어떤 식으로, 히포크라테스가 기술한 등 결핵의 경우와 같이, 죽음에까지 이르게 할 수 있는가를 이해하게 된다.

---

20 *Ibid.*, 725b.
21 *Ibid.*, 725b. 또한 Pseudo-Aristote, *Problèmes*, IV, 22, 879a 참조.
22 Pseudo-Aristote, *Problèmes*, IV, 11, 877b.
23 *Ibid.*, IV, 4와 22.

3. 죽음과 불멸성

의학적·철학적 성찰이 성적 활동과 죽음을 연결 짓는 것은 단지 지나친 소모에 대한 두려움의 측면에서만은 아니다. 그것은 양자를 번식의 원칙 자체로 볼 때도 연결시키는데, 이는 그것이 살아 있는 존재들의 소멸에 대처하고 그 종족 전체에게 각 개인에게는 부여될 수 없는 영원성을 부여하는 것을 생식의 목표로 제시하고 있기 때문이다. 동물들이 성 관계를 가짐으로써 교미하고 이 관계를 통해 새끼가 남겨지는 것은 종족이 ─《법률》에서 이야기되는 바와 같이 ─ 시간의 진전을 지속적으로 따르기 위해서이다. 즉, 그들이 죽음에서 벗어나는 그 나름의 방식인 것이다. "자기 자손의 자손"들을 남기고 그리하여 언제나 동일한 채로 남아 있으면서 종족은 "생식에 의해 불멸성을 공유하게 된다."[24] 성행위는 플라톤에게서와 마찬가지로 아리스토텔레스에게서도 죽을 운명인 개인의 생명과 ─ 게다가 성행위가 그것의 가장 귀중한 힘의 일부를 사취해내는 ─ 종족의 존속이라는 구체적 형태로 나타나 불멸성의 교차점에 있다. 이러한 두 가지 생명 사이에서 그것들을 결합시키고 자기 나름의 방식으로 전자가 후자에 참여하도록 하기 위해 성 관계는, 플라톤이 다시금 이야기하는 바와 같이 개인에게 그 자신의 "재생 apoblastēma"을 확보시키는 기술mēchanē인 것이다.

플라톤에게서 인위적인 동시에 자연적인 이러한 관계는, 모든 소멸하게 되어있는 자연에 고유한 영생불멸의 욕망에 의해 유지된다.[25]

---

24 Platon, *Lois*, IV, 721c.

디오티마가 《향연》에서 지적한 이러한 욕망은 생식하려는 욕구에 사로잡혀 "사랑하고 싶은 본능 때문에 병이 날 지경인", 그리고 "자신의 자손을 구하기 위해 자신의 생명을 희생할"[26] 준비까지 되어 있는 동물들에게 존재한다. [27] 그것은 또한 일단 숨이 멎었을 때 이름을 떨치지 못한 채 "이름 없이" 죽기를 원하지 않는 인간에게도 존재한다. [28] 《법률》에서는 이를 위해 결혼하고 가능한 최상의 조건에서 자손을 가져야 한다고 말한다. 그러나 소년을 사랑하는 몇몇 사람들에게, 육체에 씨를 뿌리는 것이 아니라 영혼 속에서 자식을 보며 그 자체로 아름다운 것을 탄생시키려는 열의를 불러일으키는 것도 바로 이와 같은 욕망이다. [29] 《영혼론》[30]과 같은 아리스토텔레스의 몇몇 초기 문헌들에서는 아직 성적 활동과 죽음 및 불멸성과의 관계가 영원한 것에의 참여욕망이라는 다소 "플라토닉한" 형태로 표현된다. 반면 《발생 소멸론》이나 《동물발생론》[31]과 같은 보다 후기 문헌들에서 그 결합은 존재와 비존재, 그리고 최선의 것과 관련된 일련의 존재론적 원칙들에 따라 존재들을 자연 질서 속에 분화시키고 배분하는 형태하에서 고찰된다. 어째서 동물들이 새끼를 낳는가와 성의 구분이 존재하는가를 궁극적 원인에 따라 설명하고자 하면서, 《동물발생론》의 2권은 존재

---

25 Platon, *Banquet*, 206e.

26 *Ibid.*, 207a~b.

27 Platon, *Lois*, IV, 721b~c.

28 Platon, *Lois*, IV, 721b~c.

29 Platon, *Banquet*, 209b.

30 Aristote, *De l'âme*, II, 4, 415a~b.

31 Aristote, *De la génération et de la corruption*, 336b.

들의 다양성과 존재가 맺는 관계들을 지배하는 몇 개의 기본 원칙들을 언급한다. 즉, 어떤 것들은 영원하고 신적인 반면에 다른 것들은 존재할 수도 그렇지 않을 수도 있다는 것, 아름다운 것과 성스러운 것은 언제나 최선의 것이며, 영원하지 않은 것은 최선의 것과 최악의 것에 같이 관여할 수 있다는 것, 존재하는 것이 존재하지 않는 것보다 더 나으며 사는 것이 살지 않는 것보다, 생명이 있는 것이 생명이 없는 것보다 더 낫다는 것이다. 그리고 유위변전有爲變轉하는 존재들은 그들이 그럴 수 있는 한에서만 영원할 수 있으리라는 것을 상기시키면서, 그는 동물들에게 생식이 있으며 동물은 개체로서는 영원하지 못해도 종족으로서는 영원할 수 있다고 결론을 내렸다. "숫자상으로 보아" 동물은 "불멸할 수가 없다. 왜냐하면 존재들의 실체는 개체에 있기 때문이다. 만일 그것이 불멸이라면 그것은 영원할 수 있을 것이다. 그러나 그것은 특수하게 그럴 수가 있다."[32]

따라서 성적 활동은 죽음과 삶, 시간과 생성과 영원성이란 넓은 지평 위에 자리 잡는다. 그것은 개인이 죽게 되어 있기 때문에, 그리고 어떤 방식으로든 그가 죽음에서 벗어나기 위하여 필수적이다. 이러한 철학적 사변은 분명 쾌락의 활용과 그것의 관리법에 관한 성찰에 직접적으로 나타나 있지는 않다. 그러나 우리는 플라톤이 결혼에 관해 제안하는 "설득력 있는" 법제에서 그가 얼마나 엄숙하게 그러한 사변에 의거하고 있는지를 주목할 수 있다 ─ 이 법제는 "도시국가들에게 탄생의 원칙"에 속하는 것이기 때문에 분명 모든 것들 중에서 으뜸가는

---

32 Aristote, *De la génération des aminaux*, II, 1, 731b~732a.

법제이다. 즉, "남자는 30세에 이르면 다음과 같은 것을 염두에 두고 35세까지는 결혼해야 한다. 인간이라는 종은 자연의 혜택을 받아 일정하게 불멸성의 몫을 지니고 있으며, 사람은 모두 태어나면서부터 그 불멸에의 욕구를 갖가지 형태로 가지고 있다. 예를 들면, 이름을 널리 떨쳐 사후에 무명으로 남지 않겠다는 야심도 그러한 불멸에의 욕구로 귀결된다. 따라서, 인간 종족은 시간 전체와 동일한 연령의 존재이고, 시간 전체와 부단히 보조를 함께 하고 있으며, 장래에도 계속 그렇게 할 것이다. 왜냐하면 인간 종족은 다음과 같은 방식에 의해서, 즉 차례차례로 자손을 남기고 그리하여 종족으로서의 동일성을 영원히 유지하면서, 생식을 통해 불멸에 참여하고 있기 때문이다."**33** 이 긴 고찰이 입법자들의 습관이 아니라는 것을 《법률》의 대화자들은 잘 알고 있다. 그러나 이 아테네인은 이런 유의 고찰이 의학에서도 존재한다는 점을 지적한다. 의학이 분별 있는 자유인 남자들을 대상으로 할 때는 규범을 설정하는 데서 그칠 수 없다. 환자가 적절하게 자기의 생활방식을 조절하도록 하기 위해 그것을 설명하고 근거를 들어 설득해야 한다. 개인과 종족, 시간과 영원성, 삶과 죽음에 대해 이러한 설명을 하는 것은 시민들이 "공감하면서, 그리고 그 공감 덕분에 유순하게" 그들의 성적 활동과 결혼, 절제된 삶의 합리적 관리법을 지배하는 규칙들을 받아들이도록 하기 위해서이다. **34**

---

33 Platon, *Lois*, IV, 721b~c.
34 *Ibid.*, 723a.

그리스의 의학과 철학은 아프로디지아와, 사람이 자기 육체를 올바르게 배려하고자 할 때 그것을 어떻게 활용해야만 하는지에 대해 서로 질문을 던졌다. 이러한 문제제기는 이 행위들 속에서, 또 그것들의 형태들과 가능한 변이형들 속에서, 받아들일 수 있는 것과 해로운, 혹은 "비정상적인" 것들을 구분하는 데에 이르지는 못했다. 하지만 그것들을 하나의 활동의 표현으로 뭉뚱그려 전체적으로 고려하면서 개인으로 하여금 상황에 따라 그것의 유용한 강도와 올바른 분배를 확인할 수 있게 하는 원칙들의 설정을 목표로 삼았다. 그렇지만 이러한 관리법의 명백한 제한적 경향은 이와 같은 성적 활동에 대한 불안감을 나타낸다. 이때 불안감이란, 남용으로 인해 생길 수 있는 결과에 대한 불안, 또한 특히 항상 그것 하나만으로 모든 성적 활동을 특징짓는 남성적 사정射精의 "격렬한" 도식에 따라 이해되는 그 행위 자체에 대한 불안이다. 따라서 우리는 성행위와, 횟수를 줄인 성적 활동형태에 부여되는 중요성이 육체에 대한 성행위의 부정적 효과뿐만 아니라 성행위 자체에 본래 내재해 있는 바에서 기인한다는 것을 알 수 있다. 그것은 의지를 넘어서는 격렬함, 힘을 약화시키는 소모, 개인의 미래의 죽음과 연결된 생식이다. 성행위는 그것이 악과 관계되기 때문에 불안감을 주는 것이 아니라, 개인의 자기 자신과의 관계, 그리고 그의 도덕적 주체로서의 형성을 방해하고 위협하기 때문에 불안감을 준다. 즉, 성행위는 만약 절제하지 않고 적절히 배분되지 않는다면, 의지를 넘어선 힘의 폭발, 에너지의 쇠진, 고귀한 자손을 남기지 못한 죽음,

이러한 결과들을 초래하게 되는 것이다.

우리는 주된 관심사인 이 3가지 주제가 고대문명에 특유한 것이 아니라는 점에 주목할 수 있다. 성행위를 정액의 방출이라는 "남성적" 형태와 동일시하면서, 그것을 격렬함, 극도의 피로, 그리고 죽음과 연결 짓는 이러한 불안감이 표명되어 있는 것을 다른 곳에서도 대단히 자주 발견하게 될 것이다. 반 굴릭이 고대 중국문화에 관해 모아놓은 자료들은 이와 동일한 주제가 존재한다는 것을 입증해주는 듯하다. 억제할 수 없고 큰 대가를 지불해야 하는 행위에 대한 두려움, 육체와 건강에 미치는 그것의 해로운 효과에 대한 공포, 격투의 형태로 나타나는 여자와의 관계, 잘 조절된 성적 활동으로 뛰어난 자손을 얻고자 하는 배려 등이 그것이다.[35] 그러나 이와 같은 불안감에 대해 "규방閨房"에 대한 고대 중국의 담론은 고대 그리스에서 찾아볼 수 있는 것과는 아주 다른 방식으로 대답한다. 행위의 격렬함에 대한 공포와 자신의 정액을 잃게 된다는 두려움이 자발적 억제 방식을 부르게 된다는 것이다. 여성과의 성교는 여성이 지니고 있는 생명의 원리와 접촉하는 방법, 그리고 그것을 흡수함으로써 그것을 이용할 수 있도록 내재화하는 방법으로 이해된다. 그리하여 올바르게 행해진 성적 활동은 모든 위험을 배제할 뿐만 아니라 존재를 강화하고 회춘하게 하는 효과를 가질 수가 있다. 이 경우 성적 활동의 연마와 훈련은 행위 자체, 그것의 전개, 그것을 지탱하는 힘들의 상호작용, 마지막으로는 그것에 결부된 쾌락을 대상으로 한다. 그 기한의 생략이나 무한한 유예는 그

---

35 R. Van Gulik, *La Vie sexuelle dans la Chine ancienne.*

210

행위에다, 쾌락의 차원에서 가장 높은 경지와 삶의 차원에서 가장 강도 높은 효과를 함께 부여할 수 있게 해준다. 매우 뚜렷한 윤리적 목표들과 더불어 가능한 한 절제되고 숙고되고 증가되고 연장된 성적 활동의 긍정적 효과들을 강화시키고자 하는 이 "연애 기술"에서는 시간 — 행위를 끝내고 육체를 노화시켜 죽음을 초래하는 — 이 빠져 있다.

육신에 대한 기독교 교리에서 우리들은 매우 유사한 불안함의 테마들을 쉽게 다시 볼 수 있게 될 것이다. 그것은 행위의 의도하지 않은 격렬함, 질병과의 유사성, 그리고 삶과 죽음의 작용에서 그것이 차지하는 위치라는 주제이다. 그러나 억제할 수 없는 욕망의 힘과 성행위에서 성 아우구스티누스는 타락의 주된 상흔들 중의 하나를 보게 될 것이다(이와 같은 무의식적 움직임은 인간의 육체 속에서 신에 대항하는 인간의 반항을 다시 만들어낸다). 기독교 교리는 세세한 일정표 위에 행위들의 자세한 형태에 따라 그것들이 따라야 할 관리술의 규칙들을 정하게 될 것이다. 결국 결혼의 교리는 생식의 궁극 목적에다 신의 백성들의 생존과 심지어 번식까지도 보장하는 이중적 역할을, 또 개인들이 이 활동에 의해 자신의 영혼을 영원한 죽음에 이르지 않게 할 수 있는 가능성을 부여할 것이다. 여기서 우리는 그 자체로 부정적 가치들을 지닌 활동을 정당화하는 행위와 순간, 그리고 의도에 관한 법률상-도덕상의 규약을 보게 된다. 그리고 그 규약은 성적 활동을 교회제도와 결혼제도의 이중적 영역 위에 올려놓는다. 의식儀式의 시간과 합법적 생식의 시간은 성적 활동을 용납할 수 있다.

그리스인들의 경우 똑같은 불안감의 테마들(격렬함, 소모, 죽음)이 행위의 규약화나 연애 기술의 설정이 아니라, 삶의 기술을 확립하는 것을 목표로 하는 성찰 속에서 형성되었다. 이러한 기술은 사람이 행위들로부터 그 원리의 자연성을 박탈한다고 가정하지 않으며, 또한 그 행위들의 쾌락 효과를 증가시키려고도 하지 않는다. 그것은 그 효과들을 자연이 요구하는 것과 가장 근사近似하게 분배하려고 한다. 그것이 완성시키려는 것은 연애 기술에서처럼 행위의 전개도, 기독교의 경우에서처럼 그것의 제도적 승인의 조건도 아니다. 그보다 "총체로서 파악되는" 이 성적 활동과 자기 자신과의 관계이며, 그 활동을 지배하고 제한하며 적절히 분배하는 능력이다. 기술techné에서 문제가 되는 것은 스스로를 자기 행동의 주체로 세울 수 있는 가능성, 다시 말해 스스로를 — 질병에 대해 의사가, 암초 사이에 끼인 조종사가, 아니면 도시국가에 대해 정치가가 그런 것처럼36 — 적절한 정도와 시기를 탁월하게 짐작해내는, 능란하고 신중한 자기 자신의 안내자로 만들 수 있는 가능성이다. 이렇게 해서 우리들이 이해할 수 있는 것은, 한편으로 "성의 남용"이 가져올지도 모르는 혼란에 관한 상세한 언급이나, 해야 할 일이나 해서는 안 될 것에 관한 명확하고 세세한 결정이 전혀 없는데, 어떤 이유로 인해 아프로디지아에 관한 양생술의 필요성이 그토록 집요하게 역설되는가 하는 점이다. 성행위는 어떤 쾌락보다 강렬한 것이기 때문에 다른 대부분의 신체 활동들보다 대가가 크고, 또한 삶과 죽음의 작용에 관계되기 때문에 주체의 윤리적 형성에서 특

---

36 이러한 3가지 "지배 기술"은 상황에 따른 지식과 신중함을 동시에 요하는 기술로서 대단히 자주 비교된다. 이것들은 또한 그것이 명령 능력과 결부된 지식들이기 때문에 비교가 된다. 개인에게서 그가 "처신하는 것"을 도와줄 원칙들이나 권한을 찾는 것이 문제가 될 때 자주 이를 참조한다.

권적 영역을 이룬다. 좀더 주체는 자신 속에서 느슨하게 풀어지는 힘을 통제하고, 자기 에너지의 움직임을 감시하고 그리고 자기의 생명을 그의 일시적 존재를 넘어서 지속될 하나의 작품으로 만들 수 있는 자기 능력으로 특징될 것이다. 쾌락의 신체적 관리법과 그것이 부과하는 경제적 절제는 자기에 관한 기술 전체 중 일부를 이룬다.

제 3 장

가정관리술

1. 결혼의 지혜
2. 이즈코마쿠스의 가정
3. 절제의 3가지 전략

Histoire de la sexualité

1

결혼의 지혜

그리스 사상에서 남편과 아내 사이의 성 관계는 어떻게, 어떤 형태로, 그리고 어디서 출발하여 "문제시되었는가"? 어떤 이유로 사람들은 성 관계에 관심을 가지게 되었는가? 특히 남편의 행동에 대해 질문하고 그에게 필요한 절제에 대해 숙고한 이유는, 그리고 "자유인"의 지배가 매우 두드러진 이 사회에서 그러한 절제를 도덕적 관심의 주제로 삼게 된 이유는 무엇인가? 언뜻 보기에 그럴 이유는 거의 없는 듯하다. 데모스테네스가 저술한 것으로 여겨지는 《네에라에 대한 반론》의 끝 부분에서 저자는 널리 알려진 일종의 격언을 공식화하여 이렇게 말한다. "우리는 쾌락을 위하여 창녀를, 매일 매일의 시중을 위하여 첩을, 또 합법적 후손과 가정의 충실한 관리를 위하여 아내를 얻는다."[1]

---

1   Démosthène, *Contre Nééra*, 122.

엄격한 역할 분배로 여겨질 수 있는 이와 같은 문구로 보건대, 그들은 반 굴릭이 고대 중국에서 찾아볼 수 있었다고 한 부부관계의 쾌락의 기술과는 매우 거리가 멀다. 거기에서는 아내의 복종과 존경, 헌신에 관련된 규칙들, 파트너들의 쾌락 혹은 대개의 경우 남편의 쾌락을 최대한 증대시킬 수 있는 에로틱한 행동에 대한 조언들, 그리고 최고로 훌륭한 자손을 얻을 수 있는 조건에 대한 견해들이 긴밀하게 연결되어 있었다. 2 이는 이 일부다처제一夫多妻制 사회에서 아내는, 쾌락을 제공하는 그녀의 능력이 지위와 직접적 연관을 가지는 경쟁적 상황에 있었기 때문이다. 따라서 성행위에 대한 질문과 그것의 가장 완벽한 형태들이 가정생활에 대한 성찰의 일부분을 이루었다. 즉, 능숙한 쾌락행위와 부부생활의 조화는 동일한 전체를 이루는 부분들이었다. 《네에라에 대한 반론》의 문구는 또한 기독교 사목 교서와 교리에서 볼 수 있는 것과도 매우 거리가 먼데, 그 이유는 완전히 다르다. 엄격한 일부일처제一夫一妻制 상황에서 남편은 자신의 합법적 아내와 가져야 하는 쾌락 이외에 어떤 다른 형태의 쾌락도 추구하는 것이 금지된다. 또한 성 관계의 목적이 쾌락이 아니라 생산에 있어야 하므로 이 쾌락 자체가 상당한 문제를 제기할 것이다. 따라서 이러한 중심 테마를 둘러싸고 부부관계에서의 쾌락의 위상에 대하여 모든 치밀한 검토가 이루어질 것이다. 이 경우에 문제는 일부다처의 구조가 아니라 일부일처제의 의무로부터 제기된다. 또한 부부관계의 질을 쾌락의 강도나 파트너의 다양성에 결부시키려 하지 않고, 이와 반대로 변함없는 유

---

2   R. Van Gulik, *La Vie Sexuelle dans la Chine ancienne*, pp. 114~154.

일한 부부관계를 가능한 한 쾌락의 추구와 분리하고자 한다. 3

《네에라에 대한 반론》의 문구는 전혀 다른 체계에 근거를 두고 있는 듯하다. 한편으로 이 체계는 한 사람의 합법적 아내라는 원칙을 내세우지만, 다른 한편으로는 아주 분명하게 쾌락의 영역을 부부관계 밖에 위치시킨다. 이 책에서 결혼은 재생산 기능을 위해서만 성 관계를 갖는다. 반면에, 성 관계가 쾌락의 문제를 제기하는 것은 혼외의 관계에서만이다. 그 결과 우리는 남편에게 합법적이고 만족스런 자손을 낳아주어야 할 경우를 제외하고, 왜 부부생활에서 성 관계가 문제되는지는 알 수 없다. 따라서 우리는 매우 논리적으로 그리스 사상에서 불임 및 그 이유들에 대한 기술적·의학적 의문들과, 4 건강상태가 좋은 아이를, 그것도 여아보다는 남아를 가지는 방법에 대한 양생술과 위생학의 고찰들, 5 가능한 최상의 부부 결합에 대한 정치적·사회적 성찰들, 6 마지막으로 후손이 합법적으로 받아들여져서 시민 신분의 혜택을 누릴 수 있는 조건에 대한 법적 논쟁들(이것이 《네에라에 대한 반론》에서 벌어진 논의의 관건이었다)을 찾아볼 수 있을 것이다.

---

3 부부관계에 관한 기독교 교리를 생산의 목적과 쾌락의 배제로 환원하여 도식화하는 것을 경계해야 한다. 사실, 교리는 복잡하며 논란거리가 되고, 많은 변형이론들을 가질 것이다. 그러나 여기서 주목해야 하는 것은 부부관계에서 쾌락의 문제와 쾌락에 할애해야 할 자리의 문제, 그에 대해 취해야 할 조심성, 동의해야 할 타협의 문제가 성찰의 활발한 중심을 이룬다는 것이다.

4 아리스토텔레스가 쓴 것으로 추정되어 오랫동안 *Histoire des animaux* 제 X권으로 간주되어온 *Sur la stérilité*를 보라.

5 *supra*, chap. II 참조.

6 Xénophon, *Economique*, VII, 11; Platon, *Lois*, 772d~773e.

더욱이 우리는 고대 아테네에서 부부가 갖는 지위와 그들을 서로에게 묶어 두는 의무에 비추어 볼 때, 부부간의 성 관계에 대한 문제제기가 왜 다른 형식을 취하는지, 또 다른 문제들과 결부되는지를 알 수가 없다. 성생활에 관한 한, 결혼제도에 의해 부부에게 허용되거나 금지되고 강제로 부과되는 것을 결정하는 일은 아주 단순하고 명백히 불평등하여, 도덕적 통제로 보완할 필요가 없어 보일 정도이다. 사실상 아내로서 여성들은 그들의 법적·사회적 지위에 의해 묶여 있었다. 그녀들의 모든 성적 활동은 부부관계 내에서 이루어져야 하며 남편이 그들의 유일한 파트너여야 한다. 아내는 남편의 권한하에 놓여 있으며, 그의 상속인이자 시민이 될 아이를 남편에게 낳아주어야 한다. 간통의 경우 처벌은 사적 영역에 속할 뿐만 아니라 동시에 공적 영역에도 속한다(간통이 확인된 여성은 더 이상 공동의식에 참석할 권리를 가지지 못한다). 데모스테네스가 말한 것처럼, 법은 "아내가 정숙하고sōphronein, 어떤 과오도 범하지 않으며mēden hamartanein, 가정의 충실한 관리자로 남아있을 수 있을 만큼 충분히 공포심을 느끼기를 원한다." 또한 법은 아내들에게 "만약 그러한 의무를 게을리 한다면 그들 남편의 집과 그 도시의 종교예식으로부터 동시에 쫓겨날 것이라고 경고한다."7 기혼 여성의 가족 내에서의 지위와 시민으로서의 지위는 그녀에게 철저히 부부간에만 허용되는 성생활의 행동규율들을 강요한다. 이것은 미덕美德이 여성에게 쓸모없는 것이기 때문이 아니다. 오히려 그 반대이다. 여성의 정숙함sōphrosunē은 그녀들이 의지와 이성에 의해 자신들에게

---

7 Démosthène, *Contre Nééra*, 112.

부과된 규율들을 지킬 수 있음을 보증하는 역할을 한다.

남편의 경우, 그는 아내에 대해 일정한 의무를 수행해야 한다(솔론의 법은 남편에게, 아내가 "유산 상속자"인 경우 적어도 한 달에 3번 성 관계를 가질 것을 요구했다).[8] 그러나 합법적인 아내하고만 성 관계를 갖는 것이 결코 그의 의무는 아니다. 남자면 누구나, 결혼했든 하지 않았든, 기혼여성(또는 부권하에 놓여있는 처녀)을 존중해야 함은 사실이다. 그러나 그것은 그녀가 다른 남자의 권한에 속하기 때문이다. 남성을 제지하는 것은 그 자신의 지위가 아니라 그가 공략하려는 처녀 또는 부인의 지위이다. 그의 과오는 근본적으로 그 여성에 대해 권한을 가지고 있는 남성에 대한 것이며, 그런 이유로 아테네인인 그가 순간적 욕망에 사로잡혀 강간을 했다면 고의적이고 계획적으로 유혹하였을 경우에 비해 그 죄는 가벼울 것이다. 《에라토스테네스에 대한 반론》에서 리지아스가 말한 것처럼, 유혹자들은 "다른 사람의 여자가 남편보다 그들에게 더욱 친밀해질 정도로 영혼을 타락시킨다. 그리하여 유혹자들이 그 가정의 주인이 되고 아이들은 더 이상 누구의 아이인지 모르게 되어버린다."[9] 강간자는 여자의 육체에 대해서만 책임지는 반면 유혹자는 남편의 권한에 도전한 셈이 된다. 요컨대 남성은 기혼자

---

8 Plutarque, *Vie de Solon*, XX. 또한 피타고라스학파의 가르침에서도 부부간의 의무에 대한 증거를 찾아볼 수 있다. 디오게네스 라에르쿠스는 이렇게 전한다. "히에로니무스는 덧붙여, 피타고라스는 지옥에 내려가 부부의 의무를 게을리 했던 사람들이 받는 고통을 보았다고 말한다"(*tous mē thelontas suneinai tais heautōn gunaixi*). *Vie des Philosophes*, VII, I, 21.

9 Lysias, *Sur le meurtre d'Eratosthène*, 33. S. Pomeroy, *Goddesses, Whores, Wives and Slaves. Women in Classical Antiquity*, pp. 86~92 참조.

로서 또 다른 결혼을 하는 것만이 금지되어 있을 뿐, 어떠한 성 관계도 그가 맺었던 부부관계로 인해 금지되지는 않는다. 그는 다른 성 관계를 가질 수도 있고 창녀들과 교제할 수도 있으며 소년의 연인이 될 수도 있다 — 자기 집에서 부리고 있어 그의 재량에 맡겨진 남자 노예나 여자 노예를 제외하고도. 남성의 결혼은 그를 성적으로 구속하지 않는다.

그 결과 법질서 내에서 간통姦通은 부부 중 한 사람으로 인해 발생할 수 있는 혼인관계의 파기가 아니었다. 간통은 기혼 여성이 그녀의 남편이 아닌 남자와 관계를 가진 경우에만 범법행위가 된다. 어떤 관계를 간통으로 규정하는 것은 여성의 결혼한 처지이지 결코 남성의 그것은 아니다. 따라서 우리는 도덕적 차원에서 그리스인들에게 "상호 충실성"이라는 범주가 존재하지 않았음을 알 수 있다. 이것은 후에 도덕적 가치와 법적 효과 그리고 종교적 요소를 포함한 일종의 "성적 권리"를 결혼생활에 도입시킬 것이다. 부부를 독점적 파트너로 만드는 이중의 성적 독점원칙은 부부관계에서 요구되지 않았다. 왜냐하면 아내는 남편에게 속하지만, 남편은 단지 그 자신에게만 속하기 때문이다. 의무이자 계약이며, 균등하게 공유된 감정으로서의 이중의 성적 충실성은 결혼생활의 가장 고상한 표현도, 필수적 보증도 아니었다. 그로부터 우리는 성적 쾌락이 문제를 제기하고 또한 결혼생활이 문제를 제기할 경우, 이 두 문제제기가 서로 전혀 교차되지 않는다는 결론을 끌어낼 수 있을 것이다. 지금까지 살펴본 이유로 인해 어떤 경우에라도 결혼은 성적 쾌락의 윤리에 관한 문제들을 제기하지 않았다. 두 파트너 중의 하나인 아내의 경우, 제한사항들은 지위, 법률, 그리고 관습에 의해 정해지며, 또 징벌 또는 제재를 통해서 보장된다. 반면 남편의 경우, 부부의 지위는 그가 합법적 후손을 기대해야 할 아내를 그에게 지정해주는 것을 제외하고는 세세한 규율들을 부과하지 않는다.

그러나 이 정도 설명에서 그칠 수는 없다. 최소한 이 시기만큼은 결혼과, 결혼생활에서 부부간의 성 관계가 강한 의문의 중심을 이루고 있지 않았던 것이 사실이다. 또한 자기의 아내와 가질 수 있는 관계에서보다 자기 자신의 육체와 가질 수 있는 관계, 또는 곧 살펴보게 될 소년과의 관계 속에서 성행위를 성찰하려는 관심이 더 중요하게 나타난 것도 사실이다. 그러나 아내로서 여성의 행동이 너무나 강압적으로 규제받고 있어서 고려해볼 필요조차 없을 만큼 상황이 단순하다고 생각하거나, 남편으로서 남성의 행동이 너무나 자유로워서 그에 대해 의문을 가질 필요도 없다고 생각하는 것은 옳지 못할 것이다. 무엇보다도 성적 질투의 감정에 관한 많은 증거들이 있다. 아내들은 대개 남편이 다른 곳에서 쾌락을 구하는 것에 대해 비난하는데, 에필레토스의 바람둥이 아내도 남편이 어린 하녀에게 지나치게 친근하다는 것을 이유로 남편에게 대들기도 했다.[10] 더 일반적으로 여론은 결혼한 남성으로부터 성적 행동에서 어떤 변화를 기대했고, 결혼 후에는 제한해야 할 다양하고도 강렬한 쾌락을 청년이 독신생활을 하는 동안에 누리는 것만은(때로 남성들은 30세 이전에는 결혼하지 않았다) 기꺼이 용인하였다. 그렇다고 해서 결혼이 명백히 제한을 강요한 것은 아니었

---

10 *Ibid.*, 12; 또한 크세노폰의 《향연》에는, 남편이 다른 곳에서 구하는 성적 쾌락을 감추기 위해 사용할 수 있는 술책을 암시하고 있다.

다. 그러나 이러한 행동양태와 일반적 태도 외에 남편의 성적 엄격함에 대해 성찰한 주제도 있었다. 모럴리스트들은 — 어쨌든 일부는 — 결혼한 남성이 도의적으로, 결혼하지 않은 듯이 쾌락을 마음대로 즐길 수는 없다고 분명하게 설득하였다. 이소크라테스가 니코클레스의 것으로 간주하는 강연에서, 니코클레스는 자신이 정당하게 신하들을 다스릴 뿐만 아니라 결혼한 이후로 아내하고만 성 관계를 가졌다는 사실을 강조한다. 또한 아리스토텔레스는 《정치학》에서 다른 여자와 남편과의 관계, 또는 다른 남자와 아내와의 관계를 "수치스러운 행동"으로 간주하게 한다. 이는 별로 대수롭지 않은 예외적 현상들인가? 아니면 이미 새로운 윤리가 생겨난 것인가? 그러나 이러한 문헌의 수가 적고 특히 그 문헌들이 개인의 실제 행동과 실제 사회생활로부터 동떨어져 있다 하더라도, 하나의 문제는 제기되어야 한다. 즉, 왜 도덕적 성찰에서 결혼한 남성들의 성행위에 관심을 가지게 되었는가? 이러한 관심과 그것의 원칙, 그리고 그 형식들은 무엇인가?

이 주제에 대해서는 별로 적합해 보이지 않는 두 개의 해석은 피하는 것이 좋다.

그중 하나는 부부관계가 고대 그리스인들에게서 두 가정, 두 전략, 두 재산을 결합시키고 후손을 생산하는 것만을 목적으로 하는 유일한 계략이었으며, 그 외에 다른 역할은 하지 않았다고 생각하는 것이다. 남자의 일생에서 창녀, 첩, 아내가 해야 하는 역할을 아주 분명하게 구분해놓은 것처럼 보이는 《네에라에 대한 반론》의 경구는 간혹, 절대적 임무들, 즉 한쪽에 성적 쾌락, 다른 한쪽에 일상생활, 그리고 마지막으로 아내에게 해당하는 것으로서 오로지 혈통의 유지라는 임무들을 포함하는 세 부분으로 읽혀졌다. 그러나 언뜻 보기에 노골적인 이 경구가 진술된 상황을 고려해 보아야 한다. 소송인에게는 외견상 합법적인 그의 적수의 결혼과, 이 결혼에서 출생한 아이들의 시민 승인을 무효화시키는 것이 문제였다. 따라서 여인의 태생, 창녀라는 그녀의 과거, 첩일 수밖에 없는 현재의 그녀의 지위에 대해 논란이 벌어졌다. 그러므로 문제는 합법적 아내가 아닌 다른 곳에서 쾌락을 구하려 한다는 것을 증명하는 것이 아니라, 합법적 후손은 아내와의 사이에서만 얻을 수 있다는 것을 증명하는 것이었다. 이런 이유로 레이시 W. K. Lacey는 이 문헌에서 명확히 구분되는 세 역할의 정의보다, 오히려 다음과 같이 해석할 때 드러나는 누적되는 역할들의 열거를 보아야 한다고 주장한다. 즉, 창녀가 줄 수 있는 것은 쾌락뿐이며, 첩은 그 외에도 일상생활의 만족을 가져다 줄 수 있다. 그러나 오직 아내만이 그 자신의 고유한 지위에 속하는 어떤 역할을 수행할 수 있다. 그 역할이란 합법적 후손을 생산하는 것과 가족제도의 연속성을 보장하는 것이다.[11] 아테네에서는 결혼만이 유일하게 인정된 결합방식이 아니라는 점을 이해해야 한다. 그러나 결혼은 현실적으로 유일하게 그에 따른 효력과 권리를 가진 채 부부가 동거하고 합법적 후손을 생산할 수 있게 해주는, 특별하고도 특권적인 결합을 이루었다. 더욱이 아내의 아름다움에 부여한 가치, 아내와 가질 수 있는 성 관계의 중요성, 또는 상호적 애정의 존재(크세노폰의 《향연》에서 니케라토스와 그의 아내를 결합시켜준 에로스와 안테로스의 조작처럼)[12]를 보여주는 많은 증거

---

11   W. K. Lacey, *The Family in Classical Greece*, 1968, p. 113.

들이 있다. 결혼과 열정, 쾌락의 작용을 근본적으로 분리시키는 것은 아마도 고대의 결혼생활을 적절하게 특징지을 수 있는 경구가 아닐 것이다.

그리스의 결혼을 사실상 이후로 훨씬 더 중요해질 개인적이고 감정적인 함의로부터 지나치게 분리시키려고 한다거나, 또한 그것을 이후의 부부관계의 형태들과 무리하게 구별짓고자 한다면 이는 정반대로 철학자들의 엄격한 도덕을 기독교 도덕의 몇몇 원칙들에 지나치게 근접시키는 일이 될 것이다. 때로는 남편의 훌륭한 행동이 "성적 충실성"의 형태로 성찰의 대상이 되고 가치 부여를 받으면서 통제되는 이 문헌들 속에서 사람들은 아직 존재하지도 않은 도덕 규칙의 초안을 보려든다. 결혼 내에서만 성행위를 해야 한다는 동일한 의무를, 생산을 유일하지는 않더라도 특권적 목적으로 삼아야 한다는 동일한 의무를 부부에게 균등하게 부과하려는 경우가 바로 그런 시도이다. 또한 사람들은 크세노폰 또는 이소크라테스가 남편의 의무에 대해 쓴 구절을 "그 시대의 관습에 비추어 볼 때 예외적인"[13] 글로 보려는 경향이 있다. 이 문헌들은 드문 만큼 예외적이기는 하다. 그러나 그렇다고 하여 섣불리 이들 문헌에서 미래의 도덕의 예시나 새로운 감성을 예고하는 징표를 보아도 되는가? 분명, 나중에는 이 문헌들 속에서 이후의 진술들과의 유사성을 확인할 수 있으리라. 그렇다고 해서 이러한 도덕적 성찰과 성적 엄격성의 요구를 동시대 사람들의 행동, 태도와 단절시

---

12 Xenophon, *Banquet*, VIII, 3.
13 G. Mathieu, "Note," à Isocrate, *Nicoclès*, C. U. F., p. 130.

킬 수 있는가? 이것이 그 문헌들 속에서 앞으로 도래할 도덕으로부터 외따로 유리된 전위前衛를 볼 수 있는 근거인가?

이 문헌들 속에서, 그것들이 표명하는 규범적 요소가 아니라 남성의 성적 행동방식이 어떻게 문제시되는지를 고찰하고자 한다면, 우리는 남성의 성적 행동방식이 부부관계 그 자체, 그리고 그로부터 파생될 수 있는 상호적이고 동등한 직접적 의무에서 출발하여 문제시되는 것이 아님을 쉽게 알 수 있다. 남성이 자신의 가정을, 또는 어쨌든 자신의 파트너를 제한해야 하는 것은 분명 그가 결혼했을 경우이다. 그러나 결혼했다는 것은 여기서 무엇보다도 그가 가장家長이며 권한을 가졌다는 것, 그리고 "가정"에서 적용되는 권력을 행사하고 시민으로서의 그의 평판에도 영향을 미치는 의무를 가정에서 이행해야 한다는 것을 의미한다. 이런 이유로 결혼과 남편의 훌륭한 행동에 대한 성찰은 어김없이 오이코스oikos(가정과 가족)에 대한 성찰과 결합된다.

그때 부부 이외의 파트너를 가져서는 안 된다는 의무에 남성을 결속시키는 원칙은 여성을 그와 유사한 의무에 구속시키는 원칙과는 다른 성질을 갖는다. 여성의 경우, 이 의무는 그녀가 남편의 권한하에 있는 한에서 그녀에게 강요된다. 남성의 경우에 그가 성적 선택을 제한해야 하는 것은 그가 권한을 행사하기 때문에, 그리고 이 권한을 행사하는 데에서 자제력을 보여주어야 하기 때문이다. 남편하고만 성 관계를 가지는 것은 아내의 경우 그녀가 남편의 권한하에 있다는 사실의 결과이다. 반면, 남편이 아내하고만 성 관계를 가지는 것은 자기 아내에 대해 권력을 행사하는 가장 훌륭한 방식인 것이다. 이후의 도덕에서 찾아볼 수 있는 대등함에 대한 예시보다 여기서 훨씬 더 중요한 것은 현실적 불균형의 양식화이다. 어떤 제한사항은, 허용하고 금하는 것은 비슷하지만, 부부에게 동일하게 적용되는 "행동" 방식을 담고 있지는 않다. 우리는 그러한 사실을, 집안을 관리하는 방식과 가장으로서의 행동방식에 관하여 기술한 한 문헌의 예를 통해 확인해 볼 수 있다.

2

이즈코마쿠스의 가정

크세노폰의 《가정관리술》은 고대 그리스가 우리에게 남겨준, 부부생
활에 관하여 가장 잘 기술된 고대 그리스의 개론서이다. 이 문헌은 상
속재산을 관리하는 방식에 관한 규율들의 총체로 여겨진다. 영지를
관리하고 노동자들을 다스리는 법, 여러 가지 경작기술을 시행하고
적절한 시기에 좋은 기술을 적용하는 법, 그리고 필요할 때 적절하게
작물을 사거나 파는 방법에 대해 조언하면서 크세노폰은 몇 가지 일반
적 견해를 개진한다. 즉, 이 문제들에 있어 그가 때로는 지식epistēmē
이라는 용어로, 또 때로는 기술 또는 기법technē이라는 용어로 지칭하
는 합리적 실천에 의거해야 할 필요성에 대한 성찰, 그리고 그것이 제
시하는 목적(상속재산을 보존하고 증식시키는 것)에 대한 성찰, 마지막
으로 이 목적에 도달하는 방법들, 다시 말해 관리기술에 대한 성찰이
그것인데, 이 문헌에서 가장 자주 거론되는 것은 이 마지막 주제이다.

이러한 분석의 대상이 되는 상황은 사회적 · 정치적 성격이 매우 뚜렷하다. 그것은 집안의 재산을 유지하고 증식시키며, 그들의 성姓을 가진 사람들에게 재산을 물려주어야 하는 지주地主들의 작은 사회이다. 크세노폰은 명백하게 이 사회를 장인匠人들의 사회에 대립시키고 있는데, 장인의 생활은 그들 자신의 건강에도(생활방식 때문에), 그들의 친구들에게도(이들을 경제적으로 도와줄 수 있는 가능성은 없다), 그들이 사는 도시에도〔그곳의 공무公務를 돌볼 수 있는 여가가 없으므로〕이로움을 주지 못한다.1 반대로 지주들의 활동은 오이코스에서와 마찬가지로, 동료와 시민으로서의 그들의 의무를 수행할 수 있는 집회장이나 공공장소에서 이루어진다. 그러나 오이코스는 단순히 엄밀한 의미에서의 가정으로만 이루어져 있지 않다. 그것은 전원과, 어디에 있는 것이건(도시의 경계선 밖에 있는 것까지) 모든 재산을 포함한다. "한 남자의 가정은 그가 소유하게 된 모든 것"2으로서, 전 활동공간을 규정한다. 그리고 이러한 활동에 삶의 양식과 윤리적 질서가 연결된다. 지주의 생활은 그가 영지를 훌륭하게 돌보기만 한다면 무엇보다도 그 자신에게 유익하다. 여하튼 그의 생활은 일종의 지구력 훈련이고, 자신의 몸과 건강 및 기력에 좋은 일종의 신체단련이 되기 때문이다. 또한 그의 생활은 신에게 풍성한 제물을 바칠 수 있게 해줌으로써 신앙심을 드높이고, 관대한 태도로 폭넓게 사람들을 받아들여 대접하면서 시민들에 대한 자신의 호의를 표명할 수 있는 기회를 제공함으로써 우

---

1   Xénophon, *Economique*, IV, 2~3.
2   *Ibid.*, I, 2.

정어린 관계를 맺도록 도와준다. 그밖에 이 활동은 도시 전체에도 유익하다. 왜냐하면 그의 활동이 도시의 부富에 기여하고 특히 그 도시에 우수한 수호자들을 제공하기 때문이다. 즉, 거친 노동에 익숙한 지주는 곧 용감한 군인이고, 그가 소유한 재산으로 용감하게 조국의 땅을 지키는 일에 전념할 수 있다는 것이다.3

지주의 생활이 갖는 이 모든 사적·공적 이점들은 "가정관리" 기술의 주된 장점으로 보이는 것 속에 모두 포함된다. 즉, 그는 자신과 분리될 수 없는 지휘 실무경험을 습득하게 되는 것이다. 오이코스를 이끌어간다는 것은 곧 통솔하는 것이고, 가정을 통솔한다는 것은 그가 도시에서 행사해야 할 권력의 방식과 다르지 않다. 소크라테스는 《회상록》에서 니코마키데스에게 이렇게 말했다. "능력 있는 관리인을 무시하지 말라, 왜냐하면 사적 업무의 처리는 공공업무의 처리와 양적 측면에서만 다르기 때문이다. 그 나머지에서는 서로 비슷하다 … 공공업무를 처리하는 사람들은 사적 업무의 관리자들이 고용하는 사람들과 다른 사람을 고용하는 것이 아니며, 사람을 고용할 줄 아는 이들은 사적 업무와 공공업무를 다 같이 잘 처리할 수 있다."4 "가정관리술"에 관한 대화는 통솔하는 기술에 관한 광범위한 분석으로서 전개된다. 문헌의 첫 부분에는 몸소 경작에 관심을 가지고 매일 자신의 정원을 손질했던 씨루스 2세가 상기되어 있다. 그는 이렇게 생활한 덕분에

---

3 농업에 대한 이와 같은 예찬과 농업의 유익한 효과들에 대해서는 *Economique*의 chap. V 참조.
4 Xénophon, *Mémorables*, III, 4.

전쟁에 참가해야 했을 때, 그의 병사들 중 누구도 군대를 떠나지 않게 하였을 정도로 사람을 능숙하게 통솔하는 기술을 얻을 수 있었다. 그들은 군대를 버리기보다는 차라리 그의 시체 위에서 죽기를 원했다. [5] 이와 대칭적으로 작품의 끝 부분은 이 모범적 군주에 대응하는 모델로서, 병사들이 확신을 가지고 뒤를 따를 수 있는 "높은 인격을 갖춘 장군"이나, 위엄 있는 태도를 지녀 화를 내거나 위협을 가하거나 벌을 줄 필요도 없이 일꾼들이 그를 보자마자 힘을 얻기에 충분한 가장과 같은, 그러한 인물을 보여주고 있다. 가정을 관리하는 기술은 적어도 사람을 통솔하는 것이 중요하다는 점에서 정치적 기술 또는 군사적 기술과 동일한 성격을 지닌다. [6]

크세노폰이 남편과 아내 사이의 관계를 문제 삼는 것은 "가정관리술"의 범주 내에서이다. 아내는 주부인 한 오이코스의 관리에 있어 홀륭한 관리를 위한 핵심적 인물이기 때문이다. "당신의 아내보다 더 많은 중요한 일들을 맡을 수 있는 사람이 누구겠는가?"라고 소크라테스는 크리토불레스에게 묻는다. 그리고 다시 조금 뒤에 덧붙인다. "나로서는 가사를 잘 돌볼 수 있는 훌륭한 배우자인 여성이 공익에 봉사하는 남성만큼이나 중요하다고 생각하오." 그러므로 이러한 이치에 따라 "만약 만사가 제대로 이루어진다면 가정은 번창할 것이오. 그렇지만 그들이 잘못 처신한다면, 그 가정은 몰락하리라."[7] 그런데 아내의

---

5   Xénophon, *Economique*, IV, 18~25.

6   *Ibid.*, XXI, 4~9.

7   *Ibid.*, III, 15.

중요성에도 불구하고, 현실적으로는 그녀가 요구된 역할을 할 수 있기 위해 필요한 것이 전혀 갖추어져 있지 않다. 무엇보다도 그녀는 나이가 아주 어렸고, 그녀가 받은 교육은 매우 단순했으며("당신이 그녀와 결혼했을 때, 그녀는 가능한 한 어떤 것도 보거나 듣는 것이 허용되지 않은 아주 어린 소녀였다"), 또한 그녀가 대화를 나누는 일이 아주 드문 남편과의 관계도 거의 전적으로 부재하였다("당신의 아내보다 더 적게 당신과 대화를 나누는 사람이 있는가?"). **8** 바로 이런 점에서 남편이 아내와, 교육하는 동시에 방향을 잡아 지도하는 관계를 맺어야 할 필요성이 생긴다. 처녀가 아주 어린 나이에 — 때로는 15세 정도에 — 그녀보다 두 배 정도 나이가 많은 남자에게 시집가는 사회에서 부부관계의 토대이자 배경이 되는 것은 오이코스이며, 부부관계는 좀더 교육과 처신의 지도라는 형식을 취한다. 바로 이것이 남편의 책임이다. 아내의 처신이 남편에게 이익이 되는 대신 손해만 입힐 때, 그 잘못은 누구의 탓이 되겠는가? 남편에게로 책임이 돌아간다. "만약 어떤 양의 건강상태가 나쁘면 사람들은 대개 그 책임을 목동에게 돌리고, 만약 말이 사납다면 기수를 비난할 것이다. 남편이 아내에게 올바르게 행동하도록 가르쳤는데도 그녀가 가사를 잘 관리하지 못한다면, 아마도 아내에게 그 책임을 지우는 것이 합당할 것이다. 그러나 남편이 아내에게 가르쳐주지 않았기 때문에 그녀가 올바른 일을 모른다면, 그 책임을 남편에게 돌리는 것이 정당하지 않겠는가?" **9**

---

8 *Ibid.*, III, 12~13.
9 *Ibid.*, III, 11.

우리는 부부간의 관계가 그 자체로서 의문시되지 않는다는 것을 알수 있다. 무엇보다도 부부간의 관계는 한 남자와 한 여자로 구성되어 각기 다른 영역에서 가정과 가족을 떠맡을 수 있는 단순한 커플의 관계로서 고찰되지 않는다. 크세노폰은 부부관계를 장황하게, 그러나 간접적이고 기술적으로, 상황과 관련하여 다룬다. 그는 오이코스의 범위 내에서 남편이 어떻게 아내를 합리적 가사 관리를 위해 필요한 협력자, 배우자, 동료, 수네르고스sunergos ('함께 일하는 사람'이라는 의미의 그리스어)로 만들 수 있는지를 밝히고자 하면서, 부부관계를 남편의 관리 책임의 한 측면으로 다룬다.

이즈코마쿠스는 이 기술이 교육될 수 있다는 증거를 제시해야 했다. 그는 자신의 가르침을 정당화하기 위하여 "선행을 하는 사람"이 되는 것만으로 충분하다고 말한다. 그는 예전에 현재의 크리토불레스와 같은 상황에 처했던 적이 있다. 즉, 아주 어린 아내를 얻었던 것이다. 그녀는 15세였고 그녀가 받은 교육이라곤 옷을 만들고 실을 잣는 직공들에게 양모를 나누어주는 것뿐이었다. **10** 그러나 그는 그녀를 아주 잘 교육시켜서 매우 소중한 협력자로 만들었고, 지금은 그녀에게 집안일을 맡기고 그 자신은 밭이든 광장agora이든 남성의 활동이 특권적으로 이루어질 수 있는 장소에서 자기 일에 전념한다. 그리하여 이즈코마쿠스는 크리토불레스와 소크라테스에게 가정관리술, 즉 오이코스를 관리하는 기술에 대해 설명할 수 있게 된 것이다. 경작지를 관리하는 것에 대해 조언하기 전에 그는 아주 자연스럽게 이른바 가정의

---

10 *Ibid.*, VII, 5.

문제라는 것을 논하기 시작한다. 가축과 밭을 돌볼 수 있는 시간을 가지려면, 그리고 이러한 일을 함으로써 자칫 가정을 무질서하게 방치해 두어 노력이 허사가 되는 것을 원하지 않는다면 가정은 잘 관리되어야만 한다는 것이다.

1. 이즈코마쿠스는 결혼한 뒤 얼마 후, 그의 아내가 그와 "친숙해지고" "대화할 수 있을 정도로 길들여졌을" 때 어린 그녀에게 했던 이야기를 인용하면서 결혼의 원칙을 상기시킨다. "왜 내가 당신과 결혼했고, 왜 당신의 부모님은 당신을 나에게 주었겠소?" 이즈코마쿠스 자신이 이에 대답한다. "나는 나 자신을 위해서, 당신의 부모님은 당신을 위해서, 그리고 우리의 가정과 자식들을 위해서 결합 가능한 최상의 배우자에 대해 심사숙고하였기 때문이오."[11] 그러므로 부부관계는 그 출발에서부터 불평등에 의해 — 남성은 그 자신을 위해서 결정하는 반면, 딸을 위해서 결정을 내리는 것은 가족이다 — 그리고 가정과 자식이라는 이중의 목적에 의해 특징된다. 그렇지만 당장으로서는 후손의 문제는 한편으로 제쳐두고, 젊은 아내는 어머니로서의 역할을 교육받기 전에 우선 훌륭한 주부가 되어야 한다는 점에 주목해야 한다.[12] 이즈코마쿠스는 이것이 배우자의 역할임을 일러준다. 각자의 분담금은 고려될 필요가 없으나,[13] 각자가 공동의 목적, 즉 "가능한 한 최상의

---

11 *Ibid.*, VII, 11.
12 *Ibid.*, VII, 12.
13 이즈코마쿠스는 각자의 지참금에 의해 불거질 수도 있는 부부간의 차별을 없애야 한다고 강조한다. VII, 13.

상태로 그들의 재산을 유지하고 합법적이면서도 신뢰할 만한 방법으로 그것을 최대한 증식시킨다는 공동의 목적을 위해 활동하는 방식만은 고려되어야 한다. ”14 우리는 부부간의 출발 지점에서의 불평등이 반드시 소멸되어야 한다는 사실과, 그들 사이에 확립되어야 할 협력관계에 대한 이러한 강조에 주목할 수 있다. 그러나 어쨌든 이 공동체 koinōnia는 두 개인 간의 경쟁관계가 아니라 가정, 즉 그것의 유지와 힘찬 발전이라는 공동의 목적을 매개로 하여 확립된다는 것을 알 수 있다. 이로부터 이러한 “공동체”의 형태들과 거기서 부부가 완수해야 할 역할의 특수성이 분석될 수 있다.

2. 가정 내에서 부부 각자가 맡은 임무를 규정하기 위해 크세노폰은 “보호처stegos”라는 개념에서 출발한다. 즉, 한 쌍의 남녀를 창조하면서 신들은 실제로 후손과 종족의 유지, 노년에 필요한 원조, 그리고 마지막으로 “짐승처럼 야외에서 살지” 않아야 할 필요성에 대해 생각해보았으리라는 것이다. 인간에게는 “지붕이 필요하며 그것은 명백한 사실이다.” 언뜻 보기에, 후손은 가정에 시간적 차원을 부여하며, 보호처는 공간적 조직을 제공한다. 그러나 문제는 조금 더 복잡하다. “지붕”은 외적 영역과 내적 영역을 정하는데, 그중 전자는 남성에게 속하고 후자는 여성의 특권적 장소를 구성한다. 그러나 이는 또한 이미 획득한 것을 수집하고, 축적하며 보존하는 장소이다. 바람막이를 갖는다는 것은 적절한 시기에 분배하기 위하여 대비하는 것이다. 그

---

14 *Ibid.*, VII, 15.

러므로 집 밖에는 씨를 뿌리고 경작하고 일하며 가축을 키우는 남성이 있을 것이다. 그는 자신이 생산하고 벌어온 것, 또는 교환한 것을 집 안으로 들여온다. 집안에서 여성은 그것을 받아서 보관하고 필요에 따라 할당한다. "일반적으로 집안에 재산을 들여오는 것은 남편의 활동이지만, 그것의 소비를 조정하는 것은 대개 아내의 소관이다."15 두 역할은 정확하게 상호보완적이고, 어느 한쪽의 부재는 다른 쪽을 무용하게 만들어버릴 것이다. 아내가 "만약 당신이 밖에서 비축할 식량을 집안에 들여오도록 배려하지 않는다면, 내가 무엇을 보관할 수 있겠어요?" 하고 말한다. 이에 대해 남편이 대답한다. "만약 집에 들여온 것을 보관할 사람이 집안에 아무도 없다면, 나는 밑 빠진 독에 물을 붓는 어리석은 사람과 같을 것이오."16 그러므로 두 장소, 두 가지 활동형태, 또한 시간을 편성하는 두 가지 방법이 있다. 한편으로는(남성의 경우) 생산, 계절의 리듬, 수확의 기대, 지키고 예측해야 할 적절한 시기가 있다. 다른 한편으로(여성의 경우) 저장과 소비, 정돈, 필요할 때 분배하기, 그리고 무엇보다도 배치가 있다. 이즈코마쿠스는 아내가 가정을 질서와 기억의 장소로 만듦으로써 저장해 두었던 것을 다시 찾아낼 수 있도록 집안의 여러 공간에 적절히 배치하는 기술에 대해 자신의 아내에게 일러주었던 모든 의견을 장황하게 제시한다.

뚜렷이 구별되는 이 임무를 그들이 함께 수행할 수 있도록 신들은

---

15 *Ibid.*, VII, 19~35. 가정의 질서에서 공간적 사항의 중요성에 대해, J. P. Vernant, "Hestia-Hernès, Sur l'expression religieuse de l'espace chez les Grecs," *Mythe et Pensée chez les Grecs*, I, pp. 124~170 참조.
16 Xénophon, *Economique*, VII, 39~40.

남녀 양성에게 특별한 자질을 부여했다. 육체적 특징으로는, 야외에서 "일하고, 씨를 뿌리고, 식물을 재배하고, 가축을 사육해야 하는" 남성이 추위와 더위를 견디고 오랫동안 걸을 수 있는 반면, 집안에서 일하는 여성은 그보다 덜 강인한 신체를 가졌다. 또한 성격상 특징으로는, 여성들은 타고난 공포심을 가지고 있다. 그러나 이것은 긍정적 효과를 가지는데, 공포심은 여성으로 하여금 비축품에 대해 염려하고 그것의 손실을 두려워하며 소비를 꺼리도록 만든다. 반대로 남성은 집 밖에서 그에게 손실을 가져다줄 수 있는 모든 것으로부터 자기 것을 지켜야 하기 때문에 용감하다. 요컨대, "신은 처음부터 여성의 본성을 집안일을 보살피기에 적합하게 만들었고, 남성의 본성은 집 밖의 일에 적합하도록 만들었다."[17] 그러나 신은 또한 그들에게 공통의 자질을 갖추게 했다. 즉, 각자 그들의 역할에서 남자와 여자는 "주고받아야" 하기 때문에, 또한 가정을 책임지는 그들의 활동에서 그들은 거두어들이는 동시에 분배해야 하기 때문에 똑같이 기억력과 세심한 주의력(mnēmē와 epimelei)을 부여받았다.[18]

그러므로 부부는 각자 오이코스의 필요와 관련하여 규정되는 일정한 성질과 활동형태, 그리고 일정한 위치를 가지고 있다. 그들이 충실하게 자기 임무를 수행하는 것, "법nomos"이 원하는 것은 바로 이것이다. 노모스, 법은 정확하게 자연의 의도에 부합하는 것으로, 각자에게 그의 역할과 위치를 분담함으로써 적합하고 훌륭한 것과 하지 말아

---

17 *Ibid.*, VII, 22.
18 *Ibid.*, VII, 26.

야 할 것을 규정해 주는 통상적 관습이다. 이 "법"은 "신이 각자에게 부여한 최상의 타고난 능력으로 수행할 수 있는 활동"을 아름답다kala고 선언한다. 따라서 여성은 "집 밖에서 시간을 보내는 것보다 집안에 남아 있는 것"이 더 좋으며kallion, 남성은 "집안에 있는 것보다 바깥일에 몰두하는 것"이 더 좋다. 이 역할분담을 변형시켜 이 활동에서 저 활동으로 옮겨가는 것은 이 노모스를 위반하는 것으로, 자연에 위배되는 동시에 자신의 위치를 버리는 셈이 된다. "만약 누군가 자신의 위치 ataktōn를 버림으로써 신이 그에게 부여한 본성에 반하여 행동한다면 그는 신의 시선을 피하지 못할 것이며, 아내의 일을 돌보기 위해 자기 소관의 일을 게을리 한 탓으로 벌을 받을 것이다."[19] 남자와 여자의 "본래적" 대립, 그리고 그들 능력의 특수성은 가정의 질서와 불가분한 것이다. 다시 말해 이것들은 바로 가정의 질서를 위해 만들어졌으며, 역으로 이 질서는 그들에게 이것들을 의무로서 부과한다.

3. 가정에서의 역할 분담을 매우 상세하게 설명하는 이 문헌은 성관계의 문제에 대해서는 — 부부관계에서 그들 각자가 차지하는 위치의 문제이든, 결혼 상태로부터 초래될 수 있는 금지사항의 문제이든 — 매우 소극적이다. 이는 후손을 얻는 일의 중요성이 경시되었기 때문이 아니다. 오히려 이 점은 이즈코마쿠스의 발언 속에서 여러 번 반복하여 상기된다. 그는 이것이 결혼의 주된 목적들 중의 하나임을 지적하고,[20] 또한 자연이 여성에게 아이들을 돌볼 수 있는 특별한 애정

19 *Ibid.*, VII, 31.

을 부여하였다는 사실을 강조하며,[21] 마찬가지로 노년에 자식들에게서 필요한 원조를 구할 수 있음이 얼마나 귀중한 일인지를 강조한다.[22] 그러나 생식 자체에 대해서나, 가장 훌륭한 자손을 얻기 위해 필요한 배려에 대해서는 이 문헌에 언급되어 있지 않다. 어린 아내를 상대로 아직 이런 종류의 문제들에 접근할 시기가 아니었던 것이다.

그렇기는 하지만 이 문헌의 몇몇 대목에는 성행위나 필요한 절제, 그리고 부부 사이의 육체적 접촉에 대한 언급이 나와 있다. 우선, 대화의 첫 부분을 살펴보면, 두 대화자는 가정을 이끌어갈 수 있는 지식으로서의 가사 관리에 대해 토론을 벌인다. 소크라테스는 재능과 재력을 가졌음에도 그들 내부의 보이지 않는 지배자, 즉 게으름, 나약한 정신, 안일함과 이보다 더 다루기 힘든 지배자인 탐식, 음주벽, 음란함, 그리고 큰 희생을 치르게 하는 광적 야망들에 굴복하여 자신의 재능과 재력을 이용하기를 거부하는 사람들을 상기시킨다. 욕망의 이러한 횡포에 굴복하는 사람들은 자신의 육체와 영혼, 그리고 가정을 파멸시키고 만다.[23] 그러나 크리토불레스는 이미 이러한 적들을 극복했다고 자부한다. 즉, 정신수련에 의해 그는 충분한 엔크라테이아enkrateia를 가지게 되었다는 것이다. "내가 나 자신을 검토해 볼 때, 이제 나는 이런 열정들을 다스릴 수 있을 듯하오. 그래서 만약 당신이 내가 가정을 발

---

20 그는 신이 자식을 위해서 남자와 여자를 결합시키고, 가사를 위해 법을 만들었다는 것을 명확히 하고 있다. VII, 30.

21 *Ibid.*, VII, 23.

22 *Ibid.*, VII, 12.

23 *Ibid.*, 22~23.

전시키기 위해 할 수 있는 일을 내게 권유하더라도, 나는 그 때문에 당신이 지배자라고 부르는 것에 의해 내가 방해받으리라고 생각지는 않소."[24] 이제 크리토불레스에게는 가장의 역할을 수행하고 어려운 임무들을 배울 수 있는 자격이 주어진다. 결혼, 가장의 의무, 오이코스의 관리는 스스로 자신을 다스릴 수 있게 되었다는 것을 전제하는데, 이 점을 이해해야 한다.

더 나아가 이즈코마쿠스는 가정에서 각자의 역할을 자기 방식대로 수행할 수 있도록 자연이 남녀 양성에게 부여한 다른 자질들을 열거하면서 자제력enkrateia에 대해 언급한다. 그는 자제력을 특별히 남성 또는 여성에게 속하는 특유의 특징이 아니라 양성에 공통된 미덕 — 기억력 또는 주의력과 마찬가지로 — 으로 취급한다. 개인적 차이에 따라 이러한 자질은 다르게 분배될 수 있다. 그런데 부부생활에서 높은 가치를 보여주는 것은 부부생활이 두 배우자 중 더 훌륭한 자를 완성시킨다는 점이다. 남편이든 아내든 더 훌륭한 자는 이 미덕과 관련하여 그 자질을 더 많이 타고난 사람이다.[25]

한편, 우리는 이즈코마쿠스의 경우에서 그의 절제가 그 자체로는 어떻게 드러나고, 또 자기 아내의 절제를 어떻게 유도하는지 살펴볼 수 있다. 실제로 부부가 갖는 성생활의 몇몇 측면들을 아주 분명히 보여주는 대화의 일례가 있다. 그것은 화장과 몸치장에 관련된다.[26] 이

---

24 *Ibid.*, II, 1.
25 *Ibid.*, VII, 27.
26 *Ibid.*, X, 1~8.

는 고대 윤리에서 중요한 주제였다. 왜냐하면 치장이 진실과 쾌락의 관계에 대한 문제를 제기하고 또한 이 관계 속에 인위적 기교를 도입함으로써 관계의 자연적 조정원칙들을 흩트려 놓기 때문이다. 이즈코마쿠스의 아내에게서 애교의 문제는 그녀의 충실성을 손상시키지 않을뿐더러(충실성은 이 문헌 전체를 통해 계속해서 권장된다), 그녀의 낭비벽과도 아무런 관련이 없다. 여기서 문제는 아내가 어떻게 자기 자신을 보여주고, 부부관계에서 남편으로부터 성적 파트너와 쾌락의 대상으로 인정받을 수 있는가를 아는 것이다. 이즈코마쿠스는 어느 날 아내가 그를 기쁘게 하기 위해 실제보다 더 깨끗한 얼굴빛과 "장밋빛" 뺨, 날씬한 몸매를 가진 것처럼 보이기 위해 굽 높은 신발을 신고 분과 염료로 화장한 모습으로 나타나자, 이 문제를 교훈의 형식으로 거론한다. 이즈코마쿠스는 자신이 비판하는 이러한 행동에 대해 이중의 교훈으로 응수한다.

첫 번째 교훈은 부정적인 것이다. 그는 화장이란 속임수와도 같은 것이라고 비난한다. 이 속임수는 낯선 사람을 속일 수는 있어도 함께 살면서 잠자리에서 막 일어났을 때의 모습, 땀에 젖어 있거나 눈물을 흘리는 모습, 또는 욕조에서 막 나왔을 때의 아내 모습을 볼 수 있는 남편을 속이지는 못할 것이다. 이즈코마쿠스는 특히 이 술책이 결혼의 기본적 원칙을 위반하는 것이기 때문에 더욱 그것을 비난한다. 크세노폰은 결혼이 재산과 생활 그리고 육체의 공동체koinōnia라는, 아주 오랫동안 자주 보게 될 경구를 직접적으로 인용하지는 않는다. 그러나 그가 문헌 전체를 통해 이 3중의 공동체, 즉 각자가 기여한 몫은 잊어버려야 할 재산의 공동체, 상속재산의 증식을 목표 중의 하나로 정한 생활의 공동체, 그리고 마지막으로 분명하게 강조된 육체의 공동체tōn sōmatōn koinōnēsantes라는 주제를 다루고 있음은 명백한 사실이다. 한편 이 중 재산의 공동체는 속임수를 배제한다. 남편이 그가 소유하지 않은 재산을 아내에게 믿도록 하였다면, 그는 아내에게 나쁜 짓을 한 셈이다. 마찬가지로 그들은 자신의 육체에 대해 서로를 속이려 해서도 안 된다. 남편 쪽에서 자기 얼굴에 연지를 바르지도 않을 것이고, 아내 또한 분으로 치장해서는 안 된다. 올바른 육체의 공동체란 이러한 가치를 지니고 있다. 부부관계에서 매력은 모든 동물의 암컷과 수컷 사이에서처럼 자연스럽게 작용해야 한다. "신들은 말에게는 말을, 가축에게는 가축을, 양에게는 양을 세상에서 가장 매력적으로 보이게 만들었다. 마찬가지로 인간anthrōpoi은 어떤 기교도 없는 인간의 육체보다 더 매력적인 것을 찾을 수 없다."27 부부 사이의 성 관계에서, 그리고 그들이 이루는 육체의 공동체에서 원칙이 되어야 하는 것은 바로 이 자연적 매력이다. 이즈코마쿠스의 엔크라테이아는 욕망과 쾌락을 배가시키기 위해 사용되는 모든 인위적 수단을 거부한다.

그러나 또 하나의 문제가 제기된다. 아내는 어떻게 자기 남편에게 변함없는 욕망의 대상으로 남아 있을 수 있으며, 언젠가 그녀보다 더 젊고 예쁜 다른 여자한테 자리를 빼앗기지 않을 것이라고 확신할 수 있는가? 이즈코마쿠스의 어린 아내는 분명하게 묻는다. 그렇게 보이기 위해서만이 아니라 실제로 아름답기 위해서, 그리고 아름다움을 보존하기 위해서 어떻게 해야 하는가?28 우리에겐 이상하게 보이기도

---

27 *Ibid.*, X, 7.

하겠지만 결정적 사항이 되는 것은 가정과 가정의 관리이다. 이즈코마쿠스에 의하면 어떤 경우라도 여성의 실제적 아름다움은 그녀가 집안일을 훌륭하게 돌볼 때 그 일에 의해 충분히 보장된다. 실제로 그는 아내가 자신의 책임하에 있는 임무를 수행하면서, 노예처럼 기진맥진한 채 앉아 있거나 겉멋부리는 여자처럼 한가롭게 있지는 않을 것이라고 설명한다. 그녀는 늘 서서 감시하고 관리하며, 이 방에서 저 방으로 진행 중인 작업을 점검하러 다닐 것이다. 똑바로 서 있는 자세와 걸음걸이는 그녀의 신체가, 그리스인들이 보기에 자유로운 개인의 형상을 특징짓는 행동방식과 태도를 갖도록 해준다(더 나아가 이즈코마쿠스는, 남자는 여러 작업을 지휘하는 사람으로서 자신의 책임을 적극적으로 완수하는 것을 통해 자유시민과 군인으로서의 활력을 키워나간다는 사실을 지적한다). 29 이와 마찬가지로 주부는 밀가루를 반죽하고 의복 또는 모포의 먼지를 흔들어 털고 정돈하는 것이 좋다. 30 이렇게 해서 육체의 아름다움은 형성되고 유지된다. 지도자의 위치는 육체적으로는 아름다움이라는 형태로 표현된다. 게다가 아내의 의복은 하녀들과 그녀를 구별 짓는 청결과 품위를 지니고 있다. 마지막으로 아내는 이 하녀들과 비교할 때, 언제나 복종하고 속박 받는 노예처럼 의무로서 강요당하는 대신 자발적으로 남편의 사랑을 받으려 한다는 이점을 지닐 것이다. 여기서 크세노폰은 다른 곳31에서도 언급한 원칙, 즉 강제로 얻

---

28 *Ibid.*, X, 9.
29 *Ibid.*, X, 10.
30 *Ibid.*, X, 11.
31 Xénophon, *Hiéron*, 1.

은 쾌락은 기꺼이 주어진 쾌락보다 덜 유쾌하다는 원칙에 의거하고 있는 것 같다. 아내가 자기 남편에게 줄 수 있는 것이 바로 이 후자 쪽의 쾌락이다. 특권적 지위와 분리될 수 없는 육체적 아름다움의 형태에 의해, 그리고 매력적이고 싶어하는 자유의지charizesthai에 의해 주부는 항상 한 가정 내의 다른 모든 여성들에 대해 우위를 차지할 것이다.

가정 — 아내, 하인들, 상속재산 — 을 다스리는 "남성 본위의" 경영술로 채워진 이 문헌에서, 여성의 성적 충실성과 남편이 그녀의 유일한 성적 파트너여야 한다는 사실은 암시되어 있지 않다. 그것은 필수적이고 이미 일반적으로 인정된 것이라 여겨지는 원칙이기 때문이다. 남편의 현명하고 절제하는 태도는 결코 모든 성적 활동에서 그가 아내에게 허용하는 독점권 같은 것으로 정의되지 않는다. 결혼생활을 신중하게 해나가는 데에서 문제가 되는 것, 또 가정의 질서와 가정을 지배해야 할 평화, 그리고 아내가 원할 수 있는 것에서 본질적이라고 여겨지는 것은, 여성은 합법적 아내의 자격으로, 결혼이 그녀에게 부여한 높은 지위를 지켜갈 수 있다는 사실이다. 즉, 자기 외의 다른 여성이 선택되지 않는다는 것, 자신의 지위와 위엄을 잃지 않는다는 것, 또한 남편의 옆자리를 다른 여성에게 빼앗기지 않는다는 것, 바로 이것들이 여성에게는 무엇보다도 중요하다. 왜냐하면 결혼에 대한 위협은 남성이 여기저기서 얻을 수 있는 쾌락이 아니라, 가정에서 차지해야 할 위치와 우선권 행사를 두고 아내와 다른 여자들 사이에서 발생할 수 있는 경쟁에서 기인하기 때문이다. "충실한pistos" 남편은 결혼을 다른 여자와 가지는 모든 성적 쾌락의 포기와 연결시키는 자가 아니라, 결혼에 의해 여성에게 인정된 특권들을 끝까지 지켜주는 사람이

다. 한편, 유리피데스의 비극 작품들 속에 등장하는 "배신당한" 아내
들도 충실한 남편을 이런 식으로 이해하고 있다. 메데이아는 이아손
의 "불성실성"을 비난한다. 그녀에 따르면, 이아손은 왕녀를 아내로
얻어 그녀로부터 자손을 낳을 것이며, 그 자손은 메데이아가 낳은 자
식들을 치욕과 굴종으로 내몰리라는 것이다. **32** 또한 크레우스가 크수
트스의 "배신"이라고 여기며 한탄하게 되는 것은 그녀가 "아이들도 없
이" "황량한 집에서 고독하게 살아갈 것"이라는 사실과, 또한—어쨌
든 그녀가 믿게 된 바로는— 에렉테우스의 것이었던 "그녀의 집"에서,
결국 "어떤 노예의 자식이 이름도 없고 어미도 없는 주인이 될 것이라
는"**33** 사실이다.

훌륭한 남편이라면 지켜주어야 할 이러한 아내의 우위는 결혼증명
서에 이미 내포되어 있다. 그러나 이것은 단번에 획득되지 않으며, 남
편이 도의적 약속을 한다고 해서 보장되는 것도 아니다. 포기와 이혼
외에도 사실상의 권리 박탈이 언제나 발생할 수 있다. 그런데 크세노
폰의 《가정관리술》과 이즈코마쿠스의 담론이 제시하는 것은 만약 남
편의 현명함— 그의 엔크라테이아뿐만 아니라 가장으로서의 지식—
이 항상 아내의 특권을 인정해 줄 용의가 있을 때, 아내는 그것을 지키
기 위해 역으로 가정에서의 그녀의 역할과 그에 연관된 일들을 최대한
잘 수행해야 한다는 것이다. 이즈코마쿠스는 처음부터 자기 아내에게
우리가 이해하는 의미에서의 "성적 충실성"을 약속하지도 않고, 그가

---

32 Euripide, *Médée*, v. 465 sq.
33 Id., *Ion*, v. 836 sq.

다른 여자를 좋아하게 될 사태를 두려워할 필요가 없을 것이라는 약속도 하지 않는다. 그러나 주부로서의 활동과 태도, 품행 때문에 아내가 그에게는 어느 하녀보다도 더 매력적일 것이라고 아내에게 보증해주는 것과 마찬가지로, 그는 또한 아내에게 그녀가 늙을 때까지 집안에서 가장 높은 지위를 차지할 수 있으리라고 확신시킨다. 그리고 이즈코마쿠스는 아내에게 가사에 전념하고 훌륭하게 처신하는 문제를 두고 자기와 일종의 경쟁을 하자고 제안한다. 그리고 만약 그녀가 이긴다면, 그때는 연적이 아무리 젊은 여자라 할지라도 두려워할 필요가 전혀 없게 될 것이다. 또한 이즈코마쿠스는 아내에게 이렇게 말한다. "그러나 당신이 가장 달콤한 쾌락을 맛볼 수 있을 때는 당신이 나보다 더 훌륭하다는 것을 보여주면서 나를 당신의 노예로 만들 때, 그리고 나이가 들어감에 따라 당신이 집안에서 덜 존경받지 않을까 두려워함이 없이, 남편으로부터는 협력자로서, 자식들로부터는 주부로서 더욱더 높이 평가받으며 집안에서 한층 존경받게 되리라는 확신을 가질 때일 거요."[34]

그러므로 이런 결혼생활의 윤리에서 남편에게 권장되는 "충실성"은 결혼이 여성에게 강요하는 성적 독점과는 매우 다른 것이다. 이것은 아내의 지위, 특권, 다른 여자들에 대한 우위를 지켜주는 것과 관련된다. 그리고 만약 이것이 남성과 여성 사이에 행동의 일정한 상호성을 가정한다면, 이는 아내의 정숙한 성적 행동 — 이는 언제나 전제된다 — 에 대해서라기보다, 그녀가 집안에서 처신하고 가정을 이끌어 가

34 Xénophon, *Economique*, VII, 41~42.

는 방식에 남성의 충실성이 보답한다는 의미에서이다. 따라서 상호성
은, 서로에게 요구하는 두 가지 행동방식이 동일한 요구에 근거해 있
지 않고 동일한 원칙에 따르지 않으므로, 본질적으로 불균등하다. 남
편의 절제는 관리하는 기술, 자신을 다스리는 기술, 그리고 아내가 남
편에 게 복종하는 집안의 여주인인 이상 그가 지키고 존중해주어야 할
아내를 다스리는 기술에 속한다.

3

절제의 3가지 전략

기원전 4세기와 3세기 초의 다른 문헌들도 결혼이 남성에게 최소한의 일정한 형태의 성적 절제를 요구한다는 주제를 다루고 있다. 특히 3개의 문헌이 기억될 만한데, 플라톤이 《법률》에서 결혼의 규율과 의무에 대해 언급한 부분과, 이소크라테스가 니코클레스라는 기혼 남성의 생활방식에 대해 상술한 것, 그리고 아리스토텔레스가 쓴 것으로 여겨지며 그의 학파에서 유래되었음이 확실시되는 《가정관리술》이 그것이다. 이 문헌들은 다루고 있는 주제 면에서 서로 상이한데, 첫 번째 것은 이상적 도시국가의 틀 안에서 강압적 행동조정체계를 제시한다. 두 번째 것은 그 자신과 다른 사람들을 소중히 여기는 전제군주의 개인적 생활양식이 갖는 특징을 규정하며, 세 번째 것은 평범한 남자가 집안을 다스리는 데에 유용한 원칙들을 규정하고자 한다. 그러나 어느 경우도 크세노폰의 《가정관리술》처럼 지주들의 고유한 생활형식이나, 아내와 상호보완적으로 담당해야 하는 영지관리의 업무에 관하여 언급하지는 않는다. 차이는 있지만 이 세 문헌들은 크세노폰보다 더 명백하게 "이중의 성적 독점" 원칙이라 할 수 있는 것에 접근할 필요성을 표명하는 듯이 보인다. 바로 이 때문에 이 문헌들은 여성뿐만 아니라 남성에 대해서도 모든 성적 활동을 부부관계에만 국한시키려는 듯하다. 아내와 마찬가지로 남편도 아내 외의 다른 여자를 상대로 쾌락을 구해서는 안 된다는 것을 의무로 여기거나, 또는 적어도 그것을 지지하는 듯이 보인다. 이는 결과적으로 일정한 균형에 대한 요구이며, 결혼을 도덕적으로 용납될 수 있는 성 관계의 특권적일 뿐만아니라 독점적 영역으로 규정하려는 경향이다. 한편, 이 세 문헌을 읽어보면, 이후의 부부생활의 형태에서 법적·도덕적 장치의 역할을 하게 될 원칙과 동일한 "상호적인 성적 충실성"의 원칙을 소급·적용하려는 것은 잘못임을 알 수 있다. 왜냐하면 실제로 이 문헌들에서 남편에게 아내만을 성적 파트너로 삼는 것과 같은 절제의 의무를 제시하거나 절제를 권유하는 것은 남편이 아내에게 한 개인적 약속의 결과가 아니기 때문이다. 그것은 플라톤의 법률의 경우 강제적으로 부과되거나, 또는 ― 이소크라테스와 아리스토텔레스로 추정되는 저자의 경우 ― 남성이 그 자신의 권력에 대한 일종의 신중한 자제를 통해 스스로에게 부과하는 정치적 조정이다.

1. 실제로 《법률》에서, 적당한 나이 (남자는 25~35세) 에 결혼하라는 규정, 최상의 조건에서 아이를 만들고 남자든 여자든 배우자 외의 다른 사람과는 관계를 갖지 말라는 규정과 같은 이 모든 명령들은 자

발적 도덕의 형식이 아니라 강제적 규제의 형식을 취하고 있다. 사실 이 문제와 관련하여 법률을 제정하는 일이 힘들다는 것1과, 사람들이 문란하고 대다수의 사람들이 더 이상 자제할 수 없는 경우에만 몇몇 조치들이 규제의 형식을 취하는 것이 더 이롭다는 사실은 여러 번 강조되고 있다. 2 여하튼 이 도덕의 원칙들은 결코 가정, 가족, 부부생활의 내적 요구에 의거하지 않으며, 언제나 국가의 필요성과 직접적으로 연관되어 있다. 즉, 바람직한 결혼이란 그 도시에 유용한 결혼이며, 아이들이 "가능한 한 가장 아름답고 훌륭해야" 하는 것도 그 도시에 이익이 되도록 하기 위해서임을 고려해야 한다. 3 국가에 이로운 균형을 중시하여 부자들끼리의 결합은 피할 것, 4 젊은 부부들이 그들의 생산 임무를 잘 준비하는지 세심하게 감독하여 확인할 것, 5 생산하기에 적합한 나이일 때 어떤 다른 성 관계도 가지지 않고 합법적 아내에게만 씨를 뿌리라는, 처벌을 동반한 명령6 등, 이상적 도시의 특수한 구조와 연관된 이 모든 것은 자발적 억제의 노력에 근거를 둔 절제 양식과는 매우 다르다. 7

---

1 *Lois*, VI, 773c와 e.

2 *Ibid.*, VI, 785a.

3 *Ibid.*, VI, 783e; IV, 721a; VI, 773b 참조.

4 *Ibid.*, VI, 773a~e.

5 *Ibid.*, VI, 784a~c.

6 *Ibid.*, VI, 784d~e.

7 아이를 가질 수 있는 연령의 한계를 지나 "성행위를 하지 않고 정숙하게 사는 사람들(*sōphronōn kai sōphronousa*)"은 다른 사람들로부터 존경을 받지만, 그 외의 사람들은 정반대의 평판을 얻거나, 더 정확히, 오히려 체면이 손상된다(VI, 784e).

한편, 플라톤이 성적 행동을 규제하려고 할 때에는 이 법률을 전적으로 신뢰하지 않는다는 사실에 주목해야 한다. 그는 그토록 격렬한 욕망을 제어하기 위해서는, 법률의 명령과 위협 이외에 뭔가 다른 수단을 이용하지 않으면 법이 충분한 효과를 가질 수 없으리라고 생각한다.[8] 거기에는 더 효율적인 설득 수단이 필요한데, 플라톤은 4가지 수단을 열거한다. 첫째는 여론이다. 플라톤은 이른바 근친상간에 초점을 맞추어 논하면서, 인간이 어떻게 자신의 형제, 자매, 아들 또는 딸에 대해서, 그들이 그토록 아름다운데도 욕망을 느끼지 않을 수 있는가 하고 묻는다. 그 이유는 오랫동안 사람들이 이러한 행위가 "신의 증오의 대상"이 된다는 말을 들었기 때문에, 또 그 점에 관하여 누구도 결코 다른 말을 들을 기회를 갖지 못했기 때문이다. 그러므로 비난받아 마땅한 모든 성행위에 관하여, "대중의 일치된 한 목소리"는 이와 마찬가지로 "종교적 성격"을 지니고 있어야 할 것이다.[9] 다음으로 영광이 있다. 플라톤은 경기에서 이기려는 욕망으로 전체 훈련기간 동안 내내 여자도 소년도 가까이 하지 않고 엄격한 금식요법에 따르는 운동선수들의 예를 상기시킨다. 그런데 쾌락이라는 이 내부의 적에 대한 승리는 경쟁자들을 물리치고 얻을 수 있는 승리보다 훨씬 더 아름답다.[10] 세 번째는 인간으로서의 명예이다. 플라톤은 여기서 그 후에도 자주 사용되는 한 예를 인용한다. 그것은 무리지어 살지만 각자

8   *Ibid.*, VIII, 835e.
9   *Ibid.*, VIII, 838a~838e.
10 *Ibid.*, VIII, 840a~c.

가 그 무리 속에서 "순결을 유지하고 전혀 교미하지 않는 생활"을 해나가는 동물들의 이야기이다. 그들은 종족번식을 해야 할 나이에 도달하면 무리를 떠나 암수 한 쌍을 이루고 결코 그 결합을 깨지 않는다고 한다. 그런데 이러한 동물의 부부관계는 보편적 자연의 원칙으로서 인용된 것이 아니라, 오히려 인간이 대응해야 할 하나의 도전으로서 인용되었다. 이와 같은 부부생활을 상기한다면 합리적 인간이 어찌 "자신을 동물보다 더욱 고귀하게"[11] 보여야겠다는 자극을 받지 않겠는가? 마지막으로 수치심이 있다. 수치심은 성행위의 빈도를 줄임으로써 그것의 "전제적 횡포를 약화시킬 것이다." 성행위를 금할 필요도 없이 시민들은 "몰래 성행위를 해야 할" 것이며, 공공연하게 그런 행위를 하는 데 대해 "수치심"을 느낄 것인데, 이는 "성문화되지 않은 법률과 관습이 만들어낸 의무"에 따라 그렇게 되는 것이다.[12]

그러므로 플라톤의 《법률》은 남편 쪽과 아내 쪽으로부터 균형잡힌 유사한 요구를 확립시킨다. 그들에게 동일한 제한을 부과하는 동일한 법률에 그들이 완전히 동일한 방식으로 매이는 것은 그들이 공동의 목적 — 미래의 시민을 생산한다는 — 을 위해 수행해야 할 일정한 역할을 가지고 있기 때문이다. 그러나 이 균형이 부부관계에 내재된, 상호계약을 구성하는 개인적 관계에 의해 부부가 "성적 충실성"을 강요받는다는 의미를 함축하는 것은 아님을 알아야 한다. 균형은 그들 사이의 상호적이고 직접적인 관계가 아니라, 두 사람을 지배하는 요소, 즉 그

---

11 *Ibid.*, VIII, 840d~e.
12 *Ibid.*, VIII, 841a~b.

들이 다 같이 복종하는 법률과 원칙에 근거하여 확립된 것이다. 그들이 자발적으로, 그리고 내적인 확신을 가지고 그러한 법률과 원칙에 복종해야 하는 것은 사실이다. 그러나 내적 확신이란 그들이 서로에게 가져야 할 애정이 아니라, 법에 대한 존중, 또는 자기 자신과 자기의 평판, 명예에 대한 배려와 관련되어 있다. 이러한 복종을 강요하는 것은 바로 존경 또는 수치심, 명예 또는 영광의 형태로 개인이 자기 자신 및 그 도시와 맺는 관계 — 타자와의 관계가 아니라 — 이다.

또한 주목할 것은, "사랑의 선택"과 관련된 법률로서 제안한 공식조항에서 플라톤이 두 가지의 가능한 원칙을 고려한다는 점이다. 그중한 원칙에 따르면, 좋은 가문 출신이고 자유로운 신분의 여자라 하더라도 자신의 합법적 아내가 아닌 다른 여자에게 접근하는 것과 결혼의 범위 밖에서 자식을 낳는 것, 그리고 남자들이 "자연을 변질시켜" "열매 맺지 못하는 씨"를 뿌리는 것은 모든 사람에게 금지되어야 할 것이다. 다른 하나는 남성 간의 사랑을 철저하게 금지시킨다는 것이다. 그는 부부 사이 밖의 성 관계에 대해서는 그 죄가 "남자들과 여자들 모두"에게 알려졌을 경우에 한해서만 그들에게 벌을 주려고 생각한다. 13 그런 만큼 결혼에서 성적 활동을 제한해야 하는 이중의 의무가 부부 사이의 경쟁관계에 부수되는 상호적 의무와 관련되지 않고, 그 도시의 안정과 공공도덕, 좋은 출산의 조건들과 관련된다는 것은 사실이다.

---

13 *Ibid.*, III, 841c~d. 적어도 법의 첫 번째 원칙에서 플라톤은 "자유 신분의" "가문이 좋은" 여자들만 기혼 남성에게 금지된다고 말하고 있는 듯하다. 어쨌든 이것이 디에(Diès)의 해석이다. 로빈(Robin)은 이것을 자유 신분으로서 가문이 좋은 남자에게만 이 법이 적용되는 것이라고 말하려는 것으로 해석한다.

2. 이소크라테스의 문헌은 니코클레스가 시민들에게 행한 간단한 연설 형식으로 되어 있는데, 그가 개진하는 절제와 결혼에 대한 고찰은 아주 명백하게 정치권력과 결부되어 있다. 이 연설은 니코클레스가 권좌에 오른 지 얼마 되지 않아 이소크라테스가 그에게 했던 연설에 대한 응답이다. 그때 연설가는 젊은이에게 개인의 처신과 통치에 대해 조언했는데, 그 충고는 일생 동안 사라지지 않을 영원한 보물이 될 것이었다. 니코클레스의 연설은 자신이 다스리는 사람들에게, 왕인 자신에게 취해야 할 그들의 처신을 설명해 주는 일종의 군주의 권고로 여겨진다. 한편, 이 연설의 첫 부분은 권력을 정당화시키는 데에 할애된다. 군주체제의 장점, 현재 왕가의 권위, 군주의 개인적 자질 등이 그 내용이다. 이러한 정당화 이후에, 시민들이 그 국왕에게 바쳐야 할 복종과 애정에 대한 정의가 나온다. 국왕은 자신의 이름으로 신하의 복종을 요구할 수 있다는 것이다. 그리하여 니코클레스는 스스로 자신에게 있다고 여기는 자질들을 길게 늘어놓는다. 즉, 국가 재정체계와 형사재판에서, 또한 대외적으로는 다른 권력자들과 수립했거나 재수립한 우호관계에서 그가 보여주었던 정의로움dikaiosunē, 14 그리고 그가 주로 성적 쾌락의 억제라고 생각하는 절제sōphrosunē가 그러한 것들이다. 그리고 나서 그는 자기 나라에서 그가 행사하는 통치권과 직접적으로 연관된 절제의 형식과 근거를 설명한다.

그가 마지막으로 내세운 이유는 후손에게로 또 신에게까지 거슬러 올라가는 가계家系의 연속성, 고귀한 혈통이란 후광을 지닐 만한 순수

---

14 Isocrate, *Nicoclès*, 31~35.

혈통의 필요성과 관련된다. "나는 대부분의 왕들이 자식들에 대해 가지는 것과 같은 그런 감정을 지니지 않았소. 또한 나는 어떤 자식들에 대해 가지는 것과 동일한 감정을 가지지 않았소. 나는 어떤 자식들은 미천한 태생이고 다른 자식들은 고귀한 태생이라고 생각지 않았으며, 어떤 후손은 서자庶子로 어떤 후손은 적자嫡子로 남겨야 한다고 생각지도 않았소. 내 견해로는 모두가 같은 태생이어서, 아버지 쪽이든 어머니 쪽이든 인간 중에서는 나의 아버지 에바고라스에게로, 반신半神들 중에서는 이아쿠스의 아들에게로, 신들 중에서는 제우스에게로 그들의 혈통이 거슬러 올라갈 것이며, 후손들 중의 누구도 그러한 혈통의 고귀함을 빼앗겨서는 안 될 것이오."[15]

니코클레스가 생각하는 절제의 또 다른 이유는 한 국가의 통치와 한 가정의 관리 사이의 연계성과 동질성에 기인한다. 여기서 연계성은 두 가지 방식으로 정의되는데, 우선 타자와 확립할 수 있는 모든 협력관계koinōniai를 존중해야 한다는 원칙에 의해 정의된다. 따라서 니코클레스는 다른 계약들은 존중하면서 일생 동안 협력관계koinōnia pantos tou biou를 맺은 자신의 아내에 대해서는 비난받을 만한 행동을 하는 다른 남자들처럼 행동하고 싶어하지 않는다. 자신의 아내로 인하여 고통 받아서는 안 된다고 생각하는 이상, 그의 쾌락으로 인해 아내가 고통 받아서도 안 되는 것이다. 정의롭고자 하는 군주는 자신의 아내에 대해서도 공정해야 한다.[16] 또한 군주의 가정을 지배해야 하는 질서와

---

15 *Ibid.*, 42.
16 *Ibid.*, 40.

백성을 지배하는 데에 필요한 질서 사이에도 연계성과 일종의 이질동형성異質同形性 같은 것이 있다. 즉, "훌륭한 군주는 자신이 다스리는 국가만이 아니라 그가 사는 집과 영지를 일관된 정신으로 다스리고자 노력해야 한다. 왜냐하면 이 모든 일은 절제와 공정함을 요구하기 때문이다."[17]

니코클레스가 문헌 내내 언급하는 절제와 권력 사이의 연계는, 니코클레스에게 들려주려 한 첫 번째 연설에서 이미 말한 일반원칙에 따라서, 특히 자기 자신에 대한 지배와 다른 사람에 대한 지배 사이의 본질적 관계로 생각된다. 즉, "다른 사람들에 대해서 만큼이나 너 자신 archē sautou에 대해서도 권한을 행사하라. 그리고 왕에게 가장 합당한 행동은 어떤 쾌락의 노예도 되지 않고, 백성들을 다스리는 것보다 자신의 욕망을 더 잘 다스리는 것이다."[18] 니코클레스는 그가 다른 사람들을 다스리기 위한 도덕적 조건으로서 자제력을 지니고 있다는 증거를 제시하는 데서부터 시작한다. 즉, 자신은 많은 전제군주들이 그렇게 했던 것과는 달리, 강제로 다른 사람들의 여자나 아이들을 빼앗기 위해 자신의 권력을 이용하지 않는다는 것이다. 그뿐만 아니라 남자들이 얼마나 자신의 아내와 자식들에게 집착하는지, 그리고 이런 유의 권력남용에서 얼마나 자주 정치적 위기와 혁명이 초래되었는지를 상기하였다.[19] 따라서 그는 이와 같은 비난을 면하기 위해 최대한 노

---

17 *Ibid.*, 41.

18 *Nicoclès*, 29.

19 *Nicoclès*, 36. 자주 거론되는 이 주제에 대해서는 Aristote, *Politique*, V, 1, 311 a~b를 보라. 이소크라테스가 도처에서 자신의 쾌락을 추구하지만 정의에 따라 통

력했다. 그 결과 사람들은 그가 최고 권력을 잡은 그 날 이후로 "자기 아내 이외의 다른 여자"[20]와는 전혀 육체적 관계를 맺지 않았음을 인정할 수 있었다. 한편 니코클레스는 더욱 명백한 절제의 이유들을 가지고 있다. 우선, 그는 시민들에게 모범이 되고자 한다. 그렇지만 그가 백성들에게도 그가 하는 것처럼 성적으로 충실할 것을 요구한다고 이해해서는 안 될 것이다. 그는 아마도 이것을 일반적 규율로 만들려고 하지는 않았던 것 같다. 그의 엄격한 품행은 전반적으로 미덕을 장려하는 것으로, 또한 어떤 나라에든 언제나 해가 되는 문란함을 억누르는 하나의 모델로 이해되어야 한다.[21] 군주의 품행과 백성의 풍습이 전체적으로 유사하다는 원칙은 니코클레스에게 행한 연설에서도 상기된 바 있다. "백성의 풍습ēthos이 그들을 다스리는 자의 품행과 비슷하다는 것을 기억하여, 다른 사람들에게 당신 자신의 절제sōphrosunē를 모범으로 제시하시오. 당신의 신하들이 당신의 품행epimeleia 덕분에 더욱 우아하고 더욱 문명화된 풍습euporōterous kai sōphronesterous gigno-menous을 가지게 되었다고 확신할 때, 당신은 왕으로서 당신의 권위가 지닌 가치를 입증하는 증거를 확보할 수 있을 것이오."[22] 그렇지만 니코클레스는 대중을 자신과 비슷하게 만드는 것에 만족하려 하지 않는다. 그는 그와 동시에 모순됨이 없이, 다른 사람들, 엘리트, 그리고

치할 줄 아는 왕들에 대해 백성들이 보이는 관대함에 주목하고 있음을 알 수 있다 (*Ibid.*, 37).

20 *Ibid.*, 36.
21 *Ibid.*, 37.
22 *Nicoclès*, 31.

심지어 가장 덕망 높은 사람들과 자신을 구별짓고자 한다. 그것은 동시에 모범(가장 우수한 자들 중에서도 더 뛰어남으로써 모두에게 본보기가 되는 것)의 도덕적 표현형식일 뿐만 아니라, 귀족정치의 개인적 권력에게는 경쟁의 정치적 표현양식이며, 현명하고 자제할 줄 아는 군주(백성들이 보기에는 덕망 있는 인사들보다도 더욱 높은 덕을 갖춘 존재)에게는 안정된 기반의 원리이다. "나는 대부분의 사람들이 자신의 모든 행동을 다스릴 줄 앎에도 불구하고, 가장 뛰어난 사람들조차 소년과 여자가 그에게 불러일으키는 욕망에 사로잡혀 버린다는 것을 확인하였다. 그리하여 나는 내가 엄격할 수 있다는 것을 보여주고자 했으며, 그 점에서 대중뿐만 아니라 자신의 덕을 자랑스러워하는 사람들까지도 능가할 수 있게 되었다."[23]

그러나 모범적이면서도 우월성을 드러내주는 이 미덕이 모두가 보기에 존경받을 만한 행동이라는 단순한 이유만으로 정치적 가치를 갖는 것은 아니라는 점을 분명히 이해해야 한다. 사실, 이러한 미덕은 피지배자들에게 군주가 그 자신과 맺는 관계의 형태를 보여주는 것으로서 중요한 정치적 요소가 된다. 왜냐하면 군주가 다른 사람들에게 행사하는 권력의 사용을 조정하고 규제하는 것이 바로 이 자신과의 관계이기 때문이다. 그러므로 이 관계는 그 자체로서, 그리고 이것이 가시화될 때 나타나는 광채로 인해, 또한 그것을 보증하는 합리적 기반으로 인해 매우 중요하다. 바로 이것이 니코클레스가 자신의 소프로쉬네, 즉 절제가 모든 사람이 보는 앞에서 일종의 시험을 치렀다는 점

---

23 *Nicoclès*, 39.

을 상기시키는 이유이다. 실상 자신이 정당하고 금전이나 쾌락 없이 살 수 있다는 것을 보여주기가 별로 어렵지 않은 상황과 시기가 있다. 하지만 한창 젊은 나이로 권력을 물려받았을 때, 자제력의 과시는 일종의 자격시험이 된다.**24** 더욱이 그는 자신의 미덕이 단순히 성격의 문제가 아니라 논리logismos의 문제라는 점을 강조한다. 따라서 그가 의도적으로 또 지속적으로 훌륭하게**25** 처신하는 것은 우연도 아니고 상황에 따른 것도 아니다.

이처럼 가장 위험한 상황에서 시험을 치르고 영원한 이성에 의해 보장된 군주의 절제력은 지배자와 피지배자 사이에 일종의 계약을 수립하는 데에 이용된다. 피지배자들은 자기 자신을 다스릴 수 있는 지배자에게만 복종할 수 있기 때문이다. 군주의 덕이 보증되는 경우에만 신하들에게 복종을 요구할 수 있다. 실제로 그는 자기 자신을 통제함으로써 다른 사람들에게 행사하는 권력을 절제할 수 있다. 니코클레스가 자신에 대해 말을 한 후 그로부터 신하들을 자신에게 복종시키기 위한 논거를 끌어내는 구절은 바로 이런 식으로 끝이 난다. "앞으로 내가 여러분에게 할 충고와 명령을 여러분들이 기꺼이 그리고 열성적으로 이행하지 않을 어떤 구실도 남기지 않기 위해 … , 나는 나 자신에 대하여 아주 상세하게 말하였소."**26** 군주가 자기 자신과 맺는 관계와 그가 자신을 도덕적 주체로 세우는 방식은 정치체계를 구축하는 데에

---

24 *Ibid.*, 45.
25 *Ibid.*, 47.
26 *Ibid.*, 47.

중요한 요소가 되며, 그 자신의 권위도 그 일부로서 정치조직을 확고히 하는 데에 기여한다. 또한 군주는 금욕을 실천하고 자신을 단련시켜야 한다. "요컨대 운동선수가 체력을 강화시켜야 한다는 의무는 군주가 자신의 정신을 단련시켜야 하는 의무만큼 크지는 않다. 왜냐하면 경기가 제공하는 가치는 군주인 당신들이 매일 매일 쟁취하기 위해 투쟁하는 가치들과 비교해 볼 때 아무것도 아니기 때문이다."27

3. 아리스토텔레스의 저서로 여겨지는 《가정관리술》에 대해서는 이 문헌의 시기와 관련하여 몇 가지 문제가 있다. 1, 2권은 일반적으로 '비교적 초기'의 작품으로 — 주석이 밝히듯이 이 저서가 아리스토텔레스의 직제자가 편집한 것이든, 소요학파 제 1세대에 속하는 누군가의 작품이든 — 인정된다. 어쨌든 지금으로서는 3부를, 아니면 최소한 분명히 시기적으로 훨씬 뒤의 것으로서 《가정관리술》의 '분실된' 제 3권의 번역 또는 개작으로 간주되었던 라틴어 문헌은 제쳐두어도 좋다. 크세노폰의 문헌보다 훨씬 더 짧고 내용이 미흡한 1권 역시 가정관리의 기술techne에 대한 성찰이다. 그것은 한 가정의 질서 내에서 '획득' 행위와 '활용' 행위ktēsasthai, chrēsasthai를 규정하고 있다. 28 게다가 이 문헌은 사물보다는 인간을 다스리는 기술을 이야기한다. 이는 아리스토텔레스가 다른 곳에서도 진술한 원칙에 따른 것으로, 《가정관리

---

27 *A Nicoclès*, 11. 정치적 문제로서 군주의 개인적 미덕의 주제는 그 하나만으로도 하나의 연구논문이 될 수 있을 것이다.

28 Pseudo-Aristote, *Economique*, 1, 1, 1, 1 343a.

술》에서는 생명이 없는 재산의 소유보다 인간에게 훨씬 더 큰 관심이 기울여지고 있다. **29** 따라서 《가정관리술》은 그것이 제공하는 지시사항들의 본질을(크세노폰처럼 경작기술에 많은 부분을 할애하지 않고) 지휘, 감독, 통제 업무에 둔다. 그것은 무엇보다도 아내를 최우선적으로 "염려해야"epimelein 하는 가장의 행동지침서이다. **30**

이 문헌은 크세노폰의 개론서와 거의 동일한 가치들을 활용한다. 즉, 장인의 수공업과는 달리 "남자다운" 개인을 형성시킬 수 있는 농업에 대한 예찬, 그리고 도시국가를 구성하는 그의 가치를 세우고 자연에 따라 타고난 기본 성격을 확립시키는 것 등이 그것이다. **31** 그러나 또한 많은 요소들이 아리스토텔레스적 특징을 갖고 있다. 특히 부부관계의 자연스러운 정착과 인간 사회에서 부부관계가 갖는 형태의 특수성에 대한 이중의 강조가 바로 그러한 것들이다.

저자는 남자와 여자의 결합koinōnia이 "자연적으로" 존재하는 것으로서 그 예를 동물에게서도 찾아볼 수 있다고 설명한다. "그들의 결합은 절대적 필요성에 부합한다."**32** 이 필요성을 생식과 직접적으로 연결시키는 《정치학》에서든, **33** 인간을 본래 둘이서 살도록 운명지어진 "쌍서적雙棲的" 존재로 제시하는 《니코마코스 윤리학》에서든, **34** 아리

---

29 Aristote, *Politique*, 1, 13, 125q~b.

30 Pseudo-Aristote, *Economique*, 1, 3, 1, 1 343b.

31 *Ibid.*, 1, 2, 1~3, 1 343a~b.

32 *Ibid.*, 1, 3, 1, 1 343b.

33 Aristote, *Politique*, 1, 2, 1 252a.

34 Aristote, *Ethique à Nicomaque*, VIII, 12, 7, 1 162a.

스토텔레스에게서 이 주제는 지속적으로 나타난다. 그러나 이 코이노 니아, 즉 결합에 대해, 《가정관리술》의 저자는 그것이 동물에게서는 찾아볼 수 없는 고유한 특징을 지녔음을 상기시킨다.**35** 이는 동물이 생산을 위한 단순한 결합을 넘어선 공동생활의 형태를 알지 못하기 때문이 아니라, 인간에게서 남자와 여자를 결부시키는 결합의 궁극 목적이 단지 — 아리스토텔레스의 중요한 구분에 따르면 — "생존"만이 아니라 "행복einai, eu einai"과 관련되기 때문이다. 인간에게서 부부의 존재는 어떤 경우라도 그들의 삶 전체를 통해 상호 보조와 상호 구원을 가능하게 한다. 후손은 단지 종족의 보존만을 확보하는 것이 아니라 "부모 자신에게 이익"을 가져다주기도 한다. 왜냐하면 "부모가 건강할 때 아직 나약한 어린아이에게 베풀었던 보살핌을, 역으로 그들이 나이가 들어 쇠약해지면 강해진 자식들로부터 되돌려 받기"**36** 때문이다. 자연이 남자와 여자를 그렇게 배치한 것은 더 나은 삶이 되도록 보완하기 위해서이며, "자연이 두 개의 성性을 만든 것은" 공동생활을 위해서이다. 남자는 강하고 여자는 겁이 많아 조심스러우며, 전자는 활동 속에서 건강을 찾는 데 비해 후자는 한 곳에 고정된 생활을 하려는 경향이 있다. 또한 남자는 집안에 재물을 들여오는 반면, 여자는 집안에 있는 것을 관리한다. 남자는 자식들을 부양하고 여자는 그들을 교육시킨다. 말하자면 자연은 한 가정의 관리와 부부가 각자 거기서 담당해야 할 역할에 대해 미리 계획을 세워 둔 것이다. 여기서 저자

---

35 Pseudo-Aristote, *Economique*, 1, 3, 1, 1 343b.
36 *Ibid.*, I, 3, 3, 1 343b.

는 아리스토텔레스의 원칙에서 출발하여 크세노폰이 이미 본보기를 보여주었던 전통적인 기술記述의 도식에 이르게 된다.

이렇게 자연적 상호보완성을 분석한 연후에 이어서 곧 《가정관리술》의 저자는 성행위의 문제에 접근한다. 이것은 간략한 생략체의 문장으로 되어 있는데, 그 전문이 다 인용될 만한 가치가 있다. 즉, "아내에 대한 첫 번째 의무는 어떤 부정도 저지르지 않는 것이다. 그렇게 함으로써 그 자신도 부당한 일을 당하지 않게 되는데, 일반적 도덕이 도달해야 할 곳이 바로 이런 상태이다. 피타고라스학파가 말한 것처럼, 여자는 집안에서 애원하는 사람이고 자신의 보금자리에서 내몰린 사람과도 같기 때문에, 부당한 일을 당해서는 안 된다. 그런데 남편 쪽에서의 부정이란 비합법적 교제thuraze sunousiai이다."37 여성의 행실에 대한 언급이 없다고 해서 놀랄 것은 전혀 없다. 왜냐하면 그것에 대한 규칙은 이미 다 알려져 있으며, 여기서 다루는 것이 어쨌든 가장의 지침서이기 때문이다. 즉, 가장의 행동방식이 문제이다. 또한 여기서 아내에 대한 남편의 성적 행동이 어떠해야 한다는 것과 부부의 의무 이행 또는 정숙함의 규율들에 대해서는 — 크세노폰과 마찬가지로 — 아무런 언급도 없다는 점에 주목할 수 있다. 그러나 핵심은 다른 데에 있다.

우선 이 문헌이 매우 명백하게 남편과 아내 사이의 정당한 관계의 일반적 범주 속에 성 관계의 문제를 포함시키고 있다는 사실을 주목할 수 있다. 그런데, 이 관계란 어떤 것인가? 어떤 형식을 가져야 하는

---

37 Pseudo-Aristote, *Economique*, I, 4, 1, 344a.

가? 그 앞부분에서 남자와 여자를 결합시키는 것이 어떤 종류의 "관계 homilia"인지를 규명해야 할 필요성이 천명되고 있음에도 불구하고, 《가정관리술》에서는 그것의 일반적 형태나 원칙에 대해 일체 언급이 없다. 다른 문헌에서, 특히 《니코마코스 윤리학》과 《정치학》에서 아리스토텔레스는 그와 반대로 부부관계의 정치적 성격 — 다시 말해 거기에서 행사되는 권력유형을 분석하면서 이 문제에 답하고 있다. 그의 관점에서 보건대, 남자와 여자 사이의 관계는 여자를 지배하는 것이 남자의 역할이기 때문에(여러 가지 이유로 발생할 수 있는 반대의 상황은 "자연에 위배되는" 것이다) 명백히 불평등하다. **38** 한편 이 불평등은 다른 3가지 불평등과 신중하게 구별되어야 한다. 주인을 노예로부터 분리시키는 불평등(왜냐하면 여성은 자유로운 존재이므로), 아버지와 자식들을 분리시키는 불평등(그 결과, 제왕과 같은 권한을 야기하는 불평등), 마지막으로 한 도시국가에서 지배하는 시민들과 지배받는 시민들을 분리시키는 불평등이 그것이다. 실제로 아내에 대한 남편의 권한이 처음 두 관계에서보다는 더 미약하고 전적이지 않다 할지라도, 엄밀한 의미에서의 "정치적" 관계, 즉 한 국가 내 자유 시민들 사이의 관계에서 볼 수 있는 것과 같은 임의적인 성격만을 가지는 것은 아니다. 이는 자유로운 체제 속에서 시민들은 번갈아 지배하거나 지배받는 반면, 가정에서 우월권을 갖는 자는 항상 남성이기 때문이다. **39** 그

---

38 Aristote, *Politique*, I, 12, 1 259b. *Ethique à Nicomaque*, VIII, 10, 5, 1 161a에 서 아리스토텔레스는 에피클레르 여인들의 권위를 상기시킨다.

39 Aristote, *Politique*, I, 12, 1 259b.

것은 자유인의 불평등, 그러나 자연적 차이에 근거한 결정적 불평등이다. 부부관계의 정치적 형태가 귀족정貴族政이라는 것은 이러한 의미에서이다. 즉, 귀족정은 언제나 가장 우수한 자가 지배하지만, 각자가 자신의 재능과 가치에 따라 자기 몫의 권한, 자신의 역할, 임무를 부여받는 그러한 통치형태이기 때문이다. 《니코마코스 윤리학》에서 말했듯이, "아내에 대한 남편의 권력은 귀족정치적 성격을 띠는 듯하다. 즉, 남편은 남자의 지배가 적절한 그런 영역에서, 그의 재능 kat'axian에 비례하여 권력을 행사하는 것이다." 이로부터 남편이, 모든 귀족정치에서 그런 것처럼, 아내가 능력을 발휘할 수 있는 영역에 대한 권한을 그녀에게 위임하는 결과가 비롯된다(남편이 모든 것을 스스로 하고자 한다면, 그는 그의 권력을 "과두寡頭정체"로 변형시켜야 할 것이다). 40 아내와의 관계는 이처럼 부부관계의 "정치적" 성격과 직접적으로 연관된 정당성의 문제로서 제기된다. 《도덕론》에 의하면, 아버지와 아들 사이의 관계는 아들이 "아버지의 일부분"일 뿐이므로 아들이 아직 독립성을 갖지 못하는 한 공정할 수 없다. 또한 주인과 노예 사이에서도, 그것을 "집안 내의 가정관리에 고유한" 정당성으로 이해할 수도 있겠지만, 역시 정당성이 문제될 수 없다. 아내의 경우는 그와 다르다. 아마도 아내는 남편보다 열등하고 앞으로도 계속 그러할 것이며, 부부관계를 지배해야 할 정당성은 시민 상호 간에 통용되는 정당성과 같은 것일 수 없다. 그럼에도 불구하고 둘의 유사성 때문에, 남자와 여자는 "정치적 정당성과 매우 유사한" 어떤 관계 속에 놓이게 된

---

40 Aristote, *Ethique à Nicomaque*, VII, 10, 1, 152a.

다.[41]

한편 남편이 취해야 할 성적 행동을 다루는 《가정관리술》의 한 대목에서 저자는 완전히 다른 정당성에 기대고 있는 듯이 보인다. 피타고라스의 말을 상기시키면서 저자는 아내란 "애원하는 사람이고 자신의 보금자리에서 내몰린 자로서" 남편의 집에 속해 있음을 강조한다. 그런데 좀더 가까이에서 들여다보면, 애원자에 대한 언급이 — 더 일반적으로, 아내란 다른 가정에서 태어났고, 남편의 집이 그녀에게는 "자기 집"이 아니라는 사실에 대한 언급 — 일반적으로 남편과 아내 사이에 마땅한 관계 유형을 정의해 주지는 못하는 것 같다. 실제적 형태로 볼 때 그것을 지배하는 불평등한 정당성에 부합하는 이 관계들은 앞서 간접적으로 언급된 바 있다. 우리는 저자가 여기서 애원자의 모습을 상기시킴으로써, 아내가 결혼 그 자체를 이유로 남편의 성적 충실성을 요구해서는 안 된다는 사실을 환기하고 있다고 생각할 수 있다. 그렇지만 결혼한 여자의 입장에서 보면 남편 쪽의 절도와 제한을 촉구하는 어떤 것이 있다는 생각도 해볼 수 있다. 그것은 바로 자신이 태어난 집에서 쫓겨난 애원자와 같은, 그녀를 남편의 호의에 복종하게 하는 약자로서의 그녀의 위치이다.

《가정관리술》에 근거하여 이 부당한 행위의 성격을 규명하는 것은 결코 쉬운 일이 아니다. 그 부당함이란 튀라제 쉬누시아이thuraze sunousiai, 즉 "가정 밖에서의 교제"이다. 이 쉬누시아이라는 단어는 특별한 결합을 가리킬 수도 있지만, '교류', '인간관계'를 의미할 수도 있다.

---

41 Aristote, *Grande Morale*, I, 31, 18.

만약 여기서 가장 좁은 의미로 보아야 한다면 "가정 밖에서" 이루어진 모든 성행위는 아내에 대해 부정을 저지르는 일이 될 것이다. 이 요구는 일반적으로 통용되는 도덕에 근접한 문헌에서는 별로 있을 법하지 않은 듯하다. 반대로 만약 쉬누시아sunousia라는 단어에 '관계'라는 가장 일반적인 의미를 부여한다면, 각자의 가치와 재능, 신분에 따라 각자에게 주어져야 할 권력을 행사하는 데에 왜 부당함이 있게 되는지 알 수 있을 것이다. 혼외의 관계, 축첩蓄妾, 그리고 비합법적 자식, 이러한 것들은 그만큼 아내에 대한 존중의 의무를 심각하게 위반하는 것들이다. 어떤 경우든 남편의 성 관계에서 아내의 특권적 위치를 위협하는 모든 것은, 한 가정의 귀족정치적 관리에 필수적이고 본질적인 정당성을 위태롭게 하는 방법이다. 《가정관리술》의 문장을 이렇게 이해한다면, 자기 아내에게 올바르게 처신만 하면 결코 그녀의 특권과 지위를 침해하지 않겠다고 약속하는 이즈코마쿠스를 통해 크세노폰이 암시하는 것과 구체적 범위에서도 크게 다르지 않을 것이다. [42] 더욱이 바로 다음 줄에서 언급되는 것은 크세노폰에 매우 근접한 주제들이라는 사실에 유의해야 한다. 즉, 아내의 정신적 성장에 대한 남편의 책임과 부부 사이에 피해야 할 거짓과 속임수로서의 치장kosmēsis에 대한 비판이 그것이다. 그러나 크세노폰이 남편의 자제를 신중하고도 현명한 가장에게 고유한 양식으로 삼는 반면, 아리스토텔레스학파의 문헌은 사회 속에서의 인간관계를 규제해야 할 여러 다른 형태의 공정성의

---

42 한편 이즈코마쿠스가 집안 하녀와의 관계가 야기할 수 있는 경쟁적 상황을 상기시켰다는 것에 주목해야 한다. 여기서 위협적으로 보이는 것은 외부의 관계들이다.

다양한 작용 속에 그것을 포함시키고 있는 것 같다.

《가정관리술》의 저자가 올바르게 처신하고자 하는 남편에게 허용하거나 금하는 성적 행동들이 어떤 것인지를 정확히 지적하기는 아마도 어려울 것이다. 그렇지만 정확한 형태가 무엇이든 남편의 절제는 부부 사이의 사적 관계에서 파생되는 것도 아니고, 아내에게 요구할 수 있는 엄격한 충실성이 남편에게 동일하게 강요되는 것도 아닌 듯하다. 남편이 아내에게 특권을 부여하는 것은 권력과 역할의 불평등한 분배라는 문맥 속에서이고, 귀족적 권력을 잘 관리할 줄 아는 사람으로서 남편이 각자에게 의무로 부과된 것을 알아볼 수 있는 것은 자발적 태도 — 이해관계 또는 현명함에 근거한 — 에 의해서이다. 여기서 남편의 절제 또한 그가 행사하는 권력의 윤리이지만, 그러나 이 윤리는 일종의 정당성의 형태로서 성찰된 것이다. 이것은 남편과 아내 사이의 관계와 그들 두 사람의 덕이 거기서 차지해야 할 위치를 규정하는 불평등하고 형식적인 방법이다. 부부관계를 이해하는 이러한 방식이 결코 강한 애정 관계를 배제하지 않았다는 사실을 잊지 말자. 《니코마코스 윤리학》은 이 모든 요소들 — 공정성, 불평등, 미덕, 귀족정치적 관리형태 — 을 규합하며, 아리스토텔레스가 아내에 대해 남편이 가지는 애정의 고유한 성격을 정의한 것도 이런 요소들에 의해서이다. 즉, 남편의 필리아philia는 "귀족적 정체에서 찾아볼 수 있는 것이다 …. 그것은 덕에 비례한다. 가장 훌륭한 자가 최고의 특권을 가지며, 더욱이 각자는 거기에서 자신에게 적합한 것을 얻는다. 정당성이란 바로 이러한 것이다."[43] 더 나아가 아리스토텔레스는 이렇게 덧붙인다. "아내에 대한 남편의 행동이 어떠해야 하는지, 그리고 일반적으로 자기 친구를 대할 때 어떤 행동을 취해야 하는지를 탐구하는 것, 이는 바로 정당성의 규칙들이 어떻게 지켜지는가를 탐구하는 것이다."[44]

✿

그러므로 우리는 고대 그리스 사상에서 부부 상호 간에 부부관계 이외의 모든 성적 활동을 포기할 것을 요구하는 듯이 보이는 결혼윤리의 요소들을 찾아볼 수 있다. 부부의 독점적 성행위의 규율은 아내의 지위에 의해, 그리고 가정과 도시국가의 법률에 의해 원칙적으로 아내에게 강요되었는데, 혹자는 이 규율이 남성에게도 동등하게 적용되었다고

---

43 Aristote, *Etihique à Nicomaque*, VIII, 11, 4, 1 161a.

44 *Ibid.*, VIII, 12, 8, 1 162a. 아리스토텔레스에게서 나타나는 필리아(*philia*)와 결혼의 관계에 대해서는, J. -Cl, Fraisse, *Philia, la notion d'amitié sur la philosophie antique*(Paris, 1974)를 참조하라.

아리스토텔레스가 《정치학》에서 묘사한 이상적 도시국가에서 남편과 아내의 관계는 플라톤에게서 볼 수 있는 것과 아주 유사한 방식으로 정의되어 있음에 유의해야 한다. 생식의 의무는 부모가 아주 늙으면 중지될 것이다. 남은 생애 동안에는 명백한 건강상의 이유 또는 그와 비슷한 다른 어떤 이유로 인해서만 사람들은 성 관계를 가질 것이다. 남편과 다른 여자와의 관계 또는 아내와 다른 남자와의 관계에 대해서는, "결혼생활이 존속되고 남편과 아내라고 불리는 한 절대적으로 예외 없이" 불명예스러운 행위(*mē kalon*)로 간주되어야 할 것이다. 쉽게 이해할 수 있는 이유들로 인해, 이러한 잘못이 "생식이 가능한 시기에" 저질러진다면 합법적 결과 —l'atimie (아티미: 고대 그리스에서 도편(陶片) 추방제도가 생기기 이전에 존재했던 제도로서, 권력 찬탈에 실패한 자를 이 형벌에 처했다고 한다. 일정기간이 지나면 죄를 용서받을 뿐만 아니라 시민권을 박탈당하지도 않는 도편추방제와 달리, 아티미는 완전히 시민 명단에서 삭제되는 것으로서, 군주나 그의 측근들도 대상이 될 수 있었다 —역자 주) —를 얻게 될 것이다(*Politique*, VIII, 16, 1 135a~1 336b).

이해할 수도 있을 것이다. 어쨌든 이것이 크세노폰의 《가정관리술》
과 아리스토텔레스의 것으로 추정되는 《가정관리술》, 또는 플라톤과
이소크라테스의 몇몇 문헌들로부터 도출되는 듯이 보이는 교훈이다.
이 문헌들은 그러한 요구사항들이 법률이나 관습에 포함되지 않은 사
회에서 다소 고립된 듯이 보인다. 그것은 사실이다. 그러나 이 문헌들
속에서 후에 기독교가 보편적 형식, 강압적 가치, 그리고 모든 제도적
틀의 토대를 부여할 결혼생활의 최초의 법률화된 형태를 보거나, 부부
간의 상호적 충실성이라는 윤리의 초안을 볼 수는 없는 것 같다.

　여기에는 여러 가지 이유가 있다. 동일한 법률이 모든 사람에게 동
일한 방식으로 적용되는 플라톤적 도시국가의 경우를 제외하고, 남편
에게 요구된 절제와 아내에게 강요된 절제는 동일한 원리와 형식을 가
지고 있지 않다. 즉, 후자의 절제는 법적 상황과, 아내를 남편의 권한
하에 두는 법률상의 종속으로부터 직접 비롯된 것이다. 반대로 남편
의 절제는 그의 삶에 어떤 형태를 부여하고 싶다는 의지와 선택에 근
거해 있다. 말하자면 양식의 문제인 것이다. 남성은 자기 자신에 대한
지배력, 그리고 다른 사람들에 대해 그의 지배력을 효과적으로 행사
하기 위한 자제와 관련하여 그의 행동을 절제하도록 요청된다. 그로
부터 이러한 엄격함이 — 이소크라테스에게서처럼 — 세련된 품행으
로 나타난다는 사실이 설명된다. 그런 엄격함이 갖는 본보기적 가치
는 보편적 원리의 형태를 띠지 않는다. 또한 부부관계 이외의 모든 관
계의 포기가 크세노폰에 의해서도, 그리고 아리스토텔레스로 추정되
는 저자에 의해서도 강요되는 것은 아니라는 사실과, 또한 그 단념이
이소크라테스에게서 결정적 계약의 형식이 아니라 오히려 하나의 공

적 형태를 취하게 된다는 사실이 설명된다.

더욱이 규정이 균형을 이루든(플라톤의 경우와 같이) 그렇지 않든, 남편에게 요구되는 절제가 성립되는 것은 개인의 성격이나 부부관계 고유의 형태에 근거해서가 아니다. 그의 성적 활동이 몇 가지 제한을 받아들이고 어떤 절도를 수락해야 한다면 그것은 아마도 그가 결혼했기 때문일 것이다. 그러나 그것을 강하게 요구하는 것은 결혼한 상태의 남자라는 위치이지, 아내와 관련하여서는 아닌 것이다. 즉, 그는 플라톤적 국가가 원하듯이, 그 국가가 결정한 형식에 따라 그 국가가 필요로 하는 시민을 생산하기 위해 결혼하였다. 또한 기혼자의 자격으로 질서 속에서 번창해야 할 가정을 관리해야 한다. 좀더 그 가정의 잘 정돈된 모습이 모든 사람들의 눈에 훌륭한 관리의 보증이자 이미지가 된다(크세노폰과 이소크라테스). 또한 기혼자로서 그는 결혼생활과 여자의 본성에 적합한 불평등의 형태로 정당성의 규율들을 적용시켜야 한다(아리스토텔레스). 여기서 개인적 감정, 집착, 애정, 그리고 배려와 모순되는 것은 아무것도 없다. 그러나 바르게 이해해야 할 점은 이러한 소프로쉬네가 필요한 것이 결코 그의 아내에 대해서도 아니고, 개인으로서 그들을 함께 결부시키는 관계 때문도 아니라는 사실이다. 결혼했다는 사실로 인해 그가 자신의 명성이나 재산, 타인들과의 관계, 도시에서의 그의 위신, 아름답고 선한 삶을 영위하려는 의지 등과 관련된 의무 또는 요구의 특별한 작용 속에 들어가게 됨에 따라 남편은 자신에게 절제라는 의무를 지운다.

그렇다면 우리는 왜 남성의 절제와 여성의 미덕이 각자 자기 나름의 방식으로 고유한 형식하에 결혼으로부터 파생된 두 개의 동시적 요구로서 제시될 수 있는지, 또한 그럼에도 불구하고 기본적 요소 — 부부 관계의 본질적 요소 — 로서 성생활의 문제가 거의 제기되지 않았는지를 이해할 수 있을 것이다. 후세에는 부부 사이의 성 관계, 그것이 취해야 할 형식, 그것에 허용되는 행위, 부부가 지켜야 할 정절, 또한 그들이 표현하고 공고히 하는 강한 유대감 등이 중요한 성찰의 요소가 될 것이다. 그리하여 부부의 모든 성생활은 기독교 사목 교서에서, 때로는 아주 상세하게 규율화될 것이다. 그러나 그 전에 이미 플루타르코스는 단지 부부의 성 관계의 형식만이 아니라 그것의 감정상의 의미에 대해 문제를 제기하고, 부부 상호 간의 애정을 위한 상호적 쾌락의 중요성을 강조한 바 있다. 이 새로운 윤리를 특징짓는 것은 단지 남자와 여자가 유일한 성적 파트너(배우자)를 갖게 되었다는 사실이 아니라, 성행위가 그들의 사적인 부부관계의 특히 미묘하고도 결정적이며 본질적인 요소로서 문제화될 것이라는 점이다. 기원전 4세기의 도덕적 성찰에서는 그와 같은 점을 전혀 찾아 볼 수가 없다. 그렇다고 해서 이것이 성적 쾌락이 당시 그리스인들의 부부생활에서 부부의 화합을 위해 전혀 중요하지 않았음을 암시하는 것은 아니다. 어쨌든 그것은 별개의 문제이다. 그러나 성적 행동이 도덕적 문제가 된 것을 이해하기 위해서는 부부의 성행위가 그들의 개인적 관계를 토대로 하여 의문시되지는 않았다는 사실을 강조해야 한다. 그들 사이에서 일어나는 일은 아이를 가져야 할 순간부터 중요시되었다. 그 나머지 그들의 일상적 성생활은 성찰과 규정의 대상이 아니었다. 즉, 문제제기의 핵심은 부부 각자가 자신의 성性과 지위에 상응하는 형식과 이유로써 절제를 행해야 한다는 사실이었다. 절제는 그들에게 공통된 사항도 아니었고 그들이 서로를 위해 배려해야 했던 것도 아니었다. 이 점에서 그들은 각자 상대편이 육체의 죄를 범하지 않도록 유도하면서—아주 음탕한 유혹에 의해서든, 매우 가혹한 거부에 의해서든—그의 정절을 책임져야 하는 기독교 사목 교서와는 동떨어져 있다. 고대 그리스의 모럴리스트들에게서 절제는 부부생활을 하는 두 배우자에게 규율로서 명해진 것이었다. 그러나 이것은 또한 그들 각자에게서 자기 자신과 맺는 상이한 관계 양태에 속하는 것이었다. 여자의 미덕은 순종적 행동방식의 보증이자 그것의 상관물이었다. 반면 남자의 엄격함은 스스로를 제한하는 일종의 지배윤리에 속하는 것이었다.

제 4장

연애술

1. 문제적 관계
2. 소년의 명예
3. 쾌락의 대상

Histoire de la sexualité

1

문제적 관계

소년과의 관계에서 쾌락의 활용은 그리스 사상에서 하나의 걱정스런 주제였다. 우리가 오늘날 '동성애同性愛'라 부르는 것을 '용인했다'고 여겨지는 사회에서 이러한 사실은 역설적이다. 그러나 여기서 '동성애'와 '용인하다'라는 이 두 용어를 사용하는 것은 아마도 경솔한 일일 것이다.

실상 동성애란 개념은 우리와는 아주 다른 구분 체계와 가치부여 형식, 그리고 경험을 포용하기에 그다지 적합하지 못하다. 그리스인들은 동성에 대한 사랑과 이성에 대한 사랑을 배타적인 두 개의 선택이나 근본적으로 다른 두 개의 행동유형으로서 대립시키지 않았다. 그러한 경계를 따라 분리선이 그어지지는 않았던 것이다. 도덕적 관점에서, 자기 자신을 지배하고 절제하는 남성과 쾌락에 자신을 내맡겨버리는 남성을 대립시키는 것이 가장 기꺼이 몰입할 수 있는 쾌락의 범주들을 구분하는 것보다 훨씬 더 중요했다. 품행이 단정치 못하다는 것은 여자와 소년에 대한 유혹을, 후자가 전자보다 더 심각하다고 할 것도 없이, 물리칠 줄 모른다는 것이었다. 독재자의 초상, 즉 "폭군인 에로스가 그의 영혼 속에 확고하게 자리잡아 영혼의 모든 활동을 지배하도록"[1] 내버려두는 그런 자의 초상을 만들 때, 플라톤은 동일한 가치를 지닌 두 가지 측면에서 그것을 그려 보인다. 거기에서는 가장 중요한 의무에 대한 멸시와 함께 쾌락의 전적 지배에 대한 복종이 나타나 있다. "만약 그가 단지 덤으로 새로 알게 되었을 뿐인 사교계의 여자에게 열중한다면, 태어날 때부터 알아 온 오랜 여자친구인 그의 어머니를 어떻게 대할 것인가? 또한 그가 최근 미소년에게 여분의 사랑을 느낀다면, 그의 아버지를 어떻게 대해야 할 것인가?"[2] 사람들이 알키비아데스의 방탕을 비난했을 때 그것은 전자의 경우보다 후자의 경우를 더 비난한 것이 아니다. 보리스테네스의 비온이 말한 것처럼 알키비아데스가 "소년기에는 아내들로부터 그들의 남편을 떼어놓았던 것을, 그리고 청년기에는 남편들로부터 그들의 아내를 떼어놓았던 것"[3]을 비난했던 것이다.

반대로 어떤 남자의 절제를 입증하기 위해 사람들은 — 타렌트의 이코스에 대하여 플라톤은 그렇게 했다[4] — 그가 여자들뿐만 아니라 소년들도 멀리할 수 있다는 점을 지적하였다. 크세노폰에 의하면, 씨루

---

1 Platon, *République*, IX, 573d.
2 *Ibid.*, IX, 574b~c.
3 Diogène Laërce, *Vie des Philosophes*, IV, 7, 49.
4 Platon, *Lois*, VIII, 840a.

278

스가 궁정의 시중을 환관들에게 의존함으로써 발견한 이점은 그들이 여자와 소년들에게 힘을 미칠 수 없다는 점에 있었다. **5** 그 정도로 이 두 성향은 둘 다 있을 법한 것으로, 한 개인에게서 완벽하게 공존할 수 있는 것으로 여겨졌다.

그리스인들의 양성兩性 성향? 만일 이 말이 그리스인이 동시에 또는 번갈아 소년 또는 처녀를 사랑할 수 있고 결혼한 남자도 자기 취향에 맞는 파이디카paidika ('나이 많은 남자의 사랑을 받는 소년' 이라는 의미의 그리스어) 를 가질 수 있었으며, 대체로 청년기의 "동성애적" 취향 이후에는 오히려 여자에게 끌리는 것이 통상적이었다는 것을 의미한다면, 그들이 "양성적"이었다고 말할 수도 있을 것이다. 그러나 이러한 이중의 실천에 대해 성찰하는 방식에 주의를 기울여 보면, 또 그들이 거기서 두 종류의 "욕망", 남자들의 마음 또는 욕구를 나눠 갖는, 서로 다른 혹은 경쟁적인 "두 충동"을 식별해내지 못했음에 주목해야 한다. 그들이 두 개의 성性 중에서 자유로이 선택할 수 있었다는 점을 생각한다면 그들의 "양성 성향"에 대해 말할 수도 있겠으나, 그들에게서 이러한 가능성은 욕망의 이중적이고 양면적이며 "양성적인" 어떤 구조에 의거해 있지 않았다. 그들의 관점에서 보건대, 남성 또는 여성에 대해 욕망을 가질 수 있게 한 것은, 성性이 무엇이든 자연이 인간의 마음속에 "아름다운" 사람들에 대해 느끼도록 심어놓은 있는 그대로의 욕구였다. **6**

---

5 Xénophon, *Cyropédie*, VII, 5.
6 이 점에 대해, K. J. Dover, *Homosexualité*, p. 86 참조.

분명, 파우사니아스7의 강연에서 두 사랑에 관한 이론을 찾아 볼 수 있다. 그중 두 번째 것은 ― 천사, 우라니아 ― 오로지 소년들에게만 건네는 사랑이다. 그러나 동성애와 이성애가 구분되어 있지는 않다. 파우자니아스는 저속한 부류의 인간들이 느끼는 사랑과 ― 그것은 소년뿐만 아니라 여자들도 대상으로 삼아 행위 그 자체to diaprattesthai만을 목적으로 닥치는 대로 욕망을 충족시킨다 ― 가장 활력 있고 지성적인 것에 집착하는 더욱 오래된 고귀하고 이성적인 사랑을 구분하여 선을 긋는데, 여기서 문제될 수 있는 것은 분명 남성의 섹스뿐이다. 크세노폰의 《향연》은 소녀와 소년 사이의 선택의 다양성이 두 성향의 구분이나 두 가지 형태의 욕망의 대립과는 전혀 아무런 관련이 없음을 입증하고 있다. 칼리아스는 그가 사랑하는 아직 어린 아우토리코스를 위해 만찬을 베푼다. 그 소년의 아름다움은 너무도 찬란하여서 "어둠 속에 나타난 한줄기 빛" 만큼이나 강렬하게 모든 참석자들의 시선을 끈다. "그의 모습을 보고 영혼이 감동하지 않은 사람은 아무도 없으리라."8 그런데 초대받은 사람들 중 몇몇은 니케라토스 ― 에로스와 안테로스의 장난에 의해 아내가 그를 사랑해주는 만큼만 그녀를 사랑하는 ― 나 크리토불레스처럼 이미 결혼했거나 약혼한 사람들이었다. 그렇지만 크리토불레스는 여전히 자신이 사랑하는 애인뿐 아니라 자신을 쫓아다니는 구애자도 가질 수 있을 나이이다.9 더욱이 크리토불레스는 학

7　Platon, *Banquet*, 181b~d.

8　Xénophon, *Banquet*, I, 9.

9　*Ibid.*, II, 3.

원에서 알게 된 소년 클리니아스에 대한 자신의 사랑을 노래하며, 희극적 논쟁에서 소크라테스에 맞서 자신의 아름다움을 과시한다. 그 시합의 상품은 소년과 소녀가 해주는 키스이다. 이 소년과 소녀는, 그 절묘한 능숙함과 우아함으로 모든 사람을 즐겁게 해주는 춤을 그들에게 가르친 한 시라쿠스인에게 소속되어 있었다. 그는 이들에게 또한 디오니소스와 아리안느의 사랑을 흉내내도록 가르쳤는데, 방금 소크라테스가 소년에 대한 진정한 사랑이 무엇인가에 대해 말하는 것을 들은 참석자들은 "너무나 아름다운 디오니소스"와 "참으로 매력적인 이 아리안느"가 아주 실감나게 서로 키스를 주고받는 것을 보면서 모두 다 격렬하게 "흥분되는aneptoromenoi" 것을 느낀다. 이 어린 곡예사들이 하는 맹세를 들으면 사람들은 "그들이 오랫동안 열망했던 것을 마침내 허락받은 연인들"임을 짐작할 수 있을 것이다.10 다양한 사랑의 자극을 받은 그들은 각자 쾌락으로 빠져든다. 《향연》의 끝 부분에서 어떤 사람들은 자신들의 아내를 찾아 말을 타고 떠나가고, 칼리아스와 소크라테스는 아름다운 아우토리코스를 만나러 간다. 그들이 모두 함께 소녀의 아름다움이나 소년들의 매력에 매료될 수 있었던 이 만찬에서 각 연령층의 모든 사람들은 진지한 사랑 또는 쾌락에의 욕구에 불이 붙었고, 그중 일부는 여자들에게서 다른 일부는 청년에게서 그것을 구하게 될 것이다.

확실히 소년과 소녀에 대한 선호는 쉽게 성격적 특징으로 인정되었다. 남자들은 그들이 어떤 쾌락에 더 집착하는가에 따라 구분될 수 있

---

10 *Ibid.* , IX, 5~6.

었다. 이는 농담거리가 될 수 있는 기호의 문제였지, 개인의 성격 자체나 욕망의 진실함 또는 기질의 타고난 합법성과 관련되는 유형학의 문제가 아니었다. 사람들은 서로 다른 개인들에게 배분되어 있거나 하나의 동일한 영혼 속에서 대립되는 별개의 두 욕구라는 개념을 가지고 있지 않았다. 그보다는 쾌락을 가질 수 있는 두 가지 방식이 있다고 생각했는데, 그중 어느 하나가 어떤 개인에게, 또는 삶의 어떤 시기에 가장 잘 맞아떨어진 것일 뿐이었다. 소년과의 교제 또는 여자와의 교제는 각 개인들을 나누어 분류시키는 범주를 구성하지 못했다. 따라서 파이디카paidika를 선호하는 남자는 여자를 쫓아다니는 사람들과 자신이 "다르다"고 느끼지 않았다. 11

'관용' 또는 '불관용'의 개념 역시 이러한 현상의 복잡성을 설명하기에 충분치 못할 것이다. 소년을 사랑하는 것은 그것이 단지 법적으로 허용된다는 의미에서만이 아니라 (특별한 상황을 제외하고) 여론에 의해서도 수용되었다는 의미에서 "자유로운" 교제였다. 더욱이 이것은 여러 다른 제도(군사제도 또는 교육제도) 속에 확고한 발판을 가지고 있었다. 또한 이 자유로운 교제는 틀림없이 그것을 보호해 줄 신의 권능을 희구하는 축일과 종교 예식 등을 통해 종교적으로도 보장되었다. 12 마지막으로 이 교제의 우수성의 근거를 마련한 성찰과 그것을 찬양하는 모든 문학작품에 의해 문화적 가치를 부여받았다. 그러나 이 모든 것에는 각기 매우 다른 태도가 뒤섞여 있다. 즉, 너무 쉽게 굴

---

11 Xénophon, *Anabase*, VII, 4, 7, 참조.
12 F. Buffère, *Eros adolescent*, pp. 90~91 참조.

복하거나 이기적인 젊은이에 대한 경멸, 아리스토파네스와 희극 작가들이 자주 조롱한13 나약한 남성에 대한 자격박탈, 칼리클레스가 보기에 대담성과 솔직한 태도에도 불구하고 모든 쾌락이 다 건전하고 고귀할 수는 없다는 증거가 되었던 키네드인들의 교제처럼 부끄러운 어떤 행동들에 대한 거부가 그것이었다.14 그럼에도 불구하고 널리 받아들여져서 통상적이었던 이 교제는 다양한 평가를 받았고, 그것을 지배하는 도덕을 이해하기 어렵게 만드는 매우 복잡한 가치부여와 평가과정을 거쳤던 것 같다. 그리고 그 당시 사람들은 이 복잡성을 분명히 의식하고 있었다. 이러한 사실은 아테네인들이 그런 형태의 사랑에 호의적인지 적대적인지를 파악하기가 얼마나 어려운가를 보여준 파우사니아스의 강연의 한 대목에서 두드러지게 나타난다. 한편으로 사람들은 이것을 아주 잘 용납하여 — 더 나아가 그들은 아주 높은 가치를 부여하여 — 다른 경우라면 미친 짓 내지는 외설猥褻이라고 판단될 행위들, 즉 기원, 간청, 집요한 추적, 모든 거짓 맹세 등이 사랑에 빠져있는 자의 경우에는 존중을 받았다. 그러나 다른 한편으로 아버지들이 그런 음모로부터 자식을 보호하거나 스승들에게 음모를 막아줄 것을

---

13 Aristophane, *Acharniens*에 나오는 Clisthène, 또는 *Thesmophories*에 나오는 Agathon이 그러했다.

14 Platon, *Gorgias*, 494e.
   소크라테스: 방탕아들의 생활(*ho tōn kinaidōn bios*)은 끔찍하고 수치스럽고 비참하지 않은가? 감히 너는 이런 유의 사람들이, 그들이 욕망하는 것을 모두 다 풍부하게 가졌을 때 행복하다고 말할 것인가?
   칼리클레스: 소크라테스여, 당신은 마침내 그러한 주제들에 이르게 된 것이 부끄럽지 않으시오?

요청하는 데에 상당히 애쓰고 있음을 볼 수 있으며, 동료들끼리 그런 관계를 수락하는 것에 대해 서로 비난하는 소리도 들을 수 있다.[15]

단선적인 간단한 도식으로는 기원전 4세기에 사람들이 소년애少年愛에 기울였던 관심의 특별한 양태를 전혀 이해할 수가 없다. '동성애'에 대해 '관용'말고 다른 용어로 문제를 다시 다루어 보아야 할 것이다. 고대 그리스에서 어느 정도로 동성애가 자유로울 수 있었는지를 알아보는 것보다(마치 시대를 통해 변할 수도 있는 억압 메커니즘하에서 변함없이 한결같이 통용되는 불변의 경험 그 자체를 다루는 것처럼), 오히려 남성간의 쾌락이 어떻게 어떤 형식으로 문제될 수 있었는지를 생각해 보는 편이 나을 것이다. 즉, 사람들이 어떻게 동성애에 대해 의문을 가졌고, 그것은 어떤 특별한 문제를 제기할 수 있었으며, 그리고 어떤 논쟁에 휘말렸는지, 요컨대 이미 널리 퍼진 관습으로서 동성애가 법에 의해 조금도 비난받지 않았고 그 즐거움이 일반적으로 인정되었던 당시에 왜 그것이 특별한 그리고 특히 강한 도덕적 관심의 대상이 되었으며 그 결과로 절실하면서도 특이한 많은 가치들과 명령, 요구, 규율, 조언, 권고 등에 둘러싸이게 되었는지를 생각해 보아야 할 것이다.

매우 도식적으로 상황을 말한다면, 오늘날에는 쾌락행위가 동성인 두 파트너 사이에서 이루어질 경우 그것이 특별한 구조의 욕망에 속한다고 생각하는 경향이 있다. 그러나 우리는 — 만약 우리가 "관용적이라면" — 그것이 그 행위를 어떤 도덕에, 하물며 모두에게 공통으로 적용되는 법률과 다른 어떤 법률에 따르게 할 이유가 되지 않는다는 점

---

15 Platon, *Banquet*, 182a~183d.

을 인정한다. 우리는 이성에게로 향하지 않는 욕망의 특이성에 의문점을 둔다. 그러면서 동시에 사람들이 이런 유형의 관계에 최소한의 가치라도 부여하거나, 특별한 위상을 마련해 주지는 않으리라고 단언한다. 그런데, 그리스인들은 매우 달랐던 것 같다. 그들은 욕망이 보다 아름답고 명예로운 대상을 향하는 매우 고귀한 것이라는 조건하에 동일한 욕망이 그 대상이 될 만한 모든 것 — 소년이든 소녀든 — 에 관여한다고 생각했다. 그러나 그들은 또한 이 욕망이 두 남성 간의 관계 속에 자리잡았을 때는 특별한 행위방식을 유발한다고 생각했다. 그리스인들은 남자가 남자를 사랑하기 위해 '다른' 성질이 필요하다고 생각하지는 않았으나, 대체로 그런 관계에서 느끼는 쾌락에는 여성을 사랑할 때 요구되는 것과 다른 도덕적 형식을 부여해야 한다고 생각했다. 이런 종류의 관계에서 쾌락이 그것을 체험한 사람에게서 이상한 성격을 드러내지는 않았지만, 그러한 쾌락의 활용은 고유한 양식을 필요로 했다.

그리스 문화에서 남성 간의 사랑은 그것이 취해야 할 형식 또는 사람들이 인정할 수 있는 가치에 대해 온갖 열띤 논쟁과 성찰, 사고의 대상이 되었던 것은 사실이다. 이러한 담론談論활동에서, 마치 하나의 행동이 문제제기적 영역 또는 이론적·도덕적 관심의 핵심이 되려면 그 행동이 금지되지 않는 것만으로 충분하다는 듯이, 자연스럽게 표출될 수 있는 자유로운 교제의 즉각적이고 자발적인 표현만을 보는 것은 충분하지 못할 것이다. 그러나 이 문헌들 속에서 사람들이 소년에게 가질 수 있는 사랑을 훌륭한 변론으로 포장하려는 시도만을 짐작해 내는 것도 마찬가지로 부정확한 일이 될 것이다. 이는 실제로 훨씬 더 후에 받게 될 유죄판결 또는 평가절하를 미리 가정하는 셈이 된다. 그보다는 오히려 이 행동이 어떻게 그리고 왜 특히 더 복잡한 도덕적 문제를 야기하였는가를 알아보아야 한다.

그리스 철학자들이 일반적 사랑과 특별한 사랑에 대해 기술한 문헌은 지금 우리에게 별로 남아 있지 않다. 그것에 대해 성찰하고 그것의 일반적 주제를 다루는 일이 허용되었다는 생각은, 아주 제한된 수의 문헌만이 보존되었기 때문에 매우 불확실할 수밖에 없다. 더욱이 우리에게는 디오게네스 라에르쿠스가 언급한 바 있는, 안티스테네스, 견유학자 디오게네스, 아리스토텔레스, 테오프라스테스, 제논, 크리시푸스, 또는 크란토레스 등이 저술한 작품들은 남아있지 않은 반면, 남아있는 문헌들은 거의 모두가 소크라테스-플라톤의 전통에 결부되어 있다. 그럼에도 불구하고 플라톤이 다소 빈정대며 옮겨놓은 담론들은 사랑에 대한 성찰과 논쟁에서 문제시되었던 것을 상당히 잘 개관한다.

1. 우선 남성 간의 사랑에 대한 도덕적·철학적 성찰이 남성들 간의 성 관계에서 가능한 전 영역을 포괄하지 않다는 사실에 주목해야 한다. 관심의 핵심은 '특권적' 관계 ─ 이것이 문제들과 난점의 핵심이고, 특별한 관심의 대상이다 ─ 에 집약되어 있다. 즉, 그것은 파트너 사이의 연령차와, 이와 관련된 상당한 정도의 신분 차이를 내포하고 있는 관계이다. 사람들이 관심을 가지고 토론을 벌이며 의문시하던 관계는 이미 성숙한 두 성인이나 동년배인 두 소년을 묶고 있는 관계가 아니다. 그것은 뚜렷이 구별되는 두 개의 연령집단에 속한 것으로 간주되는 두 남성 사이에 형성된 관계로서, 두 사람 중 한쪽은 아직

매우 어려 성장을 채 마치지 않았고 지위도 정해지지 않은 상태이다 (그렇더라도 그들이 둘 다 어리거나 거의 같은 나이여서 안 되는 것은 아니다). 16 철학자와 모럴리스트들이 의문을 가졌던 이 관계를 특징짓는 것은 이러한 차이의 존재이다. 이 특별한 관심으로부터 그리스인들의 성적 행동이나 그들의 기호의 특수성에 대한 성급한 결론을 끌어내어서는 안 된다〔많은 문화요소들이 아주 어린 남자가 고가高價의 연애대상으로 지목되는 동시에 인정받았다는 사실을 입증한다 할지라도〕. 어쨌든 이런 유형의 관계만이 실현되었다고 생각해서는 안 될 것이다. 왜냐하면 이 도식에 따르지 않고 파트너 사이에 '연령차'가 없는 남성 간의 사랑에 대한 언급도 많이 찾아볼 수 있기 때문이다. 또한 당시에 실현된 이 같은 다른 형태의 관계들이 호평을 받지 못하고 철저하게 부적절한 것으로 간주되었다고 가정하는 것도 정확하지 못할 것이다. 소년들 사이의 관계는 심지어 그들 조건의 일부를 이루는 것으로서 완전히 자연스러운 것으로 평가되었다. 17 반대로 두 사람 다 넓게 보아 청년이라 할 수 있는 남성 커플의 지속적인 열렬한 사랑도 아무런 비난 없이

---

16 이 문헌들이 자주 나이와 지위의 차이를 언급하더라도 파트너의 실제 나이에 대한 지적들은 확실하지 않은 경우가 많음에 유의해야 한다(F. Buffière, *op. cit.*, pp. 605~607 참조). 게다가 어떤 사람에 대해서는 사랑하는 사람의 역할을, 또 다른 사람에 대해서는 사랑 받는 사람의 역할을 하는 인물들을 볼 수 있다. 크세노폰의 《향연》에서 크리토불레스는 그가 학교에서 사귄 동년배의 남자 클리니아스에 대한 사랑을 노래한다(이 두 청년과 그들의 약간의 연령차에 대해, Platon, *Euthydème*, 271b 참조).

17 *Charmide* (153c) 에서 플라톤은 모든 사람들 — 성인뿐만 아니라 소년들도 — "가장 어린 소년들에 이르기까지" 모두의 시선이 그 뒤를 쫓는 젊은이의 도착을 묘사하고 있다.

언급할 수 있었다. **18** 앞으로 곧 보게 될 — 그리고 필연적인 것으로 간주된 능동성과 수동성이라는 양극성과 관련된 — 이유들 때문에, 두 성인 남성 간의 관계는 아마도 더욱 쉽게 비난 또는 조소의 대상이 되었을 것이다. 언제나 좋게 평가받지 못한 수동성에 대한 의심이 성인일 경우에는 특히 더 심하기 때문이다. 그러나 쉽게 받아들여지든 의심을 받든 우리는 — 지금으로선 이것이 중요하다 — 이 관계들이 도덕적 염려나 그다지 큰 이론적 관심의 대상은 아니라는 사실을 알아야 한다. 대수롭지 않은 것으로 무시되지는 않았지만, 그렇다고 이 관계가 적극적이고 강렬하게 문제를 제기하는 영역에 속한 것도 아니다. 관심과 염려는 많은 문젯거리를 가졌으리라고 짐작할 수 있는 관계에 집중된다. 즉, 성장을 마친 연장자 — 사회적·도덕적으로 그리고 성적으로 적극적 역할을 할 수 있다고 여겨지는 — 와, 아직 확고한 지위를 갖지 못하고 도움이나 조언, 후원이 필요한 젊은이 사이에 맺어질 수 있는 관계가 그런 것이다. 한창 진행 중인 관계에서 이러한 차이는 결국 그 관계를 가치 있고 고려해 볼 만한 대상으로 만들어 주는 것이었다. 이 때문에 사람들은 그 관계에 더욱 가치를 부여했고, 그 관계를 주의 깊게 살펴보았다. 이 차이가 뚜렷하지 않은 관계에서 사람들은 그것을 애써 찾아내려 했다. 이렇게 해서 사람들은 아킬레우스와 파트로클로스가 어떻게 서로 구별되고 누가 더 상대방에 대해 우위에

---

18 그들은 아가톤이 한창 나이에 이르러 이미 성인이 되었을 때도 여전히 그를 사랑한 에우리피데스의 예를 오랫동안 인용했다. F. Buffière(*op. cit.*, p. 613, note 33)는 이 주제와 관련하여 Elien(*Histoires variées*, XIII, 5)이 이야기한 일화를 예로 든다.

서는지를(왜냐하면 바로 이 점에서 호메로스의 문헌이 모호하기 때문이다)19 알아보기 위해, 이들의 관계에 대해 토론하기를 좋아했다. 남성 간의 관계는 청년에서 성인으로 넘어가는 문턱에서 매우 두드러지게 나타나는 차이와 연결될 때, 이론적·도덕적 관심을 불러일으켰다.

2. 이처럼 특별한 유형의 관계에 주어진 특권은 단순히 교육적 관심에 의해 고무된 철학자 또는 모럴리스트들만의 문제는 아니었던 것 같다. 우리는 그리스인의 소년애를 교육의 실천, 그리고 철학적 가르침과 긴밀하게 연결시키는 데에 익숙해 있다. 고대에 지속적으로 제시되었던 소년애에 대한 묘사와 더불어 소크라테스라는 인물이 그러한 연결을 유도한다. 실상 아주 폭넓은 상황이 청년 간의 관계형성과 그것의 가치화에 기여했다. 이것을 주제로 삼게 될 철학적 성찰은 실제로는 이미 널리 유포되어 받아들여진, 비교적 복잡한 사회적 관습에 뿌리박고 있다. 이것은 다른 성적 관계들과는 달리, 혹은 어쨌든 그것들 이상으로, 그들을 갈라놓는 지위나 나이의 문턱을 넘어 성인 남자와 소년을 결합시킨 관계들이, 몇 가지 규율을 부과함으로써 그것에 형식과 가치, 관심을 부여하는 일종의 의식화儀式化의 대상이었기 때문이다. 이 관계는 철학적 성찰에 의해 검토되기도 전에 이미 모든 사회적 작용의 계기가 되었다.

---

19 호메로스는 갓 출생한 사람과 나이가 든 사람을 설정하고, 한 사람에겐 힘을, 다른 한 사람에겐 사고력을 주었다(*Iliade*, XI, 786). 그들 각자의 역할에 대한 토론에 관해서는 Platon, *Banquet*, 180a~b; Eschine, *Contre Timarque*, 143 참조.

이 관계를 둘러싸고 "긍정적" 관습이 형성되었다. 아마도 이것은 중세에 성행하게 될 관습과 같은 사랑의 다른 기술들에서 찾아 볼 수 있는 복잡성은 없었던 것 같다. 그러나 그것은 또한 정식으로 어린 처녀의 결혼 승낙을 얻어내기 위해 지켜야 하는 관습과도 다른 것이었다. 이것은 약정된 적절한 행동방식의 총체를 규정하며, 이렇게 함으로써 그 관계를 문화적·도덕적으로 부담이 큰 영역으로 만들었다. 이 관습이 ── 도버K. J. Dover[20]가 많은 자료를 통해 이것의 사실성을 입증한 바 있다 ── 두 파트너가 자기네 관계에 미적으로 "아름답고" 도덕적으로 가치 있는 형식을 부여하기 위해 준수해야 할 서로의 행동방식과 각각의 전략을 규정해 준다. 이 관습은 에라스테éraste와 에로메네éromène의 역할을 결정한다. 전자는 주도하는 위치에서 쫓아다니면서 구애를 하고, 이 위치가 그에게 권리와 의무를 부여해 준다. 즉, 그는 자신의 열정을 보여주어야 하고 또한 그것을 조절해야 한다. 선물을 하고 보살펴주어야 하며 애인에 대해 수행해야 할 의무를 가지고 있다. 이 모든 것이 그가 정당한 대가를 기대할 수 있는 근거를 확립해 준다. 후자는 사랑을 받고 찬사를 받는 자로서 너무 쉽게 굴복하지 않도록 주의해야 한다. 그는 또한 너무나 많은 여러 가지 찬사를 다 받아들이지 말아야 하며, 경솔하게 그리고 욕심 때문에 파트너의 가치를 확인하지도 않고 자신의 몸을 내맡기는 행위도 피해야 한다. 그리고 연인이 그를 위해 베풀어준 것에 대해 감사의 표시를 해야 한다. 그런데 환심을 사는 이런 행동방식은 이미 그 자체로 성인 남자와 소년 사이의 성적 관

[20] K. J. Dover, *Homosexualité grecque*, pp. 104~116.

계가 "당연한 것이 아니었음"을 증명해 준다. 여기에는 협약과 행동규칙, 행동하는 방식들이 수반되어야 했고, 그리고 온갖 지연과 억지 놀음을 통해 종국을 늦추고 그 관계를 일련의 부차적 관계와 활동 속에 통합시켜야 했다. 이는 완벽하게 받아들여진 이런 종류의 관계가 "관심 밖의" 일이 아니었음을 의미한다. 이 모든 대비책과 그에 대한 사람들의 관심 속에서 단순히 이러한 사랑이 자유로웠다는 증거만을 보는 것은 본질을 놓치는 일이며, 사람들이 어떻게 전개되어야 하는지에 대해 전혀 알려고도 하지 않았던 다른 모든 성적 행동과 이러한 성적 행동 사이에 두었던 차이를 무시하는 일이다. 이러한 관심은 쾌락을 추구하는 성인 남자와 소년 사이의 관계가 이미 사회에서 미묘한 요소이며 대단한 위기를 내포한 문제점이어서 사람들이 서로의 행위에 대해 걱정하지 않을 수 없었음을 증명해 준다.

3. 그러나 곧 이어서 우리는 이것이 부부생활이 구성하는 또 다른 관심과 의문의 핵심과는 상당한 차이가 있음을 알아챌 수 있다. 그것은 성인 남자와 소년 사이에 적어도 어느 정도까지는 "개방적인" 행위가 이루어졌다는 사실이다.

우선 "공간적으로" 개방되어 있었다. 《가정관리술》과 가정을 다스리는 기술에서 사람들은 부부가 차지하는 위치가 세심하게 구분된 이원적 공간구조를 지니고 있었다(남편에게는 집 밖이 아내에게는 집안이 할당되며, 전자는 남성의 구역이고 후자는 여성의 구역이다). 소년과의 놀이는 아주 다른 공간에서 전개된다. 그것은 적어도 어린아이가 일정한 나이에 이른 때부터 가질 수 있는 공동의 공간 — 전략적으로 중요한 몇몇 지점(김나지움과 같은)을 포함한 집회장과 거리의 공간을 말한다. 그러나 이곳은 각자가 자유롭게 이동할 수 있는 공간이므로[21] 소년을 따라다니고 추적해야 하며 그가 지나갈 만한 곳에서 그를 숨어 기다리고 그가 있는 장소에서 그를 붙잡아야 한다. 김나지움으로 달려가 그가 구애하는 연인과 함께 사냥을 가고, 이제는 더 이상 하지 않는 훈련을 함께 하느라 숨을 헐떡여야 하는 것은 연인들로서는 아이러닉한 불평거리이다.

그러나 이 놀음은 또한 소년에게 그가 — 노예출신이 아닌 이상 — 법률에 따른 어떤 권한도 행사할 수 없다는 점에서 특히 개방되어 있다. 그는 자유롭게 선택하고 마음대로 받아들이거나 거부할 수 있으며, 그의 기호와 결정에 있어 자유롭다. 언제이든 양도하지 않을 권리가 있는 것을 그로부터 얻어내기 위해서는 그를 설득시킬 수 있어야 한다. 자신의 우선권을 지키려는 자는 필요할 경우 경쟁자들을 그의 눈앞에서 물리쳐야 하며, 이를 위해 위신, 재능, 또는 선물을 유리하게 활용할 줄 알아야 한다. 그러나 결정권은 소년에게 있다. 이 부분에서 누구도 승리를 확신할 수 없다. 그런데도 그의 관심은 바로 여기에 있다. 크세노폰이 이야기한, 전제군주 히에론의 귀여운 애가哀歌만큼 그것을 잘 증명해 주는 것도 없다.[22] 그의 설명에 따르면, 전제군

---

21 학교에서 이러한 자유는 감시 받고 제한되었다. 에즈키네스(Eschine)가 《티마르코스에 대한 반론》(*Contre Timarque*)에서 학교와 학교 교사가 미리 마련해야 하는 대비책에 대해 환기한 내용을 참조할 것. 만나는 장소에 대해서는, F. Buffière, *op. cit.*, pp. 561 sq. 참조.

22 Xénophon, *Hiéron*, 1.

주가 된다는 것은 아내와의 관계도, 소년과의 관계도 유쾌하게 만들지 못하는 것이다. 왜냐하면 군주는 자기보다 열등한 가문에서만 아내를 구할 수 있으며, 이렇게 해서 "자신보다 더 부유하고 더 권력이 강한" 가문에 연결될 수 있는 모든 특전을 잃어버리기 때문이다. 소년과의 관계에서 — 히에론은 다이로코스를 사랑한다 — 그가 전제적 권력을 마음껏 행사할 수 있다는 사실은 다른 장애물을 만들어 낸다. 히에론이 그토록 얻고자 했던 특별한 호의, 그는 그것을 소년이 우애로써, 그리고 스스로 자진하여 베풀어 줄 것을 열망했다. 그러나 "그것을 강제로 빼앗으려는" 욕망은 그가 "스스로에게 고통을 가하려는" 욕망보다 더 강렬하지 못했다. 적에게서 강제로 무엇인가를 얻어내는 것은 가장 큰 쾌감이다. 그러나 소년의 특별한 호의 중에서도 가장 달콤한 것은 그가 자발적으로 베풀어주는 것이다. 예를 들어 "당신의 호의를 되갚아 주는 친구와 시선을 교환하는 것은 얼마나 기쁜 일인가! 그의 질문은 얼마나 매력적인가! 싸움과 불화마저도 감미로움과 매력으로 가득 차 있다. 그러나 본인의 의사를 무시하고 어떤 소년을 즐기는 것은 사랑이라기보다 차라리 해적海賊 같은 행위이다." 결혼의 경우, 성적 쾌락과 그 활용의 문제는 남자에게 아내와 그 외 사람들, 상속재산, 그리고 가정을 다스릴 수 있는 권한을 부여하는 법적 관계로부터 출발하여 제기된다. 본질적 문제는 이 권력의 절제에 있다. 소년과의 관계에서 쾌락의 윤리는 연령의 차이를 매개로 상대방의 자유와 그의 거부 능력, 또한 그에게 필요한 만족을 고려한 섬세한 전략을 작동시켜야 할 것이다.

4. 청년과의 관계에 대한 이러한 문제제기에서는 시기의 문제가 중요하다. 그러나 이 문제는 특이한 방식으로 제기된다. 중요한 것은 이제 양생술養生術에서처럼 행위를 하기에 적절한 시기도 아니고, 가정관리술에서처럼 관계구조를 지속적으로 유지해 가는 문제도 아니다. 그것은 오히려 찰나적 시간과 덧없는 삶이 야기하는 난해한 문제이다. 이 문제는 다양한 방식으로 표현되며, 무엇보다도 '한계'의 문제로 드러난다. 즉, 한 소년이 연애관계에서 명예로운 파트너가 될 수 없을 정도로 나이가 들었다고 여겨질 시기는 언제인가? 더 이상 그가 이 역할을 받아들이는 것이 적합하지도 않고 그의 연인이 그에게 이 역할을 강요하는 것도 좋지 않은 나이는 몇 살인가? 전환기를 넘어서는 문턱을 알려주는 남성의 표징들을 구분해놓은 공연한 궤변詭辯은 이미 잘 알려져 있지만, 실상 그 문턱은 이미 넘어서 있는 경우가 많고, 누구나 그것을 위반하는 사람들을 비난할 수 있는 여지가 있는 만큼 그 전환기는 더더욱 파악할 수 없는 것이라고들 한다. 잘 알려져 있듯 첫 수염은 숙명적 징후로 여겨졌고, 그것을 자르는 면도칼은 사랑의 끈도 잘라야 한다고들 말했다. **23** 어쨌든 사람들이 남성다움과는 아무런 관계가 없는 역할의 수행을 수락한 소년을 비난한 것이 아니라, 너무 나이가 들어버린 소년과 교제하는 성인 남자를 비난했다는 사실에 유의해야 한다. **24** 스토아학파들은 너무도 오랫동안 — 28세까지 — 애인을 붙잡아둔 것 때문에 비난받게 될 것이다. 하지만 그들이 《향연》에서 어떻게

---

23 Platon, *Protagoras*, 309a.
24 Xénophon, *Anabase*, II, 6, 28 에서 메논에 대한 비판 참조.

든 파우사니아스의 논쟁을(그는 훌륭한 젊은이에게만 몰두하도록 하기 위해 법이 지나치게 어린 소년과의 관계는 금해야 한다고 주장했다) 25 연장시켜 가면서 벌이는 논쟁은 이 제한이 보편적 규율이라기보다 매우 다양한 해결책을 가능케 하는 논쟁거리였음을 보여준다.

청년기와 그것의 한계에 대한 관심은 아마도 청년의 육체와 그것의 특별한 아름다움, 성장의 여러 징후들에 대한 감수성을 강화시키는 요인이었을 것이다. 청년의 육체는 매우 끈질기게 일종의 문화적 가치 부여의 대상이 되었다. 남자의 육체가 그것의 일차적 매력을 넘어 그 이상으로 아름다울 수 있다는 사실을 그리스인들은 모르지도 않았고 잊어버리지도 않았다. 고대의 조각술은 더 기꺼이 성인의 육체에 몰두한다. 크세노폰의 《향연》에서는 사람들이 신중하게 고려하여 가장 아름다운 노인들을 아테나의 대축제 행렬의 봉사자로 선발했다는 사실이 언급되어 있다. 26 그러나 성도덕에서 한결같이 쾌락의 '좋은 대상'으로 제안된 것은 그 자신의 고유한 매력을 가진 청년의 육체이다. 그런데 그의 용모가 여성적 아름다움과 유사하다는 이유로 인해 더 높은 가치를 부여받는다고 생각하는 것은 잘못일 것이다. 그것은 그 자체로서, 또는 형성 중인 남성다움의 징표와 보증이 함께 나타난다는 데서 더 높은 가치를 부여받았다. 즉, 활력, 인내력, 격정이 이 아름다움의 일부분을 이루었던 것이다. 당연히 훈련, 체조, 시합, 사냥으로 자신을 단련시키는 것이 현명한 일이었고, 그렇게 함으로써

---

25 Platon, *Banquet*, 181d~e.
26 Xénophon, *Banquet*, IV, 17.

그의 매력이 유연함이나 연약함에 있지 않다는 것을 보증하였다. 27
후에 (이미 고대에서도) 청년의 아름다움을 이루는 요소로 — 더 정확히
말해 은밀한 이유로서 — 여겨지게 될, 묘하게 여자 같아 보이는 점은
고대 그리스에서는 오히려 소년이 스스로도 경계하고 또 조심해야 할
점이었다. 그리스인들에게는 소년의 육체에 대한 도덕적 미학이 있
다. 그것이 그의 개인적 가치와, 사람들이 그에 대해 갖는 사랑의 가
치를 드러낸다. 육체적 징후와 같은 남성다움은 그런 가치를 갖지 못
할 것이다. 그러나 그것은 아직은 아니지만 이미 성인 남자로서 행동
하리라는 약속이자 그러한 행동의 조숙한 형태로서 존재하였다.

그러나 이런 감수성에는 또한 너무나 빠른 변화 앞에서의 불안과,
변화의 끝이 임박하였다는 것, 그 아름다움과 그것의 합법적 효용이
갖는 일시적 성격에 대한 느낌, 두려움, 자신의 애인이 매력을 잃어
가는 것을 보는 연인과 사랑하는 사람이 등을 돌리는 것을 보는 그 애
인에게서 자주 보이는 이중의 불안이 연결되어 있다. 그때 제기되는
문제는 도덕적으로 필요하고 사회적으로 유용한 것으로서, 사랑의 관
계(곧 사라지게 될)를 가능한 한 우애, 즉 '필리아'의 관계로 전환시키
는 것이다. 사랑의 관계로부터 생겨날 수 있고 또한 그렇게 되는 것이
바람직한 우애의 관계는 사랑의 관계와 구별된다. 우애의 관계는 지

---

27 나약한 소년과 건장한 소년의 비교는, Platon, *Phèdre*, 239c~d와 Rivaux를 보라.
남성적인 소년의 성적 가치와, 아마도 4세기경에 이미 대두되었을, 더욱 연약한 육
체에게로 기호가 변화한 것에 대해, K. J. Dover, *Homosexualité grecque*, pp. 88
~94 참조. 어쨌든 어린 소년의 매력이 그에게 있을 수 있는 여성성에 연결된다는
원칙은 더 후에야 일반적인 주제가 될 것이다.

속적이며 삶 자체와는 다른 기한을 가지고, 성인 남자와 청년 사이의 에로틱한 관계에 내포되었던 불균형을 제거한다. 불안정으로부터 해방되어야 한다는 것은 이런 유의 관계에 대한 도덕적 성찰에서 빈번하게 등장하는 주제들 중의 하나이다. 불안정이란 파트너의 변덕스러움에서 기인하며, 매력을 잃은 소년의 노화의 결과이다. 그러나 일정한 나이를 지난 소년을 사랑하거나, 그 자신이 사랑 받도록 내버려두는 것은 잘못된 일이기 때문에 우애의 관계는 또한 하나의 계율이 된다. 이 불안은 사랑의 열정 속에서 이미 '필리아', 즉 우애가 발전하기 시작하였을 때만 피할 수 있을 것이다. '필리아'는 다시 말해 삶의 형식과 성격의 유사함, 사고와 삶의 공유, 상호적 호의를 말한다. 28 크세노폰이 서로를 바라보며 대화하고 상호 신뢰를 쌓으며 성공과 실패를 함께 기뻐하거나 슬퍼하고 서로를 지켜봐 주는 두 친구의 초상을 만들었을 때, 그가 묘사한 것은 사랑 속에서 이루어지는 영원한 우애의 탄생과 작용이다. 즉, "그들이 늙어서까지 계속해서 서로의 애정을 소중히 간직하고 즐길 수 있는 것은 그런 식으로 처신할 때이다."29

5. 소년과의 관계에 대한 이러한 의문은 일반적으로 사랑에 대한 성찰의 형식을 취한다. 이러한 사실로부터, 그리스인들에게서 에로스는 이런 유형의 관계 속에만 위치할 수 있고 이것이 여성과의 관계를

---

28 필리아(Philia)의 정의에 대해, J. -Cl. Fraisse, *op. cit.* 참조.
29 Xénophon, *Banquet*, VIII, 18. 소크라테스가 한 이야기의 모든 구절이 남성 간의 불안정한 사랑 앞에서 느끼는 불안과, 그럴 때 우애의 영원성이 할 수 있는 역할을 매우 특징적으로 보여준다.

특징짓는 것일 수 없다고 결론을 내려서는 안 될 것이다. 에로스는 그들의 성性이 무엇이든 인간 존재들을 결합시킬 수 있다. 우리는 크세노폰의 작품에서 니케라토스와 그의 아내가 에로스와 안테로스를 묶어준 관계로 서로 결합되어 있음을 볼 수 있다. 30 에로스는 반드시 "동성애적인" 것도, 결혼과 모순되는 것도 아니다. 부부관계는 그것이 가진 사랑의 힘, 그리고 그것의 상호성과 양립될 수 없다는 점에 의해 소년과의 관계와 구별되는 것이 아니다. 차이는 다른 데에 있다. 결혼의 윤리, 더 정확히 말해 기혼 남성의 성 윤리는 규율을 만들고 정하기 위해서 에로스형의 관계의 존재를 요구하지 않는다(설령 이 관계가 부부 사이에 존재하는 것이 가능하다 할지라도). 반대로 가장 아름답고 가장 완벽한 형식에 도달하기 위해 성인 남자와 소년의 관계가 어떠해야 할지를 규정해야 할 때, 그리고 그들의 관계 내에서 쾌락을 어떻게 활용할 수 있는지 결정해야 할 경우, 그때 에로스를 참조하는 것이 필요해진다. 그들 관계를 문제시하는 것은 '연애술'의 영역에 속한다. 왜냐하면 부부 사이에서는 결혼과 연관된 지위, '오이코스'의 관리, 혈통의 유지가 행동원칙을 세우고 규칙을 정하며 필요한 절제의 형식을 결정할 수 있기 때문이다. 반대로 상호 독립적인 위치에 있으며, 제도적 구속이 없고 개방된 활동(선호, 선택, 이동의 자유, 불확실한 결말을 가진)을 하는 성인 남자와 소년 사이에서는 행동을 조정하는 원칙을 관계 그 자체에서, 그리고 서로에게로 그들을 이끄는 감정의 움직임과 그들을 상호 연결시키는 애정의 본성에서 구해야 한다. 그러므로

---

30 Xénophon, *Banquet*, VIII, 3.

문제는 관계 그 자체에 대한 성찰의 형식으로 구성될 것이다. 즉, 그것은 사랑에 대해 이론적 의문인 동시에 사랑하는 방식을 규정하는 질문이다.

그러나 실상 이 사랑의 기술은 두 인물과 관련된다. 아내와 그녀의 행동이 '가정관리술'에 대한 성찰에서 완전히 빠져 있었던 것이 아님은 확실하다. 그러나 아내는 남성의 보완 요소로서만 거기에 있었다. 그녀는 남편의 독점권하에 놓여 있었고, 만약 그녀의 특권을 존중하는 것이 좋다고 생각되었다면 이는 그녀가 거기에 합당하게 보였고 가장이 스스로를 절제하는 것이 중요했기 때문이다. 반대로 소년은 그 나이에 절실히 요구되는 신중함을 가져야 한다. 거부가 가능하고(두렵지만 명예로운 거부), 경우에 따라 수락할 수도 있는(바라는 것이지만 쉽게 의심받는) 소년은 연인 앞에서 독립적인 중심을 이룬다. 연애술은 이런 종류의 타원의 한 중심에서 다른 중심으로 펼쳐져야 할 것이다. 가정관리술과 양생술에서는 남성의 자발적 절제가 본질적으로 그 자신과의 관계에 근거해 있었다. 그러나 연애술에서는 문제가 더욱 복잡하다. 이것은 사랑하는 사람의 자제를 내포하며, 또한 사랑을 받는 사람도 자기 자신에 대한 지배관계를 확립할 수 있어야 한다는 사실을 함축하고 있다. 그리고 마지막으로 이것은 그들이 숙고하여 서로를 선택하는 데에서 그들 두 사람의 절제 사이의 관계를 함축한다. 뿐만 아니라 우리는 소년의 관점에 우선권을 주려는 경향을 주목할 수 있다. 사람들이 의문을 가진 것은 소년의 행동에 대해서이며, 의견과 조언, 규율도 소년에게 제시한다. 마치 무엇보다도 사랑 받는 대상, 어쨌든 도덕적 행위의 주체로 성장해야 할 사람으로서 사랑 받는 대상

의 연애술을 확립하는 것이 중요한 것처럼. 이것이 데모스테네스의
저술로 여겨지는, 에피크라테스에 대한 찬사 같은 한 문헌 속에서 나
타나고 있는 것이다.

2

소년의 명예

두 권의 위대한 《향연》, 즉 플라톤의 《향연》과 크세노폰의 《향연》에 비해, 데모스테네스의 것으로 추정되는 《파이드로스》와 《연애술》은 상대적으로 빈약하게 보인다. 형식적인 공식 연설인 이 문헌은 젊은 이에 대한 찬양인 동시에 권고의 말이다. 예찬의 전통적 기능이 바로 그러했는데 ― 이는 크세노폰의 《향연》에 언급되어 있다 ― 즉 "젊은 이를 기쁘게 하는 것"과 "동시에 그가 어떠해야 하는지를 그에게 가르쳐 주는 것이다."[1] 따라서 칭찬과 교훈이다. 그러나 그 주제와 진부한 논의를 통해서 ― 일종의 퇴색한 플라톤주의 ― 사랑에 대한 성찰과 '쾌락'의 문제가 제기되었던 방식에 공통된 몇 가지 특징을 이끌어낼

---

1 Xénophon, *Banquet*, VIII, 12. 찬사와 규범의 관계에 대해, Aristote, *Rhétorique*, I, 9. 참조.

수가 있다.

1. 하나의 주된 관심이 문헌 전체에 활기를 주고 있다. 그것은 매우 지속적으로 명예와 수치의 작용과 관련된 어휘에 의해 나타난다. 연설 내내 문제되는 것은 아이스퀴네aischunē, 즉 수치심이다. 그것은 불명예를 피하려는 감정이면서 사람들에게 낙인이 찍힐 수도 있는 불명예이다. 추하고 수치스러운aischron 것, 아름답거나 아름다운 동시에 정의로운 것과 대립되는 것이 문제이며, 또한 비난과 경멸oneidos, epitimē을 명예롭게 하고 좋은 평판을 불러일으키는 것endoxos, entimos 이 문제되고 있다. 어쨌든 《연애술》의 시작에서부터 에피크라테스의 연인은 자신의 목적을 강조한다. 그것은 이 예찬이 연인에게, 신중하지 못한 추종자들이 찬사를 늘어놓았을 때 생기는 것 같은 수치심이 아닌, 명예를 가져다주도록 하려는 것이다. 2 그리고 그는 일정하게 다음과 같은 염려를 상기시킨다. 즉, 청년은 자신의 태생과 지위를 고려하여, 명예의 문제를 조금만 소홀히 해도 매우 치욕스러워질 위험이 있다는 사실을 기억해야 한다는 것이다. 그는 신중함 덕분에 그들의 관계가 지속되는 동안 명예를 간직할 수 있었던 사람들을 모범적인 예로서 기억하고 있어야 한다. 3 청년은 자신의 타고난 자질을 손상시키지 않도록, 그리고 그를 자랑스러워하는 사람들의 희망을 저버리지 않도록 늘 신경을 써야 한다. 4

---

2 Démosthène, *Eroticos*, I.
3 *Ibid.*, 5.

청년의 행동은 그러므로, 치욕스러운 것과 합당한 것, 그리고 명예롭게 하는 것과 명예를 손상시키는 것을 나누는 데에서 특히 민감한 영역으로 보인다. 젊은이와, 그들에 대한 사랑, 그들이 해야 할 처신에 관해 깊이 생각하려는 사람들이 바로 이 영역에 몰두한다. 플라톤의 《향연》에서 파우자니아스는 소년들에 관한 생활양식과 관습의 다양성을 환기하면서, 에리데, 스파르타, 테베, 이오니아에서 또는 야만족들과 아테네인들에게서 "수치스럽거나" "아름다운" 것으로 판단되는 것을 가르쳐준다.5 그리고 《파이드로스》는 일상생활에서처럼 젊은이들의 사랑 문제에서도 지침으로 삼아야 할 원칙을 상기시킨다. "추한 것에 치욕이 결부되며, 다른 한편으로 아름다운 것에 존경의 욕구가 결부된다. 이 둘의 부재는 각 개인과 마찬가지로 모든 도시에서 훌륭하고 선한 활동이 이루어지지 못하게 한다."6 그러나 이 문제가 단순히 몇몇 까다로운 모럴리스트들의 문제만이 아니었다는 사실에 주목해야 한다. 젊은이의 행위, 그리고 그의 명예와 불명예는 마찬가지로 모든 사회적 호기심의 대상이었다. 사람들은 이것에 관심을 기울이고 이것에 대해 말했으며, 늘 이것을 염두에 두고 있었다. 그리하여 에즈키네스는 티마르쿠스를 공격하기 위해, 수년 전 그의 적이 아직도 매우 젊었을 때 널리 유포될 수 있었던 험담을 주저하지 않고 되살려 낸다.7 게다가 《연애술》은 지나가는 말로, 한 소년이 아주 자연

<hr />

4   *Ibid.*, 53. 아리스토텔레스의 《수사학》(I, 9)은 예찬에서 카론(*kalon*: 선함)과 아이스크론(*aischron*: 수치심)의 범주가 갖는 중요성을 보여준다.

5   Platon, *Banquet*, 182a~d.

6   *Ibid.*, 178d.

<hr />

스럽게 그의 측근들로부터 많은 의심을 포함한 염려의 대상이 되었던 것을 잘 보여준다. 사람들은 그를 관찰하고 숨어서 지키며, 그의 행실과 그가 맺은 관계에 대해 이러쿵저러쿵 말을 한다. 그의 주변에서 험담이 오가고, 심술궂은 사람들은 그가 오만하거나 까다롭게 보일 때 비난할 태세를 갖추고 있다. 그러나 그들은 그가 너무 호락호락한 태도를 보일 때도 서둘러 그를 비난할 것이다.[8] 분명히 우리는 다른 사회에서, 여자들의 결혼 연령이 상당히 높아져 결혼 전의 행동이 그녀 자신과 가족에게 중요한 사회적·도덕적 관건이 되었을 때 처녀들이 처할 수 있는 상황이 어떠할지 생각해보지 않을 수 없다.

2. 그러나 그리스의 소년에게서, 그의 명예의 중요성은 — 후에 유럽의 소녀들에게서처럼 — 미래의 결혼과 무관하다. 그것은 오히려 그 도시에서 앞으로 그가 차지할 위치, 그의 지위와 관련된다. 물론 수상한 평판이 나있는 소년들이 최고 지위의 정치적 역할을 수행할 수도 있었다는 증거들이 많이 있다. 그러나 또한 바로 이 때문에 그들이 비난받을 수 있었다는 증거도 있다 — 티마르쿠스의 사건이 바로 그 예를 보여준다. 몇 가지 나쁜 행실에 따른 중대한 재판 결과들을 제외하더라도, 《연애술》의 저자는 이 사실을 젊은 에피크라테스에게 분명하게 상기시킨다. 도시에서 그가 차지할 수 있는 지위와 더불어 미래의 그의 역할이 그가 행동하는 명예롭거나, 그렇지 않은 방식에 따

---

7 Eschine, *Contre Timarque*, 39~73.
8 Démosthène, *Eroticos*, 17~19.

라 지금도 작동하고 있다. 도시국가가 아무에게나 도움을 구하려는 것이 아닌 한, 이미 그가 얻고 있는 평판을 고려해볼 줄 알아야 할 것이다.9 좋은 충고를 무시하는 자는 전생애에 걸쳐, 자신의 무분별함이 초래한 고통을 겪을 것이다. 그러므로 아직 젊을 때 그 자신이 행위에 신경을 쓰는 것과, 더 나이가 들었을 때에 마찬가지로 젊은이의 명예를 지켜주는 것은 필수적인 두 가지 사항이다.

따라서 젊은이 자신은 아주 매력적이지만 그의 명예는 매우 불안정한 시기인 이 전환기가 시련의 기간이 된다. 즉, 그의 가치가 시험받는 때이며, 이런 의미에서 그의 가치는 한꺼번에 형성되고 발휘되며 평가되어야 한다. 이 문헌 끝 부분의 몇 구절은 일생 중 이 시기에 소년의 행위가 받는 '테스트'의 성격을 잘 보여준다. 에피크라테스를 격려하면서 이 찬사의 저자는 그에게 곧 논쟁agōn이 있으리라는 것과 토론은 시험dokimasie에 대한 것임을 상기시킨다.10 여기서 이 용어는 군사교육에 젊은이들을 받아들이거나 몇몇 행정관직에 시민들을 받아들이는 기간에 치르는 시험을 지칭한다. 젊은이의 도덕적 행위는 만인이 보는 앞에서 치른 자격시험 덕분에 모든 사람들의 관심을 얻어내고 중요성을 가지게 된다. 더욱이 이 문헌은 그 점을 명확하게 말하고 있다. "나는 … 우리의 도시가 당신에게 하나의 업무를 관리할 책임을 맡길 것이라 생각하오. 그리고 또한 당신의 재능이 우수할수록 우리의 도시는 당신이 더욱더 요직에 합당하다고 판단할 것이며, 더 빨리 당

---

9 *Ibid.*, 55.
10 *Ibid.*, 53.

신의 능력을 시험하려 들 것이라 생각하오. ﹘﹒[11]

3. 이 시험은 정확히 어디에 근거를 두고 있는가? 그리고 에피크라테스는 어떤 유형의 행동에 대해 명예로운 것과 수치스러운 것을 구분하도록 주의를 해야 하는가? 그것은 그리스 교육의 잘 알려진 요점들, 즉 신체의 자세(라튀미아rhathumia, 즉 언제나 불명예스러운 징표인 유약함을 피하도록 신경쓸 것), 시선(여기서 아이도스aidōs, 즉 수치심을 읽을 수 있다), 말하는 방식(편의적 침묵 속으로 도피하지 말 것, 그러나 심각한 말과 가벼운 말을 섞어서 할 줄 알 것), 자주 만나는 사람들의 자질 등에 근거를 두고 있다.

그러나 명예로운 것과 수치스런 것의 구별은 특히 사랑과 관련된 처신의 영역에서 이루어진다. 이 점에 관하여 무엇보다도, 저자가 — 바로 이 점에서 이 문헌은 젊은이에 대한 찬사인 동시에 사랑에 대한 찬양이 된다 — 소년이 추종자들을 완고히 거부하는 데에 소년의 명예가 있다고 여기는 여론을 비난하고 있음에 유의해야 한다. 분명, 관계 자체를 부끄러워하는 연인들도 없지는 않다(umainesthai tōi pragmati. [12] 그러나 절제를 보여주는 사람들과 그들을 혼동해서는 안 된다. 이 문헌은 구애자를 거부하는 사람들과 그들을 받아들이는 사람들 사이에서 명예의 경계선을 긋지 않는다. 그리스의 젊은이들에게서, 애인들의 추종을 받는다는 것은 분명 불명예스런 것이 아니었다. 그것은 오히

---

[11] *Ibid.*, 54.
[12] *Ibid.*, 3.

려 그의 자질의 가시적 표식이었다. 구애자의 수는 정당한 자부심의 대상이었으며, 때로 헛된 자만심의 대상이 되기도 하였다. 그러나 연애관계를 수락하는 것과 연애를 시작하는 것(정확하게 애인이 제안하는 대로 하지는 않더라도) 도 또한 수치로 여겨지지는 않았다. 에피크라테스를 찬양하는 자는 그에게, 아름다운 것과 사랑 받는다는 것이 이중의 행운eutuchia이라는 사실을 이해시킨다. 13 즉, 그것을 아주 적절하게 이용하는 것orthōs chrēsthai이 바람직하다는 사실을. 바로 이것이 이 문헌이 주장하는 요점이며, "명예에 관한 문제"라 불릴 수 있는 것을 지적해준다. 이러한 사실들은ta pragmata 그 자체로서 그리고 절대적으로, 좋거나 나쁜 것이 아니다. 그것을 실행하는 사람에 따라para tous chrōmenous14 이는 달라진다. 다른 곳에서도 진술된 원칙에 따르면, 이것의 도덕적 가치를 결정하는 것은 "활용"이다. 우리는 《향연》에서도 이와 대단히 유사한 표현을 볼 수 있다. "이 문제에 관하여 절대적인 것은 아무것도 없다. 무엇이든 그 자체 단독으로 아름답거나 추하지는 않다. 다만 그것을 아름답게 만드는 것은 그 실천의 미美이고, 그것을 추하게 만드는 것은 그 실천의 비열함이다."15

그런데 만약 연애관계에서 명예를 어떻게 명확하게 구분해 내는지를 알고자 한다면, 이 문헌이 극히 생략적이라는 사실을 인정해야 한다. 이 연설이 에피크라테스가 자신의 육체를 단련시키고 용기를 키

---

13 *Ibid.*, 5.
14 *Ibid.*, 4.
15 Platon, *Banquet*, 183d ; 181a 참조.

우기 위해, 또는 그에게 필요한 철학적 지식을 얻기 위해 해야 하거나 했던 것에 대한 정보를 제공하긴 하지만, 육체적 관계에서 허용되거나 혹은 거부될 수 있는 것에 관해서는 전혀 언급되어 있지 않다. 단 한 가지 사실은 분명하다. 즉, 모든 것이 거부되어서도 안 되지만(젊은이는 "자신의 몸을 내맡긴다"), 그러나 모든 것이 허용되어서도 안 된다는 것이다. 즉, "당신의 애정 표시가 정당성과 도덕에 양립될 수 있을 때, 아무도 그것에 불만을 느끼지 않는다. 결국 치욕에 이르고야 마는 애정 표시에 대해서는, 그 누구도 위험을 무릅쓰고 그에 대한 기대를 가지려 하지는 않는다. 당신의 절제가 선의를 가진 사람들에게 허용하는 자유가 아무리 크다 할지라도, 또한 당신의 절제가 대담해지려는 사람들에게 불러일으키는 실망이 아무리 크다 할지라도."[16] 소년이 갖추어야 할 중요한 자질 가운데 하나로서 요구되는 절제 — 소프로쉬네sōphrosunē — 는 육체적 접촉에서의 판별력을 내포한다. 그러나 이 문헌으로부터 명예로 하여금 거부하도록 강요하는 행위와 처신을 끌어낼 수는 없다. 그나마 주제가 훨씬 더 풍부하게 전개되는 《파이드로스》에서도 역시 그다지 정확하지 못하다는 점을 주목해야 한다. 사랑하는 사람 또는 사랑하지 않는 사람에게 굴복할 좋은 기회에 대해 말하는 처음 두 이야기에서, 그리고 영혼을 자신의 고집 센 말과 온순한 말에게 붙들어 맨 우화에서, 플라톤의 글은 "명예로운" 행동의 문제가 중요하다는 것을 보여준다. 그럼에도 불구하고 행동은 "환심을 사다", "몸을 맡기다charizesthai", "뭔가를 하다diaprattesthai", "애인으

---

16 Démosthène, *Eroticos*, 20.

로부터 최대의 쾌락을 끌어내다", 또는 "원하는 것을 얻다peithesthai",
"쾌락을 구하다apolauesthai" 등과 같은 표현에 의해서만 지시된다. 이는
이런 종류의 연설에 고유한 신중함인가? 확실히 그렇다. 그리고 그리
스인들은 논쟁이나 변론에서조차 에둘러서밖에 언급되지 않는 사항을
형식적인 공식연설에서 정확하게 명명하는 것은 천박하다고 생각했을
것이다. 또한 모두가 알고 있는 구분을 강조하는 것은 조금도 필요하
지 않다고 생각했을 수도 있다. 소년들은 각자 어떤 것을 허용하는 것
이 명예롭거나 혹은 수치스럽다는 사실을 잘 알고 있었을 것이다. 그
러나 또한 이미 양생술과 가정관리술에서 보았던 것을 상기해볼 수도
있다. 즉, 거기서 도덕적 성찰은 준수해야 할 규율과 허용되거나 금지
되는 행위의 도표를 정확하게 그리기보다는 그에게 요청되는 자기 자
신과의 관계, 태도의 유형을 특징짓는 데에 전념했다는 것을.

4. 실제로 이 문헌은 존중해야 할 행동방식과 넘어서는 안 될 육체
적 한계를 제외하고, 어쨌든 이러한 상황에서 존재방식과 행동방식을
결정하는 일반적 원칙이 무엇인가를 잘 보여준다. 에피크라테스에 대
한 찬사 전체는 젊은이의 재능과 눈부신 아름다움이 다른 사람들에 대
한 그의 우월성에 의해 확인되는 경쟁적 상황을 나타낸다. 공식적 연
설에서 자주 등장하는 이 주제들에 대해서는 그냥 넘어가도록 하자.
말하자면, 사람들이 찬양하는 자는 사람들이 그에 대해 늘어놓는 찬
사를 능가하며, 말이란 그 말이 대상으로 삼는 사람보다 덜 아름다울
위험이 있다는 것이다. 17 또한 소년은 그의 육체적·정신적 자질에 의
해 다른 모든 사람들보다 우월하며, 그의 아름다움은 마치 가장 다채

롭고 대립적인 자질들을 겸비한 "행운의 여신"이 모두에게 "그 본을 보여주려 한" 것처럼 비길 데 없이 훌륭하다는 것이다. [18] 소년의 재능뿐만 아니라 소년의 화술도 그를 다른 사람들의 우위에 두게 한다. [19] 또한 그는 사람들이 빛을 발할 수 있는 모든 훈련 중에서 가장 고귀하고 가장 큰 보상을 받을 수 있는 것을 선택했다. [20] 그의 영혼은 "야심찬 경쟁들"을 치를 수 있는 준비가 되어 있다. 하나의 재능만으로 두각을 나타내는 것에 만족하지 않는 그는 "분별 있는 남성이 스스로 자부할 수 있는 모든 자질을" 갖춘다. [21]

그런데 에피크라테스의 장점은 단지 모든 경쟁자들을 물리치고 그의 부모를 영광되게 하는 그의 풍부한 자질에만 있지는 않다. [22] 그것은 또한 그에 필적하는 사람들에 대하여 언제나 그의 탁월한 가치를 유지해 간다는 데에 있다. 그는 그들 중 누구에 의해서도 지배받지 않는다. 모두가 그와 내밀한 관계를 맺고자 한다 — 쉬네테이아sunētheia란 단어는 공동생활이라는 일반적 의미와 성 관계라는 일반적 의미를 동시에 지니고 있다. [23] 그러나 그가 그렇게 그들을 능가하고 그들에 대해 지배력을 행사하므로, 그들은 그에게 느끼는 우애에서 그들 나름의 쾌락을 구할 수도 있다. [24] 양도하지 않고 복종하지 않으며 가장 강한

---

17 *Ibid.*, 7, 33, 16.
18 *Ibid.*, 8, 14.
19 *Ibid.*, 21.
20 *Ibid.*, 23, 25.
21 *Ibid.*, 30.
22 *Ibid.*, 31.
23 *Ibid.*, 17.

자로 남아 있는 것, 또 그의 저항력, 단호함, 절제sōphrosunē에 의해 추종자들과 애인들을 능가하는 것, 이것이 청년이 사랑의 영역에서 그의 가치를 입증하는 방법이다.

이러한 전반적 지적하에서, 사회적 영역에서의 위치(제 일인자들과 그 외 다른 사람들, 지배하는 강자와 지배받는 사람들, 주인과 노예 사이의 차이와 더불어)와 성 관계의 형태(지배하고 지배받는 체위, 능동적이고 수동적인 역할, 한 남성이 삽입하고 그의 파트너는 그것을 받는 것) 사이의, 그리스인들에겐 친숙한 유사성에 근거한 명확한 규약을 생각해 보아야 할 것인가? 굴복하면 안 되고 다른 사람들이 자신보다 우월하게 해서도 안 되며, 불리한 형세에 놓이는 열등한 위치를 수락해서도 안 된다고 말하는 것은 아마도 소년에게 모욕적이고, 그를 열등한 위치에 놓이게 할 성행위를 배제하거나 하지 말도록 권유하는 셈이 될 것이다. 25

그러나 명예의 원칙과 "우월성"을 유지해야 한다는 원칙이 — 몇 가지 명확한 규정을 넘어서 — 일종의 일반적 양식에 의거하고 있음은 사실일 것 같다. (특히 여론의 관점에서) 소년은 "수동적으로" 행동해서는 안 되었고, 어떤 행동을 일방적으로 당하거나 지배를 받아서도 안 되었으며, 투쟁해보지 않고 굴복하거나 다른 사람의 성적 쾌락을 만족시키는 파트너가 되어서는 안 되었다. 또한 파트너의 변덕에 휘둘려서

---

24 *Ibid.*, 17.
25 동성관계에서 지배당하지 않는 일의 중요성과, 수동적 구음(口淫)이나 남색을 꺼려하는 것에 대해, K. J. Dover, *Homosexualité grecque*, pp. 125~134, 참조.

도 안 되었으며, 나약함 때문에, 혹은 성적 쾌락에 이끌려, 아니면 이해관계에 의해 자신의 육체를 원하는 사람에게 그가 원하는 대로 허락해서도 안 되었다. 이것이 바로 아무 사람이나 받아들이고 조심성 없이 공공연히 나다니며, 이 사람 저 사람에게로 옮겨 다니면서 최고 입찰자에게 모든 것을 허락하는 소년들의 불명예가 되는 것이다. 에피크라테스가 사람들이 그에 대해 갖고 있는 견해에 신경을 쓰듯이, 그가 앞으로 차지할 지위와 그가 맺을 수 있는 유용한 관계들을 염려하면서 해오지 않았고 또 앞으로도 하지 않을 행동이 바로 이것이었다.

5. 《연애술》의 저자가 명예를 보존하는 데에서 철학이 수행하게 하는 역할과, 이처럼 청년으로 하여금 그 나이에 적합한 시험 같은 것들을 치르게 해주는 우월을 다투는 경쟁에 대해 언급하는 것으로 만족하자. 그 내용에 관하여 그것이 에피메레이아 헤아위투epimeleia heautou, 즉 "자기에 대한 관심"[26]이라는 소크라테스적 주제, 그리고 지식과 실천epistēmē-meletē을 연결시킬 소크라테스적 필요성에 의거하고 있다는 것 외에 달리 규명된 바가 아무것도 없는 이 철학은 다른 삶을 이끌어가기 위한 원칙으로도, 또한 모든 쾌락을 삼가기 위한 원칙으로도 보이지는 않는다. 그것은 데모스테네스로 추정되는 사람에 의해, 다른 시험들의 필요 불가결한 보완으로서 요구되었다. "한편, 경쟁심을 드러내거나, 자신의 이득과 육체적 활력, 그리고 이런 종류의 모든 이점을 증가시키기 위해 많은 시험을 치르거나, 나머지 모든 것을 주관하

---

26 *Eroticos*, 39~43.

는 능력을 완성시킬 수 있는 방법을 찾지 않는 것은 더할 나위 없이 무분별한 짓임을 염두에 두라."27 실제로 철학이 제시할 수 있는 것은 "더 강한 자아가" 되어야 한다는 것이고, 그렇게 되었을 때 철학은 그 위에 다른 사람을 능가할 수 있는 가능성을 준다. 그 자체로서 철학은 지배의 원칙이다. 왜냐하면 사고를 이끌어갈 수 있는 것은 철학이며, 오로지 철학뿐이기 때문이다. "인간에 관한 모든 일에서 사고는 모든 것을 이끌어가며, 이 사고를 이번에는 철학이 훈련시키면서 동시에 이끌어갈 수 있다."28 우리는 철학이 청년의 지혜에 매우 필수적인 것임을 알 수 있다. 그런데 이는 그가 삶의 다른 형태로 돌아서도록 하기 위해서가 아니라, 직면한 시련을 극복하고 명예를 보존해야 하는 어려운 문제에서, 자기 자신을 지배할 수 있고 다른 사람들을 능가할 수 있도록 하기 위해서이다.

《연애술》 전체는, 보다시피, 소년의 젊음과 아름다움이 그를 "정복하려는" 많은 사람들을 유인하는 이 힘든 단계에서 소년이 자기 자신과 다른 사람들에 대해 갖는 이중의 우월성이란 문제를 중심에 두고 있다. 양생술에서는 특히 자기 절제와 위험한 행위의 폭력성에 대한 통제가 문제였다. 그리고 가정관리술에서는 아내에 대한 권력의 행사에서 자기 자신에게 행사해야 할 권력이 문제시되었다. 여기서는 연애술이 소년의 관점을 취하고 있기 때문에, 문제는 어떻게 다른 사람들에게 굴복하지 않음으로써 자신의 지배력을 입증해갈 수 있는가 하

---

27 *Ibid.*, 38.
28 *Ibid.*, 37.

는 것이다. 그 자신의 권력에 주어야 할 절제가 아니라, 자기 자신에
대한 지배력을 입증함으로써 다른 사람들의 권력과 겨루는 최상의 방
식이 문제인 것이다. 이런 점에서 연설 도중에 나오는 짧은 이야기는
상징적 가치를 지닌다. 이는 상투적인 것으로서, 마차 경주에 관한 이
야기이다. 그러나 여기서 이야기되는 작은 스포츠 드라마는 젊은이가
자신의 추종자들과의 행위에서 겪는 공적인 시험과 직접적 관련이 있
다. 거기서 우리는 에피크라테스가 자신의 말을 모는 것을 볼 수 있다
(《파이드로스》를 참조하는 것도 가능하다). 그는 패배를 간신히 모면하
고, 그의 마차는 적의 말에 의해 거의 부서질 지경에 처한다. 군중은
일반적으로 사고가 나는 것을 즐김에도 불구하고 주인공에게 열광하
며, 그러는 동안 "자기 말보다 더 힘이 센 그는 경쟁자들 중에서도 가
장 인기 있는 사람들을 이기게 된다."**29**

　에피크라테스에 관한 이 글은 분명 사랑에 대한 그리스식 성찰의 가
장 고상한 형식들 중 하나는 아니다. 그러나 이 글은 그 진부함 속에서
도 "소년들에 대한 그리스적 문제"를 구성하는 몇 가지 중요한 측면들
을 드러내준다. 젊은이는 — 유년기를 막 벗어나 완전한 성인이 되기
까지 그 기간 동안 — 그리스의 도덕과 사상에서 미묘하고도 난해한
요소를 이룬다. 고유한 아름다움(누구나 본능적으로 이것에 민감한 것은
물론이다)을 지닌 그의 젊음과 앞으로 그가 갖게 될 지위(측근들의 도
움과 보증하에 그는 이 지위에 대비해야 한다)는 하나의 "전략적" 거점을

---

29 *Ibid.*, 29~30.

형성하며, 이를 둘러싸고 복잡한 게임이 요구된다. 육체를 어떻게 활용하느냐에 따라 어느 정도 좌우되는 소년의 명예는 또한 어느 정도 미래의 그의 역할과 평판을 결정지을 터인데, 바로 이 소년의 명예가 중요한 관건이다. 이것은 그에게는 적응과 훈련을 요구하는 일종의 시험이다. 반면, 다른 사람들에게는 염려와 배려의 계기가 된다. 에피크라테스에 대한 예찬의 끝 부분에서, 저자는 소년의 삶, 그의 '비오스bios'가 "공동의" 작품이어야 함을 상기시킨다. 마치 완성해야 할 예술작품인 것처럼, 그는 에피크라테스를 아는 모든 사람들에게 미래의 그의 모습에 "가능한 최고의 영광"을 부여하도록 촉구한다.

그 이후 유럽 문화에서 젊은 여성 또는 기혼 여성은 그들의 행위, 미덕, 아름다움, 그리고 그들의 감정과 더불어 특별한 관심을 끄는 주제가 될 것이다. 그들에게 환심을 사는 새로운 기술, 주로 소설적 형식의 문학, 그들 육체의 완벽함과 혼인 계약의 확고함에 깊은 관심을 갖는 까다로운 도덕 등, 이 모든 것은 여성의 주위로 호기심과 욕망을 끌어 모으게 될 것이다. 가정 또는 사회에서 유지되는 그들의 열등한 지위가 어떠하든, 그때가 되면 여성 '문제'는 강조되고 더 높은 가치가 부여될 것이다. 여성의 본성, 행동, 그녀가 일으키거나 체험하는 감정들, 여성과 가질 수 있는 허용되거나 금지된 관계들, 이 모든 것들은 규정, 분석, 지식, 성찰의 대상이 되는 주제가 될 것이다. 반대로 고대 그리스에서는 소년과 관련하여 그의 아름다움이나 육체적 명예, 현명함, 그리고 필요한 수련기간에 대한 강한 도덕적 관심을 유지시키면서 가장 활발하게 문제제기를 했던 것 같다. 역사적 특수성은 그리스인들이 소년에게서 쾌락을 구하였다는 데에 있는 것도, 그들이 이 쾌락을 합리적인 것으로 받아들였다는 데에 있는 것도 아니다. 그것은 이러한 쾌락의 수용이 단순하지 않았으며, 모든 문화의 생성을 야기하였다는 데에 있다. 도식적으로 말하자면, 여기서 파악해야 할 것은 왜 그리스인들이 소년에 대한 취향을 가지게 되었는가가 아니라, 그들이 왜 '남색男色'을 가지고 있었는가 하는 점이다. 말하자면 왜 그들은 이 취향을 둘러싸고 환심을 사는 행위, 도덕적 성찰, 그리고 다음에 보게 될 철학적 금욕주의를 만들어냈는가 하는 것이다.

3

쾌락의 대상

'아프로디지아'의 활용이 소년애에 대한 성찰에서 어떤 식으로 문제시
되는지를 이해하기 위해서는 그리스 문화에 고유한 것은 아니었지만
거기서 상당한 중요성을 차지하였고 도덕적 평가에서 결정적 힘을 행
사했던 하나의 원칙을 기억해야 한다. 그것은 성 관계와 사회적 관계
사이의 동형성同形性의 원칙이다. 이 원칙을 통해, 성적 관계가—언
제나 능동성과 수동성이라는 양극성과 삽입의 행위-모델에서부터 출
발하여 생각되는— 우월한 자와 열등한 자, 지배하는 자와 지배받는
자, 복종시키는 자와 복종하는 자, 그리고 승리하는 자와 패배하는 자
사이의 관계와 동일한 유형으로 파악된다는 것을 이해해야 한다. 쾌
락의 실천행위들은 경쟁적이고 위계화된 사회계층들의 영역과 동일한
범주를 통해 성찰된다. 즉, 투쟁적 구조, 대립과 차별, 파트너 각자의
역할에 배당된 가치의 측면에서 둘 사이에는 유사성이 있다. 그로부

터 우리는 성행위에서 본질적으로 명예로운 역할, 합법적으로 더 가치를 부여받는 역할이 있음을 이해할 수 있다. 그 역할이란 능동적이고, 상위上位에서 삽입하고, 그럼으로써 자신의 우월함을 행사하는 것이다.

이로부터 이 능동성의 수동적 파트너가 되어야 할 사람들의 지위와 관련된 몇 가지 결론을 끌어낼 수 있다. 노예는 말할 것도 없이 주인의 명령에 복종한다. 그들의 조건이 그들을 의문시할 여지도 없는 성적 대상으로 만든다. 동일한 법률이 노예의 강간과 어린아이의 강간을 금한다는 것에 사람들이 놀랄 정도로. 이 기이함을 설명하기 위하여 에즈키네스는 사람들이 노예에 대해서까지 강간을 금지시킴으로써, 좋은 태생의 어린아이에게 강간이 행해졌을 때 그것이 얼마나 심각한 일인지를 입증하려 했다고 주장한다. 여성의 수동성은 본성과 조건의 열등함을 나타내는 것이다. 그러나 이는 비난받아야 할 행위는 아니다. 왜냐하면 그것은 본성이 원하는 바와 여성의 지위가 부과하는 바에 정확히 일치하기 때문이다. 반대로 성적 행동에서 자유인인 남자에게 — 더욱이 그의 태생과 재산, 명성에 의해 사람들 중에서도 제1서열을 차지하거나 차지해야 할 남자에게 — 열등함이나 피지배, 그리고 예속의 수락 등의 표시를 지니게 할 수 있는 모든 것은 수치스러운 것으로 간주될 수 있을 뿐이다. 더욱이 그가 자신을 다른 사람의 쾌락을 만족시키는 대상으로서 제공한다면 그의 수치심은 한층 더 커진다.

그런데 이러한 원칙에 따라 조정된 가치들의 작용에서 소년 — 자유신분의 소년 — 의 지위는 난해하다. 물론 소년은 그가 완전한 지위를 획득했을 때 가지게 될 권리와 권한의 혜택을 아직 받지 못한다는 의미에서 아직 '열등한' 위치에 놓여 있다. 그럼에도 불구하고 소년의 위치를 노예의 위치나, 물론 여성의 위치에도 겹쳐놓을 수는 없다. 이는 한 가정과 가족의 범주에서도 이미 사실이다. 아리스토텔레스의 《정치학》 중 한 대목이 이러한 사실을 명백하게 밝히고 있다. 가족에 고유한 지배의 형식과 권력관계를 다루면서 아리스토텔레스는 가장과 관련하여 노예의 위치 및 여성과 어린아이(아들)의 위치를 규정한다. 아리스토텔레스에 의하면, 노예를 다스린다는 것은 자유로운 존재를 다스리는 것이 아니다. 또한 아내를 다스린다는 것은 영원한 불평등의 관계 속에서 "정치적" 권력을 행사하는 일이다. 반대로 자식들에 대한 지배는 "애정과 나이의 우위"에 근거하므로 "왕정적"이라고 말할 수 있다.[1] 실제로 노예에게는 토론 능력이 결여되어 있다. 여성에게는 그러한 능력은 있지만, 이것이 그녀에게서 결정적 기능을 하는 것은 아니다. 소년에게서 부족한 점은 다만 아직 완성되지 못한 성장의 정도에만 관련된다. 여자가 자유 신분 인구의 반을 이루기 때문에 그들의 정신교육이 중요하다면, 사내아이의 정신교육은 그 이상으로 중요하다. 왜냐하면 이것은 그 도시의 통치에 참여하게 될 미래의 시민들과 관련되기 때문이다.[2] 우리는 소년의 위치에 고유한 성격과 그의 특별한 종속형태 그리고 그를 다루는 방식에서, 가장의 상당한 권한이 행사되고 있는 공간에서조차 미래에 그가 가지게 될 지위의 표식이 나타나 있음을 알 수 있다.

---

1   Aristote, *Politique*, 1, 12, 1, 259a~b.
2   *Ibid*., I, 13, 1 260b.

성 관계의 문제에서도 어느 정도까지는 마찬가지이다. 공인된 여러 "대상들" 중에서 소년은 특별한 위치를 차지한다. 그는 확실히 금지된 대상은 아니다. 아테네에서 어떤 법률은 자유 신분의 아이들을 보호하였다(적어도 얼마 동안 학교에 들어갈 권리가 없는 성인들로부터, 또 아이들을 타락시키려 할 경우 사형을 받게 되는 노예들로부터, 그리고 그들에게 매음행위를 시킬 경우 처벌을 받는 그들의 아버지 또는 후견인으로부터). **3** 그러나 청년이 모든 사람이 보는 앞에서 한 남자의 성적 파트너가 되지 못하게 방해하거나 그것을 금지하지는 않았다. 그렇지만 이 역할에는 내재적 어려움 같은 것이 있다. 즉, 그것은 성 관계에서 이 역할이 어떤 것인지를 명백하게 정의하고 자세히 밝히지 못하게 하는 어떤 것, 그리고 그럼에도 불구하고 이 점에 관심을 모으고 거기서 일어나거나 일어나지 말아야 할 일에 커다란 중요성과 많은 가치를 부여하게 하는 어떤 것이다. 동시에 바로 여기에 맹목적 오류와 과도한 가치부여의 문제 같은 것이 있다. 소년의 역할은 많은 의혹과 강한 관심이 합쳐지는 요소이다.

에즈키네스는 《티마르쿠스에 대한 반론》에서 그 자체로 매우 흥미 있는 하나의 법률을 활용하는데, 이 법률은 남성의 나쁜 성적 행동이 ― 정확히 말해 "매음賣淫" ― 이후로 그가 "아홉 명으로 구성된 집정관의 서열에 오르는 것과 사제직을 수행하는 것, 그리고 공공 변호사의 직무를 수행하는 것"을 금하게 함으로써 그 행위가 야기할 수 있는 정치적·시민적 자격 박탈의 결과와 관련되어 있으므로 매우 흥미롭다.

---

3 《티마르쿠스에 대한 반론》에서 에즈키네스가 인용한 법률들, 9~18 참조.

매음한 자는 ― 그 도시국가 내에서나 또는 밖에서 ― 선거를 통해 임명되거나 그의 신분에 의해 주어지는 어떤 행정관직도 더 이상 맡아서 수행할 수 없게 될 것이다. 그는 재무관이나 대사의 직무를 수행할 수도 없으며, 대사직에 속한 사람들의 기소인, 또는 고발인이 될 수도 없다. 마지막으로 그가 아무리 "유창한 웅변가"라 하더라도 더 이상 원로원 앞에서, 또는 대중들 앞에서 자신의 의견을 표명할 수도 없을 것이다.4 그러므로 이 법률은 남성의 매춘을 몇몇 요직으로부터 그를 배제시키는 아티미 ― 공적 불명예 ― 의 대상으로 만든다.5 그러나 에즈키네스가 변론을 이끌어 가는 방식, 그리고 적절한 법률상의 토론을 통해 적의 명예를 실추시키려 한 방식은 소년의 일정한 성적 역할과 성인의 몇 가지 사회적·정치적 역할 사이에서 보이는, 합법적인 동시에 "도덕적인" 비양립성의 관계를 잘 보여준다.

　에즈키네스의 법률상의 논증은, 소문에 의해 확인된 티마르쿠스의 '나쁜 행위'에서 시작하여, 몇몇 다른 요소들이 빠져 있기는 하지만(그는 남창으로 기록되지도 않고 한 집에 머물러 있지도 않았다), 매춘賣春을 구성하는 몇 가지 요소들(파트너의 수, 선택의 부재, 봉사에 대한 대가)을 찾아내는 것으로 되어 있다. 젊고 예뻤을 때 그는 여러 사람의 손을 거쳤는데, 유명한 난봉꾼 집에서 가수와 키타라 연주자들에 둘러싸여 천한 신분의 남자와 함께 사는 것이 사람들 눈에 띄었던 만큼 그는 언

4　*Ibid.*, 19~20.
5　K. J. Dover(*Homosexualité grecque*, pp. 44~45)는 비난의 대상이 되었던 것이 매음 그 자체가 아니었음을 강조한다. 그보다는 매음을 했을 때, 그로부터 초래되는 자격 박탈을 그가 위반한 사실임을 강조한다.

제나 존경받을 만한 사람들의 손을 거쳤던 것은 아니었다. 그는 선물을 받고 부양도 받았으며, 그의 보호자들의 기괴한 언동에 동조하기도 했다. 그중에는 시도니데스, 아우코클리데스, 테르산데스, 미고라스, 안티클레스, 피토라코스, 헤게시클레스 등이 있었다. 그러므로 단순히 그가 인간적 관계hetairēkōs를 맺으면서 살았다고 말할 수는 없다. 그는 '매음peporneumenos'을 한 것이었다. "왜냐하면 대가를 바라고 모든 사람들과, 대상을 가리지도 않고, 그런 행위에 자신을 내맡긴 자가 이 죄에 대해 책임져야 하는 것은 당연하지 않은가?"[6]

그러나 기소는 또한 범죄의 성립을 가능하게 할 뿐만 아니라, 정치적으로, 그리고 총체적으로 적을 위태롭게 만드는 도덕적 차원에서 작용한다. 티마르쿠스는 아마도 직업적 남창男娼은 아니었을 것이다. 그러나 남성간의 사랑에 대한 자신의 취향을 숨기지 않고 자유 신분의 소년들과, 그 소년들로서는 명예롭고도 소중한 관계를 맺는 존경받을 만한 사람들과도 그는 또 달랐다. 에즈키네스는 자신도 이런 유의 사랑은 기꺼이 공감하고 있음을 인정한다. 그는 티마르쿠스를, 청년기 동안 다른 사람들을 위한 쾌락의 대상이라는 열등하고 치욕스러운 위치에 자신을 두고 모두에게 그런 자기 모습을 보여준 사람으로 묘사한다. 그는 이 역할을 원했으며 그것을 추구했고, 그것에 만족하고 그것을 이용했다. 에즈키네스는 청중들 앞에서 바로 이 점 때문에 그는 정치적·도덕적으로 이 도시국가에서 권력을 행사하거나 요직을 차지할 수 없다고 강조한다. 젊었을 때 자신이 누렸던 역할에 의해 낙인이 찍

---

6   Eschine, *Contre Timarque*, 52.

힌 자가 아무런 추문 없이 도시국가에서 다른 사람들보다 우위에 서서, 그들에게 친구가 되어 주고, 그들의 결정에 대해 충고하며 그들을 이끌고 대표하는 사람의 역할을 해낼 수는 없을 것이다. 아테네인들이 받아들이기 어려운 것은 — 티마르쿠스에 대한 반론에서 에즈키네스가 불러일으키려는 감정이 바로 이것이다 — 소년을 사랑하거나 젊었을 때 한 남자에게서 사랑을 받았던 그런 사람의 지배를 받을 수 없다는 사실이 아니다. 이전에 다른 사람을 위한 쾌락의 대상이란 역할과 일체가 되었던 지도자의 권위를 받아들일 수 없다는 것이다.

더욱이 아리스토파네스는 그의 희곡에서 바로 이 감정에 자주 호소했다. 조롱거리가 되고 물의를 일으켰던 것은 이러한 웅변가들, 추종과 사랑을 받는 우두머리들, 아기르히오스와 마찬가지로 크리스테네스의 클레옹같이 대중 위에 군림하고 그들을 지배하기 위해서 그들을 유혹하려는 시민들 등, 이들이 과거에 다른 사람들을 위하여 비위를 맞추는 수동적 대상의 역할을 수락하였거나 지금도 수락하는 사람들이라는 사실이었다. 아리스토파네스는 이런 유의 쾌락에 대해 관심이 많았던 만큼 사람들이 집회에서 이런 말을 들을 기회가 많았던 아테네의 민주정치를 비꼬았다.[7] 같은 생각을 가지고 동일한 방식으로 디오게네스는 아테네 민중의 지도자dēmagōgos라 주장했던 데모스테네스와 그의 품행을 비웃었다.[8] 성적 쾌락의 관계에서 지배받는 자의 역할을

---

7 Aristophane, *Cavaliers*, v. 428 sq; *Assemblée des femmes*, v. 112 sq. F. Buffère, *Eros adolescent*, pp. 185~186 참조.

8 Diogène Laërce, *Vie des Philosophes*, VI, 2, 34.

하는 사람이 시민의 정치적 활동에서 지배자의 위치를 합당하게 차지할 수는 없을 것이다.

이러한 풍자와 비판에 대해 현실적으로 변명이 있을 수 있다는 사실은 별로 중요하지 않다. 단지 이런 것들이 있다는 것만으로도, 최소한 이것이 분명히 지적하는 한 가지 사실은 있다. 그것은 남성 간의 성 관계를 허용하는 이 사회에서 남성 상위 삽입揷入도식에 따라 모든 성 관계를 이해한다는 것과, 남성적 우월함의 윤리가 병존함으로써 야기된 어려움이다. 그 결과는 한편으로 '능동적' 지배의 역할이 지속적으로 긍정적 가치를 부여받는다는 것이고, 다른 한편으로는 성행위에서 둘 중 한 사람은 수동적이고 지배받는 열등한 위치에 놓여야 한다는 것이다. 여자나 노예의 경우에는 그러한 문제가 없지만, 남성의 경우는 전혀 다르다. 아마도 성인들 사이의 관계를 둘러싼 사실상의 침묵과, "열등한" 역할을 수락한다는, 아니 더 정확히 말해 선호한다는 것을 드러냄으로써 이 침묵을 깨뜨린 사람들에 대한 요란한 자격 박탈을 동시에 설명해 주는 것은 바로 이 난점일 것이다. 마찬가지로 두 파트너 중의 한쪽이 그의 젊음 덕분에 그리고 아직 완전한 남성의 지위에 도달하지 않았다는 사실 때문에 대개 사람들이 알고 있는 짧은 기간 동안 쾌락의 대상이 될 수 있는 이상, 남성과 소년 사이의 관계에 모든 관심이 집중되었던 것도 이 난점과 관련해서이다. 그러나 소년이 그 자신의 매력 때문에 남성들이 물의나 문제를 일으키지 않고 쫓아다닐 수 있는 먹이가 될 수 있다 하더라도, 그가 언젠가 성인이 되어 권력과 요직을 맡아 이행해야 한다는 사실을 잊어서는 안 된다. 더 이상 당연히 쾌락의 대상이 될 수는 없다. 그렇다면 그는 어느 정도까지 쾌락의 대상이 될 수 있을 것인가?

이로부터 '아프로디지아'를 다룬 그리스 도덕에서 '소년의 모순'이라 칭할 수 있는 것이 비롯되었다. 한편으로 젊은이는 쾌락의 대상으로 인정되었다 — 그리고 남자가 가질 수 있는 남자 파트너들 중에서 유일하게 합법적이고 명예로운 대상으로까지 인정되었다. 사람들은 법과 예절이 지켜지기만 하면 소년을 사랑하고 욕망하고 즐기는 그 누구도 결코 비난하지 않을 것이다. 그러나 다른 한편으로 소년은 성인이 될 것이므로, 언제나 지배의 형식하에서 고려되는 이 관계 속에서 자신을 대상으로 인정하는 것을 용납할 수 없다. 즉, 그는 이 역할과 일체가 될 수 없고 되어서도 안 되는 것이다. 성인 남자가 아주 자연스럽게 그를 쾌락의 대상으로 선택하고 싶어하는 반면, 소년은 기꺼이 자기 생각에 따라, 그리고 자신을 위해서 이러한 쾌락의 대상이 될 수는 없을 것이다. 간단히 말해서 성적 쾌락을 느끼고 소년과 갖는 쾌락의 주체가 된다는 것은 그리스인들에게서 아무런 문제가 되지 않는다. 반대로 쾌락의 대상이 되고 자신을 그렇게 인정한다는 것은 소년에게는 굉장히 힘겨운 일이다. 그가 자기 자신을 지배하고 다른 사람을 능가할 수 있는 자유로운 남성이 되기 위해 확립해야 할 자신과의 관계는, 그가 다른 사람을 위한 쾌락의 대상이 되는 관계 형태와는 일치될 수 없을 것이다. 이 불일치는 도덕적으로 필요하다.

이러한 어려움이 소년애에 대한 성찰에 고유한 몇 가지 특징을 설명해준다.

첫 번째로, 이 사랑의 자연적인 또는 '반反자연적인' 성격에 대해, 우리에게는 매우 불가해한 일종의 진동을 들 수 있다. 한편으로 사람들은 아름다운 것의 작용이 그러하듯, 소년에게로 향하는 감정의 움직임이 자연스럽다는 사실을 확실한 것으로 인정한다. 그럼에도 불구하고 두 남성, 더 일반적으로 동성인 두 개인 사이의 관계가 파라 퓌신para phusin, 즉 자연을 벗어나는 것이라는 주장을 어렵지 않게 찾아볼 수 있다. 명백히 이것이 두 가지 태도를 나타내는 두 여론이라고 생각할 수 있다. 이런 유의 사랑에 대해 하나는 호의적이고 다른 하나는 적대적이다. 그러나 이러한 두 가지 평가의 가능성 자체가 아마도, 소년과 더불어 쾌락을 추구하는 일은 명백히 자연스러운 것으로 받아들여지지만, 소년을 쾌락의 대상으로 삼는 것은 자연스러운 것으로 받아들여지기가 훨씬 더 어려우리라는 사실 속에 내포되어 있다. 그 결과 두 남성 사이에서 전개되는 행위 자체를 파라 퓌신한 것이라 반박할 수는 있지만 ― 왜냐하면 그 행위가 두 파트너 중 한 사람을 여성화시키기 때문이다 ― 미에 대해 가질 수 있는 욕망은 그럼에도 불구하고 자연스러운 것이라 여겨진다. 견유학자犬儒學者들은 수동성으로 인해 자신의 본성을 타락시키고 "이전의 자신보다 더 나쁘게" 되도록 자신을 내버려 둔 모든 소년들을 훨씬 더 공격적으로 조롱함에도 불구하고, 소년애의 반대자는 아니었다. 9 젊었을 때 남성 간의 사랑에 동조했던 플라톤의 경우, 그가 후기 저작들 속에서 남성 간의 사랑을 "반자연적" 관계라고 비난하였다고 하여 그 후에 그가 "현명해"졌다고 생각할 필요는 없다. 오히려 《법률》의 첫 부분에서 그가 여성과의 관계를 자연적 요소로서, 남성 간의(또는 여성 간의) 관계를 무절제akrasia의 결과로서 그 둘을 대

---

9   Diogène Laërce, *Vie des Philosophes*, VI, 2, 59(54와 46 참조).

조시킬 때, 그는 결합행위 그 자체(생산을 위해 자연이 마련한)에 의거
하면서, 시민의 풍습을 타락시키거나 이롭게 할 수 있는 제도를 염두
에 둔다는 사실에 주목해야 한다. 10 마찬가지로 그가 성 관계와 관련
된 법률의 필수성 — 그리고 어려움 — 을 고찰하는 8권의 한 대목에서
그가 강조하는 논지는 성적 결합mixis aphrodision에서 남자와 청년들을
"여자인 것처럼 이용하는" 일의 해로움과 관련되어 있다. 유혹을 당하
는 자에게서 어떻게 "용감하고 씩씩한 성격"to tēs andreias ethos이 형성될
수 있겠는가? 그리고 유혹하는 자에게서 어떻게 "절제의 정신"이 형성
되겠는가? "쾌락에 굴복하고 저항할 수 없는 자의 나약함은 모두가 비
난할 것이며", "여자를 모방하려는 자에게서 나타나는, 여자와 너무나
흡사해진 이미지는 모두의 비난을 살 것이다."11

소년을 쾌락의 대상으로 생각하기가 어렵다는 사실은 또한 매우 현
저하게 나타나는 망설임에 의해 표현된다. 즉, 직접적으로, 정확한
용어를 사용하여 성 관계에서 소년이 하는 역할을 상기시키기를 주저
하는 것이다. 때로는 그런 짓을 하다diaprattesthai to pragma12와 같은 완
전히 일반적인 표현을 사용하기도 하고, 때로는 그것을 명명하는 것
이 불가능하다는 사실 자체를 통해 그것을 지칭하기도 한다. 13 또 때
로는 — 이 관계가 제기하는 문제를 가장 잘 나타내는 것이 이 경우인

---

10 Platon, *Lois*, I, 636b~c.
11 *Ibid.*, VIII, 836c~d. 《파이드로스》에서는 남자가 "네 발 달린 짐승"처럼 행동하
    는 그런 관계의 육체적 행태가 "반자연적인" 것이라 일컬어진다(250e).
12 또는 "diaprattesthai," *Phèdre*, 256e 참조.
13 Xénophon, *Banquet*, IV, 15.

데 — "투쟁적인" 또는 정치적인 은유에 속하는 용어들, 즉 '굴복하다', '복종하다huperetein', '봉사하다therapeuein, hupourgein'14 등을 사용하기도 한다.

그러나 이와 마찬가지로 소년이 쾌락을 체험할 수 있다는 사실을 인정하는 것 역시 주저된다. 이 '부인否認'은 그러한 쾌락이 존재할 수 없으리라는 확언인 동시에 체험해서는 안 된다는 명령으로 간주되어야 한다. 육체적 관계를 거쳤을 때, 대개 사랑이 증오로 변하는 이유를 설명해야 했던 소크라테스는 크세노폰의 《향연》에서 사람들이 늙은 남자와 관계를 가진homilein 젊은이에 대해 가질 수 있는 불쾌감을 환기한다. 그러나 곧 그는 일반 원칙 같은 것을 덧붙인다. "더욱이 소년은 여자처럼 남자가 갖는 사랑의 쾌감을 나눠 갖지 않으며, 아무런 느낌도 없이 그의 관능적 열정을 관람하는 자로 남아있다."15 남성과 소년 사이에는 쾌락이 공유되지 않는다 — 그럴 수도 없고 그래서도 안 된다. 《여러 가지 문제들》의 저자는 몇몇 개인의 해부학적 변태에 의해서만 그것의 가능성을 인정한다. 쉽게 굴복함으로써, 관계의 다양성에 의해, 또는 그들의 용모나 화장, 장신구, 향료에 의해 그들이 하는 역할에서 쾌락을 느낄 수 있음을 보여주는 소년들보다 더 가혹하게 비난받을 만한 사람은 없다.

그렇다고 해서 이것이 소년이 유혹에 굴복하게 되는 경우 어떤 의미

---

14 Xénophon, *Hiéron*, I과 VII; 또는 Platon, *Banquet*, 184c~d. K. J. Dover, *Homosexualité grecque*, p. 62를 볼 것.

15 Xénophon, *Banquet*, VIII, 21.

에서 아주 냉정하게 그렇게 해야 한다는 의미는 아니다. 반대로 소년은 연인에 대해 경탄, 감사, 애정의 감정들을 느껴 연인을 기쁘게 해주고 싶은 마음이 생길 때만 자신의 몸을 내맡겨야 한다. 동사 '카리제스타이charizesthai'는 통상적으로 소년이 요구를 '수락하고' '자신의 몸을 내맡긴다'는 사실을 지적하기 위해 사용된다. 16 이 용어는 사랑받는 자와 사랑하는 자 사이에 단순한 '항복' 이외의 다른 것이 있음을 보여준다. 젊은이는 다른 사람의 욕망과 요구에 동의하지만 항복과는 다른 감정의 움직임에 의해 '자신의 몸을 내맡기는 것이다.' 이것이 해답이다. 이는 감각의 공유가 아니다. 소년은 육체적 쾌락에 대한 법적 권리를 가질 필요가 없으며, 정확히 성인 남성이 느끼는 쾌락을 느낄 필요도 없다. 필요할 때, 다시 말해 너무 조급하지도 않고 마지못해서도 아닐 때 그가 자신을 내맡긴다면, 그는 다른 사람에게 즐거움을 준다는 사실에 만족을 느껴야 하는 것이다.

그러므로 소년과의 성 관계는 두 파트너 각자에게 특별한 행동을 요구한다. 소년이 자신의 역할과 일체가 될 수 없다는 사실의 결과로서 그는 거부하고 저항하고 달아나고 몸을 빼내야 할 것이다. 17 또한 소년이 결국 그 역할을 수락한다면, 그가 굴복한 사람의 조건(그의 가치, 지위, 미덕)과 그로부터 기대할 수 있는 이득(금전만 걸려 있다면 차라리 수치스러운 이득이지만, 지속적 우애, 또는 미래를 위한 사회적 뒷받침, 인간의 직무에 대한 수련이 문제일 때는 명예로운 이익이다)에 동의해야

---

16 Platon, *Banquet*, 184e.
17 *Ibid.*, 184a.

할 것이다. 해서 좋을 정해진 선물(선물의 중요성과 가치는 파트너들의 상황에 따라 달라진다) 이외에도 애인이 줄 수 있어야 할 것이 바로 이런 종류의 혜택이다. 따라서, 성인 남자와 소년의 관계에서 성행위는 가능한 한 성행위를 연기해보려는 거부와 몸 빼기, 달아나기의 게임 속에서, 또한 성행위가 언제, 어떤 상황에서 이루어져야 할지를 결정하는 교환과정을 통해 행해져야 한다.

요컨대 소년은 파트너의 기분을 좋게 하기 위해 따라서 자신의 쾌락이 아닌 다른 어떤 것을 위하여, 자신의 파트너가 찾고 있는 무엇인가를 제공해야만 한다. 그 파트너가 소년과의 관계에서 취하게 될 쾌락을 얻기 위하여 찾고 있는 그 무엇인가를. 그러나 소년의 파트너는 그에게 베풀어진 '기증'과 전혀 다른 차원에 속하는 계약, 약속, 혜택, 선물 등의 보상 없이는 합법적으로 그것을 요구할 수 없다. 이로부터 소년애를 다루는 그리스 사상에서 너무도 분명하게 드러나는 다음과 같은 경향이 비롯된다. 즉, 어떻게 이 관계를 더 넓은 전체 속에 통합시키고 그것을 다른 유형의 관계로, 다시 말해 육체적 관계가 더 이상 중요하지 않고 두 파트너가 동일한 감정과 이득을 나눌 수 있는 안정된 관계로 전환시킬 수 있겠는가? 소년애는 이 사랑을 결정적이고 사회적으로 소중한 관계, 즉 '필리아'의 관계로 전환시킬 수 있는 토대를 마련할 요소들을 포함하고 있을 때에만(사랑하는 자의 합리적 친절과 사랑 받는 자의 신중한 배려 덕분에), 도덕적으로 명예로울 수 있다.

그리스인들이 이런 종류의 관계를 금지하지 않았다고 해서, 그들이 이 관계의 논리적 귀결에 신경 쓰지 않았다고 생각하는 것은 잘못일 것이다. 다른 모든 성 관계 이상으로 이것은 그들의 관심을 불러일으켰으며, 모든 정황이 이에 대한 그들의 염려를 보여준다. 그러나 우리의 사상에서처럼, 같은 성性을 가진 두 개인 간의 관계는 무엇보다도 욕망의 주체의 관점에서 질문되었다고 말할 수 있다. 어떻게 남자에게서 다른 남자를 대상으로 하는 욕망이 형성될 수 있는가? 우리는 사람들이 해답의 원리를 이 욕망의 일정한 구조화로부터(욕망의 양면성 또는 결핍으로부터) 찾으리라는 것을 잘 알고 있다. 그러나 반대로 그리스인들의 관심은 이런 유의 관계로 나아갈 수 있는 욕망, 그리고 이 욕망의 주체와는 아무런 관계가 없다. 그들의 불안은 쾌락의 대상에게로 향한다. 더 정확히 말해 다른 사람과 가지는 쾌락과 자기 자신에게 행사하는 권력에서 이번에는 그 자신이 지배자가 되어야 할 바로 그 대상에게로 향하는 것이다.

철학적 연애술, 또는 어쨌든 사랑에 대한 소크라테스-플라톤적 성찰이 그 출발점으로 삼는 것은 바로 이와 같은 문제제기의 영역(어떻게 쾌락의 대상을 훌륭한 자기 쾌락의 주체로 만들 것인가?)에서이다.

제 5장

진정한 사랑

Histoire de la sexualité

L'usage des plaisirs

이 장에서 다루게 될 것도 여전히 심사숙고된 사랑의 기술(특히 소년애의)로서의 연애술이다. 그러나 여기서 연애술은 서구 세계의 전 역사를 통해 쾌락의 윤리를 관통해온 엄격한 대주제들 중 네 번째 주제가 전개되는 틀로서 검토된다. 성적 활동의 문제를 제기하는 동기로서 고찰된, 육체와 건강과의 관계, 여성과 결혼제도와의 관계, 그리고 소년과 그의 자유, 그의 남성적 능력과의 관계를 거쳐 이제는 진실과의 관계를 살펴보고자 한다. 왜냐하면 이것이 소년애少年愛에 대한 그리스인의 견해에서 가장 눈에 띄는 점 중의 하나이기 때문이다. 소년애에 대한 그리스인의 견해는 어떻게 해서 이 사랑이 지금까지 살펴본 이유들로써 '아프로디지아'의 활용을 매우 미묘하게 양식화하고 행동을 완성시킬 것을 요구하는 난해한 요소가 되었는지를 보여준다. 뿐만 아니라 진실한 사랑이란 어떠해야 하는가에 대한 의문의 형태로, 쾌락의 활용과 진실로의 접근 사이의 관계 문제를 전개시키는 것도 바로 이 주제와 관련하여서이다.

근대의 기독교 문화에서는 이와 동일한 문제 — 진실과 사랑, 쾌락의 문제 — 가 더욱 쉽게 이성 간의 관계를 구성하는 요소들과 결부된다. 즉, 처녀성, 영적 결혼, 영혼으로서의 아내 등의 주제는 아주 일찍부터 본질적으로 남성적인 상황 — 에라스트와 에로멘느가 살았던 — 으로부터 양성 간의 관계와 여성성을 나타내는 형상들로 특징되는 다른 상황으로의 이동이 이루어졌음을 보여준다.1 훨씬 더 후에 《파

---

1 이것이 남성 간의 사랑을 나타내는 형상들이 완전히 사라졌음을 의미하는 것은 아니다. J. Boswell, *Christianity, Social Tolerance, and Homosexuality* 참조.

우스트》는 쾌락의 문제와 인식에 접근하기의 문제가 여성에 대한 사랑, 그녀의 처녀성, 순결, 타락, 구원 능력의 주제들과 연결되는 방식을 보여주는 일례가 된다. 반대로 그리스인들에게서 진리에 접근하는 것과 성적 엄격함 사이의 상호 관련성에 대한 성찰은 특히 소년애와 관련하여 전개되었던 것 같다. 물론 그 당시 피타고라스학파에서 순결과 인식 사이의 관계에 대해 언급하고 규정했던 바에 관한 자료들이 우리에게 별로 남아있지 않다는 사실을 고려해야 한다. 또한 안티스테네스, 견유학자인 디오게네스, 아리스토텔레스, 또는 테오프라스테스가 썼던 연애론에 대해 아는 것이 없다는 사실도 참작해야 한다. 그러므로 소크라테스-플라톤의 학설이 고대 그리스에서 에로스의 철학이 취할 수 있었던 모든 형식을 요약하고 있다고 생각하고, 이 학설에 고유한 특징들을 일반화하는 것은 경솔한 일이 될 것이다. 그럼에도 불구하고 여전히 이 학설은, 플루타르코스의 대화나 루키아노스가 쓴 것으로 추정되는 《사랑》, 또는 티루스의 막시무스가 한 연설 등 많은 문헌들이 오랫동안 증명해 왔듯이, 성찰의 한 정점으로 남아있다.

어쨌든, 《향연》 또는 《파이드로스》에 나타나 있는 학설은 사랑에 관하여 논하는 다른 방식들을 참조하고 있어 그것이 청년과 그의 추종자가 취해야 할 훌륭한 행동에 대해, 그리고 이것이 명예와 일치할 수 있는 방식에 대해 검토한 일반적 연애술과 얼마나 차이가 나는지를 알 수가 있다. 또한 쾌락의 윤리의 관례적 주제들 속에 깊이 뿌리를 내리면서, 이 학설이 그 후 욕망의 해석학을 구축하는 데에, 그리고 이 윤리가 포기의 도덕으로 변모하는 데에 그 중요성이 매우 커질 문제들을 어떻게 제시하고 있는지도 알 수 있다.

《향연》과 《파이드로스》의 거의 대부분은 사랑에 관한 담론에서 관례적으로 이야기되는 것을 '재생' — 모방 또는 모작 — 하고 있다. 소크라테스가 제기하는 아이러닉한 첫 번째 반론, 더불어 《향연》에 언급된 파이드로스, 파우자니아스, 에릭시마쿠스, 아가톤의 '증언' 또는 《파이드로스》의 리지아스의 '증언'이 그러한 것들이다. 이것들은 플라톤 학설의 배경인, 플라톤이 "구애求愛"와 명예의 문제를 진실과 금욕의 문제로 대체하면서 구상하고 변형시킨 첫 번째 주제를 보여준다. 이 증언들 속에서 한 가지 요소가 핵심적이다. 즉, 사랑과 그것의 능력, 그것의 성스러움에 대한 예찬을 통해 젊은이가 어떤 상황에서, 그리고 어떤 보증하에 누구에게 자신을 내맡겨야 하는가, 그리고 그를 사랑하는 사람은 그가 쉽게 굴복하는 것을 보고 싶어하는 것이 정당한가 하는 동의의 문제가 끊임없이 제기되고 있는 것이다. 이는 구애하는 사람과 그것을 받아들이는 사람 사이의 경쟁 기술로 이해되는 연애술의 특징적 문제이다.

아가톤의 집에서 벌어진 《향연》의 첫 대화에서 대단히 일반적이며 우스꽝스럽게 반복되는 원칙의 형태로 거론된 것이 이 문제이다. "불명예aishunē는 저속한 것aischrois에 결부되고, 아름다운 것에는 존경하고 싶은 욕구가 따른다."[2] 그러나 파우사니아스는 곧 두 개의 사랑, 즉 "행위의 실천에만 관련되는" 사랑과 무엇보다도 영혼을 시험하고 싶어하는 사랑을 구분하면서 더욱 신중하게 이 주제를 이어간다.[3] 또

---

[2] Platon, *Banquet*, 178d. 《향연》의 논증에 대해, Luc Brisson, in *Dictionnaire des mythologies*, s. v. Eros 참조.

한 《파이드로스》에서 처음의 이 두 논증이 — 하나는 아이러닉하게 반복됨으로써, 다른 하나는 오류를 지적하고 취소됨으로써 곧 거부된다 — 각각 제 방식대로 "누구에게 굴복할 것인가"의 문제를 제기하고 있음에 주목할 수 있다. 그리고 이 문제에 대해, 사랑하지 않는 사람에게 굴복해야 한다든가, 어쨌든 사랑하는 사람에게 굴복해서는 안 된다고 말함으로써 해답을 제시하고 있다는 사실도 주목할 수 있다. 이 첫 논증들은 모두 다 공동의 주제에 호소한다. 그것은 소년이 나이가 들면 깨어지고 그를 아무렇게나 버리는 일시적 사랑이란 주제이며,4 소년을 애인에게 종속시키고5 모두가 보는 앞에서 소년의 명예를 실추시키며, 그가 이용할 수도 있을 명예로운 관계들이나 그의 가족으로부터 소년을 떼어놓는 수치스러운 관계라는 주제이다. 6 또한 그것은 소년이 자신에게 보여준 환심을 사려는 태도 바로 그것 때문에 그 소년에 대해 품을 수 있는 혐오감이나 경멸감의 주제, 또는 불쾌한 관계를 자신에게 강요한 늙은이에 대해 소년이 느낄 수 있는 증오감의 주제이며,7 소년이 하게 되는 여자의 역할과 이런 유의 관계에 의해 초래되는 정신적 · 육체적 피폐해짐의 결과에 관한 주제이다. 8 그리고 사랑하는 자가 스스로 짊어져야 하는 때로는 몹시 부담스럽기도 한

3   *Banquet*, 181b~d.
4   *Ibid.*, 183d~e; *Phèdre*, 231a~233a.
5   Platon, *Banquet*, 182a; *Phèdre*, 239a.
6   *Phèdre*, 231e~232a; 239e~240a.
7   *Ibid.*, 240d.
8   *Ibid.*, 239c~d.

도움이나 혜택, 보상에 관한 주제이다. 9 그는 옛 애인을 고독과 치욕 속에 버려 둔 채 자신은 그 부담을 회피하려 한다. 이 모든 것은 소년 들의 사랑에서 쾌락과 그것의 활용이라는 기본적 문제를 구성한다. 이러한 어려운 문제들에 대해 예절, 사랑을 구하는 기술, 규율에 따른 사랑의 게임이 해답을 제시하려고 노력했다.

《향연》에서 아리스토파네스의 논증은 예외적이라고 생각될 수 있 다. 신들의 분노에 의한 최초의 존재의 분리와 두 반쪽(최초의 인간이 남녀 양성이거나 전적으로 남성 또는 여성이었다는 설에 따라, 여기서 두 반쪽은 남자와 여자 또는 동성의 두 사람을 가리킨다)의 헤어짐을 이야기 하면서, 그것은 구애 기술의 문제를 넘어서고 있는 듯하다. 그는 원칙 적으로 사랑이 무엇인가 하는 문제를 제기한다. 이는 플라톤의 주제 들 자체에 대한 재미있는 접근 — 소크라테스의 오랜 적수인 아리스토 파네스가 빈정거리며 말한 — 으로 간주될 수 있다. 거기서 플라톤의 인간들이 그들의 옛 고향에 대해 향수와 추억을 간직하듯이, 잃어버 린 반쪽을 찾고 있는 연인들이 보이지 않는가? 그러나 남자의 사랑과 관련된 논증의 요소들로만 보자면, 아리스토파네스 역시 동의의 문제 에 해답을 제시하려는 것이 분명하다. 그의 논증과 빈정거림을 유달 리 특이하게 만드는 것은 그의 대답이 전적으로 긍정적이라는 점이다. 더구나 그는 신화적 이야기를 통해, 매우 일반적으로 받아들여지는, 사랑하는 자와 사랑 받는 자 사이의 나이, 감정, 행동의 불균형이란 원칙을 뒤흔들어 놓는다. 그는 사랑하는 자와 사랑 받는 자를 하나의

---

9 *Ibid.*, 241a~c.

존재로부터 분리시켜 탄생시켰기 때문에, 그들 사이에 조화와 평등 관계를 확립시킨다. 그리하여 동일한 쾌락, 동일한 욕망이 에라스트와 에로멘느 중 어느 한쪽을 다른 쪽으로 향하게 한다. 본래적으로 소년이 성인 남자의 반쪽이라면, 그는 남자를 사랑하고 "그와 동침하고" "그와 결합하는 데서sumpeplegmenoi" 쾌락을 얻을 것이다.10 이를 통해 소년은 여성적 성격을 드러내는 대신, 그가 완전한 성인 남자의 "상징물"에 불과하다는 것을 보여준다. 플라톤은 아리스토파네스가 자기 희극에서 아테네의 정치인들에게 했던 비난을 번복하게 만들면서 재미있어 한다. 즉, "성장을 마치고 성인이 된 이런 유의 사람들만이 정치적 열망을 통해 자신이 인간임을 보여준다."11 젊었을 때 그들은 자기의 반쪽인 남성을 찾아 그들에게 자신의 몸을 내맡겼다. 같은 이유로 성인이 된 그들은 소년을 찾는다. "소년을 사랑하는 것"과 "연인을 소중히 여기는 것"〔파이데라스테스paiderastēs와 필레라스테스philerastēs〕12은 동일한 존재의 두 가지 측면이다. 그러므로 전통적 동의의 문제에 대해 아리스토파네스는 직접적이고 단순하며 전적으로 긍정적인 동시에, 남성과 소년 간의 복잡한 관계를 구성하는 불균형의 문제를 폐기시킬 해답을 제시한다. 준수해야 할 행동과 사랑의 모든 문제는 이제 잃어버린 자신의 반쪽을 되찾는 일 뿐이다.

한편, 소크라테스-플라톤의 연애술은 이와 매우 다르다. 단지 그것

---

10 Platon, *Banquet*, 191e.

11 *Ibid.*, 192a.

12 *Ibid.*, 192b.

이 제시하는 해답에 의해서만이 아니라, 특히 전혀 다른 용어로 문제를 제기하고자 하기 때문에 그러하다. 진정한 사랑이 무엇인지 알기 위해서는 더 이상 다음의 질문에, 즉 '누구를 사랑해야 하고, 사랑은 어떤 조건하에서 사랑하는 자와 사랑 받는 자에게 다 같이 명예로울 수 있는가?'에 대답하는 것이 문제가 되지 않을 것이다. 그렇지 않으면 어쨌든 이 모든 문제들은 최초의 근본적인 다른 하나의 문제에 종속될 것이다. 즉, 사랑은 그 자체로 무엇인가?13

플라톤의 생각과 일반적 연애술의 차이를 알기 위해, 크세노폰이 이와 동일한 질문에 대답하는 태도를 상기해 볼 수 있다. 그는 전통적 요소들, 즉 사랑하는 자의 쾌락만을 추구하는 사랑과 사랑 받는 자 자신에게 관심을 가지는 사랑 사이의 대립, 그리고 순간적 사랑을 지속적이고 상호적이며 평등한 우정으로 전환시켜야 할 필요성 등을 강조한다. 《향연》과 《회상록》에서 크세노폰은 정신적 사랑과 육체적 사랑 사이에 엄격한 분리선을 그은 소크라테스의 사상을 제시하고,14 육체적 사랑을 그 자체로 평가절하시키며,15 정신적 사랑을 진정한 사랑으로 간주하고, 우정, 즉 '필리아'에서 관계 전체에 의미를 부여하는 원리를 찾아낸다sunousia.16 이로부터 정신적 사랑을 육체적 사랑과 결합시키는 것만으로는 충분하지 않다는 결론이 나온다. 모든 애정에서 육

---

13 아리스토파네스에 대한 소크라테스의 대답에 대해, *Banquet*, 205e 참조.
14 Xénophon, *Banquet*, VIII, 12.
15 *Ibid.*, VIII, 25.
16 *Ibid.*, VIII, 13.

체적 차원을 배제시켜야 한다("육체와 영혼을 동시에" 사랑한다고 할 때 승리하는 것은 육체이며, 젊음의 퇴색은 우정마저도 사라지게 한다).17 소크라테스의 교훈처럼 모든 신체 접촉을 피하고 영혼을 가로막을 수 있는 입맞춤을 포기해야 하며, 심지어 육체와 육체가 닿지 않도록, 그 "상처"를 입지 않도록 해야 한다.18 반대로 모든 관계는 우정의 구성요소들, 즉 친절과 도움, 사랑하는 소년의 발전을 위한 노력, 상호적 애정, 일단 맺어진 후 영원히 지속되는 관계 위에서 확립되어야 한다.19 크세노폰에게는(또는 그가 등장시킨 소크라테스에게는) 두 남자 사이에는 어떤 에로스도 있을 수 없고 단지 '필리아'의 관계만이 존재할 수 있다고 말해야 하는가? 크세노폰이 리쿠르구스의 스파르타에서 찾아볼 수 있다고 생각하는 것이 바로 이러한 이상이다.20 소년의 육체에 사로잡힌 남자는 그 곳에서 "파렴치하다"는 선고를 받는 반면, 젊은이의 영혼 이외의 다른 어떤 것도 사랑하지 않고 단지 그를 자신의 친구로 만들고자 하는 "정숙한" 성인들은 칭찬과 격려를 받았다. 그 결과 스파르타에서 "애인은 자식에 대해 아버지가, 또는 형제가 그의 다른 형제에 대해 그런 것만큼이나 소년에 대한 그들의 사랑을 억제했다." 그러나 《향연》에서 크세노폰은 이러한 구분보다 덜 도식적인 이미지를 제시한다. 그는 우정 자체를 목표로 삼는, 에로스와 그것의 쾌락의 개념을 개략적으로 설명한다. 크세노폰은 우정과, 그 우정이 내포할 수 있

---

17 *Ibid.*, VIII, 14.
18 *Ibid.*, IV, 26; *Mémorables*, I, 3 참조.
19 Xénophon, *Banquet*, VIII, 18.
20 Id., *République des Lacédèmoniens*, II, 12~15.

는 공동생활, 상호적 관심, 서로에 대한 호의, 공감을, 적절한 시기에 사랑에 대치되거나 그것과 교체되어야 할 것으로 간주하지 않는다. 그는 우정의 그러한 요소들을 연인들이 아껴야 할 바로 그것이라 생각한다. 그는 에로스를 구원하고 그 힘을 유지시키는 특징적인 표현을 써서 '에론테스 테스 필리아스erōntes tēs philias'라고 말한다.[21] 그러나 구체적 내용으로서 우정에 속하는 지속적이고 상호적인 사랑의 행동만을 제시하면서 그렇게 말하였다.

플라톤의 연애술은 그 출발점이 연애 관계에서 아프로디지아에 부여해야 할 위치라는, 우리에게 친숙한 문제에 있긴 하지만 매우 다르게 구성되어 있다. 그러나 이는 그가 전통적 질문에 대한 사람들의 성급한 대답에서 그들이 어떻게 해서 본질적 문제를 놓치게 되었는가를 보여주기 위해서만 이 질문들을 다시 거론하고 있기 때문이다.

《파이드로스》의 첫 번째 두 대화, 즉 리지아스의 순진한 논증과 소크라테스의 빈정거리는 듯한 논증은 소년이 그를 사랑하는 자에게 몸을 맡겨서는 안 된다고 주장한다. 소크라테스는 그런 주제가 진실을 말할 수는 없을 것이라는 점에 주목한다. "자신을 사랑하는 사람이 옆에 있어도 오히려 자신을 사랑하고 있지 않은 사람 쪽에 몸을 맡겨야 하는데, 그 이유는 한쪽 사람은 광인狂人인데, 다른 쪽은 제정신이기 때문이다 하고 주장하는 말 속에는 진실이 없다out esti etumos logos."[22] 《향연》 첫 부분에 나오는 이야기들은 이와 정반대로, 사랑을 모욕하

21 Id., *Banquet.*, VIII, 18.
22 Platon, *Phèdre*, 244a.

기보다 찬양하려는 배려에서, 훌륭하게 할 수만 있다면 가치 있는 연인에게는 굴복하는 것이 좋으며,**23** 이는 음란한 것도 수치스러운 것도 아니고, 사랑의 법칙에서 "서로의 자발적 의지는 일치한다"**24**고 확언한다. 이 논증이 사랑을 더욱 존중한다고 해서 리지아스의 논증과, 《파이드로스》에서 그를 비판하는 소크라테스의 빈정대는 논증보다 더 에튀모이etumoi한 것은 아니다.

《향연》에서 디오티마가 대화자들 앞에서 한 말과 소크라테스가 직접 이야기한 《파이드로스》의 우화는 에튀모이한 담론으로, 즉 진실되며, 그 기원으로 볼 때 그들이 말하는 진리와 유사한 담론으로 보인다. 어떤 점에서 그러한가? 차이는 디오티마나 소크라테스가 다른 대화자들보다 더 면밀하거나 더 엄격하다는 데에 있지 않다. 그들은 다른 대화자들이 너무도 관대해서 영혼에만 관계해야 할 사랑에서 육체와 쾌락에 너무 많은 자리를 부여했기 때문에 이들과 대립되는 것이 아니다. 그들이 다른 대화자들과 같은 방식으로 문제를 제기하지 않았기 때문이다. 사랑에 관한 논쟁에서 제기되는 전통적 질문에 대해 그들은 몇 가지 중요한 변형을 가하고, 요점을 이동시킨다.

---

23 Platon, *Banquet*, 184e; 185b.
24 *Ibid.*, 196c.

1. 사랑하는 행위의 문제에서
사랑의 본질에 대한 의문으로 이행

다른 담론들로 이루어진 논쟁에서는, 연인을 사로잡을 만큼 아주 격렬한 감정의 움직임과 사랑이 전제된다. 이때 관심의 핵심은 — 이 사랑이 "받아들여졌을 때"[25] — 두 파트너가 어떻게 행동해야 하는가이다. 즉, 사랑하는 자는 어떻게, 어떤 형식으로, 어느 정도까지, 어떤 설득 수단에 의해, 또는 어떤 우정의 보증을 제시함으로써"그가 원하는 것"에 도달하고자 노력해야 하는가? 또한 사랑 받는 자는 어떻게, 어떤 조건에서, 어떤 저항과 시련을 거친 후에 스스로 굴복해야 할 것인가? 행실의 문제는 이미 존재하고 있는 사랑의 바탕 위에서 제기된다. 그런데 디오티마와 소크라테스가 의문시하는 것은 사랑의 실재 그 자체, 그것의 본질과 기원, 그것의 힘을 구성하는 것과 그토록 열광적으로 또는 집요하게 대상으로 향하게 만드는 그 무엇이다. "사랑 그 자체는 무엇이며, 그것의 본성과 작용은 어떤 것인가?"[26] 이는 더 이상 의무론의 문제가 아니라 존재론적인 질문이다. 모든 다른 대화자는 자신의 논증을 찬사나 비난, 선한 사랑과 기만적 사랑의 구분, 해서 좋을 것과 하지 말아야 할 것의 경계 확정으로 이끌어 간다. 조화의 추구와 환심을 사는 기술의 완성이라는 관례적 주제에서 성찰의 첫 대상은 처신, 또는 상호적 행동의 작용이다. 적어도 일시적으로라도

---

25 Platon, *Phèdre*, 244a.
26 Platon, *Banquet*, 201d.

플라톤은 이 질문을 거부하고 선악의 구분을 넘어서서 사랑한다는 것이 무엇인지를 알아보려는 질문을 한다. **27**

그런데 문제를 이런 식으로 표현하는 것은 무엇보다도 논증의 대상 자체를 이동시킴을 의미한다. 소크라테스에 대해 — 그러나 실제로는 앞서의 찬사들을 쓴 모든 저자에게 — 디오티마는 "사랑받는" 자on erō-menon 쪽에서 사랑에 대해 해야 할 말의 원칙을 찾았다고 비난한다. 그리하여 그들은 사랑 받는 소년의 매력, 아름다움, 그 완전함에 자신이 현혹되도록 내버려두고 부당하게도 이러한 장점들을 사랑 그 자체에 부여하였다. 사랑은 그 자체의 진리를 사랑하는 대상에서가 아니라 있는 사랑 그 자체에서 구할 때만 자기의 진리를 나타낼 수 있을 것이다. 그러므로 사랑 받는 자로부터 사랑하는to erōn 자에게로 돌아가 그에게 물어봐야 한다. **28** 처음의 두 반反예찬론에 응수하기 위해 소크라테스가 《파이드로스》에서 영혼의 이론으로 돌려 이야기를 할 때, 바로 이러한 논의가 진행될 것이다. 그러나 이러한 이동의 결과, 연애론은 더 이상 '예찬'(사랑과 사랑 받는 자에게 동시에 보내는 찬사의 혼잡한 복합 형식으로 된)이 아니게 될 위험에 직면한다. 그리하여 연애론은 — 《향연》에서처럼 — 사랑의 "중개적" 성격과 사랑의 특징인 결핍(왜냐하면 사랑은 그가 욕망하는 아름다운 대상들을 소유하지 못하기 때문이다), 사랑을 발생시키는 무지와 앎, 비참함과 계략의 유사성을 말해

---

27 파이드로스의 이야기 후에 소크라테스는 발언자의 사고 속에 "그가 말해야 할 주제의 진실에 대한 인식"이 있어야 함을 상기시킨다(*Phèdre*, 259e).

28 *Ibid*., 204e.

야 할 것이다. 또한 《파이드로스》에서처럼, 어떤 방식으로 천상의 광경에 대한 망각과 기억이 사랑에 섞여있는지, 그리고 최종적으로 사랑을 그 대상에게까지 이끌어 가는 긴 고통의 길이 어떠한지를 말해야 할 것이다.

2. 소년의 명예의 문제로부터
진리에 대한 사랑의 문제로의 이행

디오티마처럼 사랑의 원칙으로 시선을 옮기기 위해 사랑 받는 자에게서 눈을 돌리는 편이 낫다고 말한다고 하여, 그것이 대상의 문제가 더 이상 제기되지 않음을 의미하는 것은 아니다. 반대로, 이 중요한 진술에 이어서 모든 진술이 사랑에 있어 사랑 받는 대상을 결정하는 데에 할애된다. 그러나 사람들이 자신이 사랑하는 것을 예찬하지 않고 사랑의 실재에 대해 말하기를 원하는 담론을 통해 사랑을 말하려는 시도가 이루어진 이상, 대상의 문제는 다른 표현으로 제기될 것이다.

전통적 논쟁에서 질문의 출발점은 사랑의 대상 자체 쪽에서였다. 사랑을 받는 자가 어떠하고, 또 어떠해야 하는지에 비추어 생각해 볼 때 ― 단지 그의 육체의 아름다움만이 아니라 영혼의 아름다움, 그에게 필수적인 교양, 그가 가져야 할 자유롭고도 고상하며 씩씩하고 용기 있는 성격 등 ― 그와 연인에게서 명예로운 것으로 평가되어야 할 사랑의 형태는 어떤 것인가? 사람들이 연인에게 요구할 수 있는 것에 고유한 형태와 신중한 양식을 부여하는 것은 실제 있는 모습 그대로의 사랑

받는 자에 대한 존경이었다. 반대로, 플라톤의 질문에서 사랑의 대상이 진실로 어떠한가를 결정하도록 하는 것은 사랑 그 자체에 대한 고찰이다. 디오티마는 사랑에 빠진 자가 집착할 수 있는 여러 가지 아름다운 것들을 초월하여 사랑이 본래의 진실에 따라 그리고 불순물 없는 순수성과 '형식의 단일성'에 따라, 사고 속에서 '그 자체의 아름다움'을 만들어내고, 그러한 아름다움을 보려고 애쓴다는 사실을 소크라테스에게 증명한다. 또한 《파이드로스》에서는 영혼이 천상에서 본 것에 대한 강한 인상을 간직하고 있고, 강력히 통제되어 불순한 욕망의 충동에 자신을 내맡긴 채 약해지지 않는다면, 영혼이 어떤 식으로, 오로지 미美 자체의 모방과 반영을 그 안에 지니고 있다는 동기를 통해서만, 사랑 받는 대상에 몰두하게 되는지를 소크라테스 자신이 증명해 보인다.

우리는 플라톤에게서 사랑의 대상이 소년의 육체라기보다 그의 영혼이라는 주제를 찾아볼 수 있다. 그러나 그는 이런 말을 한 최초의 사람도, 유일한 사람도 아니었다. 그것은 다소 엄격한 결론과 함께 사랑에 관한 전통적 논쟁들을 통해 널리 알려졌는데, 크세노폰이 — 소크라테스의 주제로 간주하면서 — 그 기본적 형식을 부여했던 주제였다. 플라톤 특유의 것은 이러한 구분이 아니라 육체를 위한 사랑의 열등함을 주장하는 방식이다. 그는 실제로 사랑 받는 소년의 위엄과 사람들의 그에 대한 존중이 아니라, 사랑하는 자에게서 그의 사랑의 실재와 형식을 결정하는 것(불멸에 대한 욕망, 순수미에 대한 열망, 천상에서 보았던 것에 대한 어렴풋한 기억)에 그 근거를 둔다. 게다가 (이 점에 대해서는 《파이드로스》와 마찬가지로 《향연》도 매우 분명하다) 그는 육체의 기만적 사랑과 영혼의 아름다운 사랑 사이에 명확하고 결정적이며 넘어갈 수 없는 경계선을 긋지 않는다. 아름다운 것을 향한 감정의 움직임과 비교할 때 육체적 관계가 아무리 가치가 저하되고 열등하다 하더라도, 또한 때때로 그것을 탈선시키고 방해할 수 있기 때문에 매우 위험하다 하더라도, 그렇다고 해서 이러한 육체와의 관계가 단번에 배제되거나 영원히 비난받는 것은 아니다. 《향연》의 유명한 구절처럼, 하나의 아름다운 육체로부터 여러 개의 아름다운 육체로, 그다음에는 "영혼"으로, 그리고 나서 "일"과 "행동규율", "지식" 속에 있는 아름다움을 향해, 마지막으로 시선이 "이미 아름다운 것으로 꽉 찬 거대한 영역"[29]에 도달할 때까지 움직임은 계속된다. 《파이드로스》는 굴복하지 않은 영혼의 용기와 완전성을 찬양하지만, 철학보다 오히려 명예에 집착하는 삶을 영위함으로써 배신당하거나, 열정에 사로잡혀 "일을 저지르게" 된 사람들을 처벌하게 하지는 않는다. 이승에서의 삶이 종말에 이르러 영혼이 육체를 떠나는 순간, 그들에게는 아마도 날개가 없을 것이다("자기 자신을 통제한" 자들의 경우와 달리). 그러므로 이들은 더 높은 곳으로 갈 수 없을 것이다. 하지만 지하를 떠돌지도 않으리라. 두 연인은 함께 "그들의 사랑으로 인해" 차례로 날개를 하사 받을 때까지 하늘 아래를 떠돌아다닐 것이다.[30] 플라톤에게서 본질적으로 진정한 사랑을 특징짓는 것은 육체의 배제가 아니다. 육체는 대상의 외관을 통해 진실과 관련되기 때문이다.

---

29 *Ibid.*, 210c~d.
30 *Phèdre*, 256c~d.

3. 파트너들의 불균형의 문제로부터
사랑의 일치 문제로의 이행

이미 받아들여진 관례에 따르면 에로스가 사랑하는 자로부터 비롯된다는 사실은 당연한 것이었다. 사랑 받는 자는 사랑하는 자와 동등한 자격으로 사랑의 능동적 주체가 될 수는 없었다. 아마도 사람들은 그에게서 보상으로서의 사랑, 즉, '안테로스antéros'를 요구했을 것이다. 그러나 이러한 응답의 성격이 문제를 제기했다. 즉, 이것이 정확하게 그것을 유발시킨 사랑과 대칭을 이룰 수 없다는 것이었다. 소년이 반응을 보여야 하는 것은 사랑하는 자의 욕망과 쾌락 이상으로 그의 친절, 베풀어준 혜택, 그의 정성, 그가 보여준 모범에 대해서였다. 그리고 두 연인이 정확한 상호성의 관계에 의해 맺어질 수 있기 위해서는 사랑의 격정이 식고, 열정을 배제하면서 위험을 멀리할 수 있는 나이가 될 때까지 기다려야 했다.

그러나 만약 에로스가 진실과 관련된다면, 사랑 받는 자도 동일한 에로스의 힘에 의해 진실에 이를 수 있다는 조건하에서만 두 연인은 결합할 수 있을 것이다. 플라톤의 연애술에서 사랑 받는 자는 단지 그에게 권리가 있는(왜냐하면 그는 사랑 받고 있으므로) 교환의 명목으로 필요한 충고와 그가 갈망하는 지식을 얻기를 기다리면서, 다른 사람의 사랑을 받는 대상의 지위에 만족할 수 없을 것이다. 이러한 사랑의 관계에서 그도 사실상 주체가 되어야 한다. 이것이 바로 《파이드로스》의 세 번째 논증의 끝 부분에서 사랑하는 자의 관점으로부터 사랑 받는 자의 관점으로 옮겨가는 전환의 발생 이유가 된다. 소크라테스는 사랑하는 자가 지나온 과정과 그의 열정, 고통, 그리고 구속하려는 마음을 억제하기 위해 치러야 하는 고된 투쟁을 묘사했다. 이제 그는 사랑 받는 자에 대해 이야기한다. 아마도 소년의 측근들이 연인에게 굴복하는 것은 좋지 않다고 그에게 믿게 하였을 것이다. 그럼에도 불구하고 그 소년은 연인의 빈번한 교제를 수락하기 시작하며, 연인의 존재는 그를 흥분하게 만든다. 이번에는 그가 욕망의 물결이 이는 것을 느끼자 날개와 깃털이 그의 영혼을 부추긴다.[31] 물론 그는 아직도 자신이 열망하는 것의 진정한 성격이 무엇인지 알지 못하며, 그것을 명명하기에는 어휘가 부족하다. 그러나 그는 연인을 "끌어안고" "그에게 입맞춤을 한다."[32] 이 순간이 중요하다. 구애의 기술에서와는 달리, "사랑의 대화술"은 여기서 두 연인에게 똑같은 감정의 움직임을 유발한다. 사랑이 두 사람에게서 그들을 진실로 향하게 하는 움직임인 이상, 사랑은 동일한 것이다.

4. 사랑받는 소년의 미덕으로부터
스승의 사랑과 지혜로의 이행

유혹의 기술에서 구애求愛하는 것은 사랑하는 자의 일이었다. 그에게 자제력이 요청되더라도 사랑의 구속력이 그를 본의 아니게 흥분시킬

---

31 *Phèdre*, 255b~c.
32 *Ibid.*, 255e~256a.

위험이 있다는 것은 누구나 알고 있었다. 소년이 저항하는 데 동원할 수 있었던 그의 명예와 자존심과 합당한 고집이 바로 소년의 저항을 위한 강력한 무기였다. 그러나 에로스가 진실과 관련되는 순간부터, 상대방을 가장 잘 인도하여 그가 저속한 쾌락에 빠져 타락하지 않도록 도울 수 있는 사람은 바로 이 사랑의 길에서 가장 앞서있는 자, 가장 진실하게 사랑하는 자가 된다. 사랑에서 가장 현명한 자는 또한 진리의 지배자일 것이며, 그의 역할은 사랑 받는 자에게 어떻게 자신의 욕망을 극복하고 "그 자신보다 더 강하게" 될 수 있는지를 가르쳐주는 것이 된다. 이후로 사랑의 관계를 구조화하는 진리와 사랑을 관련시킨 결과로서, 사랑의 관계에서 새로운 인물이 등장한다. 즉, 사랑하는 자의 자리를 차지하고, 그 자신에 대해 행사하는 완벽한 지배력에 의해 게임의 방향을 역전시키고 역할을 뒤바꿔 놓으며 '아프로디지아'의 포기라는 원칙을 제시하고, 진리를 갈망하는 모든 젊은이에게서 사랑의 대상이 되는 스승이라는 인물이 바로 그것이다.

　이것이 아마도 《향연》의 마지막 부분에서, 소크라테스가 알키비아데스뿐만 아니라 그라우콘의 아들 샤르미데스, 디오클레스의 아들 유티데무스, 그리고 그 밖의 많은 다른 사람들과 맺고 있는 관계들의 기술에 부여되어야 할 의미이다. **33** 역할의 분배는 완전히 뒤바뀌었다. 소크라테스를 사랑하는 것은 소년들이다 — 아름답고 많은 구애자들의 추종을 받는 바로 그들이. 그들은 그의 발자국을 따라 쫓아다니고,

---

33 Platon, *Banquet*, 222b. 소크라테스와 에로스의 관계에 대해, P. Hadot, *Exercices spirituels et philosophie antique*, pp. 69~82 참조.

그를 매혹시키고자 하며, 그가 자신들에게 애정 표시를 해줄 것을, 다시 말해 그들에게 그가 가진 지혜의 보물을 전달해줄 것을 원한다. 그들은 에라스테의 위치에 있고, 볼품없는 육체를 가진 늙은이 소크라테스는 에로멘느의 위치에 있다. 그러나 그들이 알지 못한 것, 알키비아데스가 그 유명한 '시험' 기간 동안 발견한 것은 소크라테스가 그들의 유혹에 저항할 수 있는 한에서만 그들로부터 사랑받는다는 사실이다. 이는 소크라테스가 그들에 대해 사랑도 욕망도 갖지 않음을 의미하는 것이 아니라, 그가 진실한 사랑의 힘에 의해 지탱되어 사랑해야 할 진실을 진정으로 사랑할 줄 안다는 것을 의미한다. 디오티마는 그 전에 이렇게 말했다. 즉, 사랑에 관하여 정통한 이는 그 누구보다도 바로 소크라테스라고. 그 이후로 스승의 지혜는(더 이상 소년의 명예가 아니다) 진실한 사랑의 대상과 '굴복하지' 못하게 하는 원칙을 동시에 나타낸다.

위의 구절에 나타난 소크라테스는 테이오스 아네르theios anēr의 전통적 인물들에게 고유한 능력들, 즉 육체의 견디는 능력, 무감각할 수 있는 능력, 육체를 떠나 모든 영혼의 에너지를 그 자신에게로 집중시킬 수 있는 능력을 갖추고 있다.[34] 그러나 여기서는 이 능력들이 에로스의 매우 특별한 작용 속에서 효력을 발휘했다는 사실을 이해해야 한다. 말하자면 그 작용 속에서 이 능력들은 소크라테스가 자기 자신에게 행사할 수 있는 지배력을 확실하게 해주는 것이다. 따라서 이러한 능력들이 소크라테스에게, 청년들이 자신을 토로할 수 있는 가장 고

---

[34] H. Joly, *Le Renversement platonicien*, 1974, pp. 61~71.

귀한 사랑의 대상인 동시에 그들의 사랑을 진실로 이끌어갈 수 있는 유일한 사람의 자격을 부여한다. 소크라테스는 여러 지배력(애인을 독점하려는 사랑하는 자의 지배력, 달아나려 하고 이러한 저항에 의해 연인을 노예로 만들어버리는 사랑 받는 자의 지배력)이 충돌하는 사랑의 게임에 또 다른 유형의 지배력을 도입한다. 그것은 진실한 스승에 의해 행사되는 것으로서, 자기 자신에게 행사하는 절대 권력에 의해 특징되는 지배력이다.

플라톤의 연애술은 이렇게 하여 3가지 측면으로 나타날 수 있다. 한편으로, 그것은 그리스 문화에서 남성과 소년의 관계에 고유한 난점, 다시 말해 쾌락의 대상으로서 소년들에게 부여해야 할 지위의 문제에 해답을 제시하는 하나의 방법이다. 이런 측면에서 볼 때 플라톤의 대답은 사랑에 관한 여러 논쟁들 속에서, 혹은 소크라테스의 이름으로 된 크세노폰의 문헌들 속에서 제시될 수 있었던 대답들보다 단지 좀더 복잡하고 정교하게 보일 뿐이다. 실제로 플라톤은 사랑 받는 개인의 문제를 사랑 그 자체의 본질로 바꾸어 놓음으로써 쾌락의 대상의 난점을 해결하였다. 사랑의 관계를 진리와의 관계로 구조화함으로써, 또 이 관계를 이분하여 그것을 사랑하는 자와 사랑 받는 자에게 똑같이 위치시킴으로써, 사랑 받는 젊은이를 진실한 스승을 사랑하는 자로 만들기 위해 그 젊은이의 역할을 전도시킴으로써 그렇게 했다. 이런 의미에서 우리는 그가 아리스토파네스의 우화가 던진 도전에 응수하였다고 말할 수 있을 것이다. 즉, 그는 그 우화에 진정한 내용을 부여한 것이다. 그는 동일한 사랑이 어떻게 같은 감정의 움직임 속에서, '필레라스테스philerastēs'와 마찬가지로 '파이데라스테스paiderastēs'를 줄 수 있는

지를 보여주었다. 명예로운 사랑의 실천에서 에라스트와 에로멘느 — 능동적 주체와 추종 받는 대상 — 의 관계를 언제나 어렵게 만들었던 불균형, 차이, 저항과 회피는 더 이상 존재 이유가 없어졌다. 아니 오히려 그것들은 완전히 다른 움직임에 따라 전혀 다른 형식을 취하고 전혀 다른 활동, 즉 진실한 스승이 소년에게 지혜가 무엇인지를 가르치는 진보적 활동을 하면서 전개될 수 있게 되었다.

그러나 바로 이를 통해 플라톤의 연애술이 사랑의 관계에 진실의 문제를 근본적 문제로서 도입하고 있음을 알 수 있다 — 이것이 플라톤의 연애술이 갖는 또 다른 측면이다. 그리고 이는 쾌락의 활용에서 욕구들을 복종시켜야 하는 로고스와는 전혀 다른 형태를 가지고 있다. 사랑하는 자의 임무는(이것이 실제로 그가 자신의 목적에 도달하게 해 줄 것이다) 그를 사로잡고 있는 사랑이 진정으로 무엇인가를 알아보는 일이다. 여기서, 아리스토파네스의 도전에 대한 응답이 아리스토파네스가 제시했던 답을 바꾸어놓는다. 즉, 개인이 다른 사람에게서 찾는 것은 그 자신의 다른 반쪽이 아니다. 그의 영혼이 다가가는 것은 진실이다. 그 결과 그가 해야 할 윤리적 작업은, 결코 긴장을 풀지 않은 채 자신의 사랑의 숨은 지주인 진리와의 관계를 발견하고 유지하는 일이 될 것이다. 그때 우리는 플라톤의 성찰이 어떻게 대상과 그 대상에 부여할 지위를 중심으로 제기되던 통상적 문제의식을 떠나, 주체와 그가 담지擔持할 수 있는 진리를 중심으로 펼쳐질 사랑에 대한 질문을 열게 되는지를 알게 될 것이다.

마지막으로 플라톤이 보여준 바와 같은 소크라테스의 연애술은 사랑에 관한 토론에서 통상적으로 거론되던 많은 문제들을 제기한다. 하지만 소크라테스의 연애술은 사랑 받는 자가 충분히 오랫동안 끌어온 저항과 사랑하는 자가 베푸는 매우 귀중한 혜택이 서로 균형을 이룰 수 있는 적절한 행동양식을 규정하려고 하지 않는다. 그것은 어떤 특수한 움직임에 의해, 또 어떤 노력과 자기 자신에 대한 어떤 작업을 통해, 사랑하는 자의 에로스가 진실한 존재와의 관계를 도출해내어 영원히 확립시킬 수 있을 것인지를 규명하고자 한다. 명예로운 것과 불명예스러운 것을 결정적으로 구분짓는 경계선을 긋는 대신, 소크라테스의 연애술은 그것이 그 자신의 고유한 본질을 되찾게 되는 발전적 여정 — 거기에 내포된 어려움과 우여곡절, 실패와 더불어 — 을 묘사하고자 한다.

《향연》과 《파이드로스》는 상대방의 자유와 "환심을 사려는 행위"에 맞추어 만들어진 연애술로부터 주체의 금욕과 진리를 향한 공동의 접근에 관심의 초점이 놓인 연애술로의 이행을 보여준다. 같은 이유로 인해 의문점도 옮겨진다. 즉, 크레시스 아프로디지온chrēsis aphrodisiōn에 대한 성찰에서는, 자제력을 발휘해 정당한 실천과 합법적 분배를 확실히 해야 할 쾌락과 그것의 추진력이 의문시된다. 반면, 사랑에 대한 플라톤의 성찰에서 의문은, 대상을 그것의 진실한 본질로서 알아봄으로써 바로 그 진정한 대상(그것은 진리이다)에게로 이르러야 할 욕망과 관련된다. 《법률》에서 묘사된 것과 같은 '소프로쉬네', 즉 절제하는 생활은 조용한 고통, 평온한 쾌락, 유순한 욕망ēremaiai hēdonai, malakai epithumiai, 그리고 격정 없는 사랑erōtes ouk emmaneis35을 지닌,

---

35 Platon, *Lois*, V, 734a.

모든 면에서 "관대한" 삶이다. 이런 상황에서 사람들은 스스로 자신에게 행사하는 지배력에 의해 확보되는, 쾌락의 관리술의 영역에 놓이게 된다. 《파이드로스》에 나오는, 열정적 사랑을 지닌 채 편력하는 영혼에게도 만약 그가 보상을 얻고 천상의 고향을 되찾고 싶어한다면, "양생 생활etagmenē diaitē"을 하도록 처방이 내려진다. 이는 그 영혼이 "자기 자신의 주인"으로서 "절제에 몰두"하기 때문에, 그리고 "악덕을 양산하는 것은 노예상태"에 빠뜨렸고 반대로 "미덕을 양산하는 것에는 자유를"36 주고 있기 때문에 확보된다. 그러나 욕망의 폭력에 대항하여 계속해 나가야 할 투쟁은 진리와 맺는 이중의 관계 속에서만 지속될 수 있을 것이다. 이중의 관계란 그의 존재 내에서 문제시되는 자기 고유의 욕망과의 관계와, 진실한 존재로서 인정된 자신의 욕망의 대상과의 관계를 말한다.

이렇게 해서 우리는 욕망의 인간에 대한 의문이 형성되는 지점들 중 하나가 드러나는 것을 볼 수 있다. 이는 플라톤의 연애술이 쾌락과 그 활용의 윤리를 결정적으로, 단번에 폐기해버렸다는 의미가 아니다. 반대로 우리는 어떻게 이 윤리가 계속해서 전개되고 변해왔는지를 알게 될 것이다. 그러나 플라톤에게서 비롯된 사상의 전통은, 훨씬 뒤에 성행위의 문제가 욕망을 지닌 영혼과 그 영혼의 비밀을 해독하는 데서 출발하여 다시 제기될 때 중요한 역할을 하게 될 것이다.

소년에 대한 이러한 철학적 성찰은 역사적 모순을 내포하고 있다.

---

36 Platon, *Phèdre*, 256a~b.

그리스인들은 그 이후로 그토록 오랫동안 그리고 그토록 가혹하게 비난받게 될 남성간의 사랑, 더 정확하게 말해서 소년과 청년에 대한 사랑에 합법성을 부여했는데, 여기서 우리는 그들이 이 영역에서 자기들에게 허용했던 자유의 증거를 보게 된다. 그럼에도 불구하고 그들이 아주 냉혹하게 엄격함에 대한 요구를 표명했던 것은 건강(그들은 이것에 대해서도 많은 관심을 가졌다)이나 여자와의 결혼(그들은 질서를 유지하고자 노력했다)에 대해서라기보다 오히려 이런 유의 사랑에 대해서였다. 분명 예외적 경우를 제외하고 그들은 이것을 비난하지도 금하지도 않았다. 그런데도 "무한한 금욕"의 원칙, 즉 소크라테스가 유혹에 대한 일관된 저항을 통해 그 모범을 보여준 포기의 이상, 그리고 이 포기가 그 자체로서 고귀한 정신적 가치를 지닌다는 주제가 표명된 것은 소년애에 대한 성찰에서이다. 첫눈에 간파할 수 있는 방식으로, 우리는 그리스 문화에서 소년애와 관련하여 성 윤리의 몇 가지 중요한 요소들이 형성되는 것을 볼 수 있다. 이 성 윤리는 바로 이 원칙의 이름으로 소년애를 거부하게 될 것이다. 그 요소들이란 연애 관계에서의 균형과 상호성의 요구, 힘겹고 오랜 기간을 필요로 하는 자기 자신과의 투쟁의 필요성, 진실한 존재 그 자체에만 관여하는 사랑의 점진적 정화, 그리고 욕망의 주체로서 그 자신에 대한 인간의 질문이다.

만약 소년애가 그 자신의 금기를 야기하였다거나, 혹은 오로지 철학에 고유한 모호함으로 그것을 초월할 것을 요구하면서 소년애의 실체를 받아들였다고 생각한다면, 우리는 핵심을 놓치게 될 것이다. 이러한 '금욕주의'가 소년애를 평가절하하는 방법이 아니었다는 사실을 기억해 두어야 한다. 그것은 반대로 소년애를 양식화하는 방식이자, 그것에 형식과 형태를 부여함으로써 가치화하는 방식이었다. 그렇다 하더라도 거기에는 여전히, 욕망의 문제에 주어진 특권과 철저한 금욕에 대한 요구가 있었다. 바로 이것이 과거에 쾌락의 활용에 대한 탐구를 중심으로 형성된 도덕에서 쉽게 다른 것으로 대체되지 않는 요소들을 도입한 바 있다.

결론

결국, 인정된 실천들(양생의 실천, 가정관리의 실천, 젊은이들에게 '환심을 사려는 행위'의 실천)의 영역에서, 그리고 그 실천들을 완성하려는 성찰로부터 출발하여 그리스인들은 도덕적 문제로서 성행위에 대해 의문을 가졌으며, 거기서 요구되는 절제節制의 형식을 규정하고자 했다.

이것이 그리스인들이 일반적으로 이러한 3가지 관점에 의해서만 성적 쾌락에 관심을 가졌음을 의미하는 것은 아니다. 우리는 문학작품 속에서, 그들이 다른 주제와 다른 관심사가 있었음을 입증하는 많은 증거를 우리에게 남겨놓았다는 사실을 알 수 있을 것이다. 그러나 내가 이 글에서 하고자 했던 것처럼 그들이 자신들의 성적 행동을 성찰하고 조정하려고 애쓴 규정적 담론들만 살펴본다면, 이 3가지 핵심적 문제의식은 더욱더 중요한 것으로 보인다. 이것을 중심으로 그리스인들은 까다롭고도 엄격한 원칙들에 따라 삶의 기술, 처신술 그리고 "쾌락을 활용하는" 기술에 대해 상세히 기술하였다.

언뜻 보기에 이러한 여러 형식의 성찰들이 그 후의 서양 기독교 사회에서 볼 수 있는 엄격한 형식과 매우 유사하다는 인상을 받을 수가 있다. 어쨌든 '성적 자유'의 실천에 '관대한' 이교도적 사고와 그 뒤를 잇는 비관적이고 제한적인 도덕 사이의, 여전히 일반적으로 받아들여지는 대립을 수정하고 싶어질 수도 있다. 실제로 세심하게 실천되는 엄격한 성적 절제節制의 원칙이 기독교에서 비롯된 것도, 물론 고대 후기나, 예를 들어 로마와 헬레니즘 시대의 스토아학파 철학자들에게서 볼 수 있는 극단적 엄격주의 운동에서 비롯된 것도 아닌 규율規律이라는 사실을 알아야 한다. 기원전 4세기 이후로 성적 활동은 그 자체로 매우 위험하고 희생이 뒤따르며, 생명체의 손실과 깊이 연관되어 있으므로 필요하지 않는 한 세심한 관리로 성행위를 제한해야 한다는 생각이 매우 명확하게 표명되어 있음을 볼 수 있다. 또한 부부 쌍방에 대해서 '부부관계 밖의' 모든 쾌락을 똑같이 삼가도록 요구하는 부부관계의 모델도 볼 수 있다. 하지만 그리스인들이 보편적 절제의 원칙, 성적 쾌락은 악일지도 모른다는 의심, 일부일처제의 엄격한 충실성의 도식, 철저한 순결의 이상 등의 모델에 따라 살았던 것은 분명 아니다. 그러나 그들 속에서 형성된 철학적·도덕적·의학적 사고는 이후의 도덕 — 특히 기독교 사회에서 찾아볼 수 있는 도덕 — 이 다시 취할 수밖에 없었을 몇 가지 기본적 원칙을 표명하고 있지 않은가? 그럼에도 불구하고 거기에 머무를 수는 없다. 규율은 형식상 비슷할 수도 있다. 그러나 결국 이것은 금지사항의 빈약함과 단조로움을 증명해 줄 뿐이다. 허용되거나 금지된 것, 권장되거나 만류된 사항이 같다는 단한 가지 이유 때문에, 성적 활동이 도덕적 문제로 구성되고 인정되고 조직화된 방식이 동일하지는 않다.

우리는 성행위가 그리스 사상에서 '아프로디지아', 즉 통제하기 힘든 힘들의 투쟁의 장에 속하는 쾌락행위들의 형태로 도덕적 실천의 영역으로 구성되어 있는 것을 살펴보았다. 이 행위는 합리적으로, 그리고 도덕적으로 받아들여질 수 있는 행동양식을 갖기 위해 절도와 시기, 횟수와 호기의 전략을 사용할 것을 요구한다. 이 전략은 그것의 완성 지점과 최종 목표로서 철저한 자기통제를 지향한다. 이러한 자기통제에서 '주체'는 그가 다른 사람들에게 권력을 행사하는 데에 있어서까지 그 자신보다 '더 강하다'. 그런데 자기 자신을 다스릴 줄 아는 주체의 형성에 내포된 엄격성의 요구는 각자 그리고 모두가 따라야 할 보편적 법칙의 형태로 제시되지 않는다. 오히려 이것은 자신의 삶에 가장 아름답고 완성된 형식을 부여하고자 하는 사람들에게서 행동을 양식화하는 원리로서 제시된다. 우리의 성도덕에 형식을 부여했던 몇 가지 대주제들(위험한 악의 영역에 속하는 쾌락, 일부일처제의 충실성의 의무, 동성의 파트너를 배제하는 것)의 기원을 결정하려 할 때, 이 주제들을 단지 '유대-기독교의' 도덕이라 불리는 그런 허구에서 비롯된 것으로 여겨서는 안 될 뿐만 아니라, 특히 거기서 금지의 초시간적 기능 또는 법률의 영원한 형태를 찾아서도 안 된다. 그리스 철학에 의해 일찍부터 권장된 성적 엄격함은 역사적으로 계속해서 다양한 억압의 형식을 취해 온 법률의 초시간성에 뿌리박고 있지 않다. 성적 엄격함은, 도덕적 체험의 변화를 이해한다면, 법전의 역사보다도 더 결정적인 하나의 역사에 속해 있다. 그것은 개인을 도덕적 행동의 주체로서 성립하게 하는, 자기 자신과의 관계 양식의 완성으로서 이해된 '윤리'의 역사이다.

다른 한편으로 그리스 사상에서 전개된 3가지 자기 기술, 즉 행동의 3가지 기술 ─ 양생술, 가정관리술, 연애술 ─ 은 각각이 특별한 성도덕은 아니지만, 최소한 성적 행동의 특이한 하나의 변형을 제안했다. 엄격함의 요구를 완성하는 데에서 그리스인들은 모두에게 의무적인 행동규율을 정하려 하지 않았으며, 모든 측면에서 유일하고 동일한 원칙들에 속하는 영역으로서 성적 행동을 체계화하려고 하지도 않았다.

양생술의 측면에서, 우리는 '아프로디지아'의 적절하고 절도 있는 활용에 의해 정의되는 절제의 형식을 볼 수 있다. 이러한 절제의 실천은 특히 계절의 변화하는 속성과 육체의 가변적 상태 사이의 상관관계와, '시기'의 문제에 관심을 집중시켰다. 이와 같은 관심 속에서, 폭력에 대한 공포와 노쇠에 대한 두려움, 그리고 개인의 생존과 종족 유지라는 이중의 근심이 나타난다. 가정관리술의 측면에서는 부부의 상호 충실성에 의해서가 아니라, 남편의 권한하에 있는 합법적 아내에 대해서 남편이 가진 어떤 특권에 의해 규정되는 절제의 형식을 찾아볼 수 있다. 여기서 시간상의 문제는 적절한 시기의 포착이 아니라, 살아 있는 동안 그 가정의 조직에 고유한 계급구조를 유지시키는 것이다. 남자가 어떤 경우이든 과도함을 두려워하고, 다른 사람들을 지배하는 데에서도 자기통제를 실천해야 하는 것은 이 영속성을 확고하게 하기 위해서이다. 마지막으로 연애술이 요구하는 절제는 또 다른 유형의 것이다. 이것은 무조건적 금욕을 강요하지는 않지만 그러한 금욕을 지향하며, 이와 더불어 거기에는 모든 육체적 관계의 포기라는 이상이 포함되어 있음을 알 수 있었다. 연애술은 육체나 결혼의 시간 개념과는 매우 다른 시간 개념과 연결되어 있다. 그것은 숙명적으로 곧 종말에 이르게 되는 덧없는 시간의 체험이다. 청년이 갖게 될 자유인이라는 미래의 지위와 그의 남성적 힘에 기인하는 존경에 대한 관심이 연애술의 주된 관심이었다. 이제는 남성의 경우 단순히 자신의 쾌락을 마음대로 통제할 수 있는가가 문제되지 않는다. 중요한 것은 자신에 대한 지배력과 파트너에게 품는 참다운 사랑 속에서 그가 어떻게 상대방의 자유에 길을 내어줄 수 있는가를 아는 것이다. 요컨대 소년애에 대한 성찰에서 플라톤의 연애술은 사랑, 쾌락의 포기, 그리고 진리에 대한 접근 사이의 복잡한 관계에 관한 문제를 제기한 것이다.

도버가 최근에 쓴 것을 떠올려볼 수 있다. "그리스인들은 신의 권능이 인류에게 성행위를 조정해놓은 율법을 계시하셨다는 믿음을 물려받지 않았으며, 그들 스스로 그러한 신앙을 품은 적도 없었다. 그들은 또한 성적 금지사항을 지키게 할 수 있는 제도도 갖지 않았다. 그리스의 문화보다 더 오래되고 더 풍부하며 더 공들여 다듬어진 문화에 대면한 그리스인들은 마음대로 선택하고 적응시키고 발전시키며 특히 개혁할 수 있다고 느꼈다."[1] 도덕적 영역으로서의 성적 행동에 대한 성찰이 그들에게서 원칙적으로 모든 사람에게 부과된 일반적 금지사항을 내면화시키고 정당화하거나 확립시키는 방법은 아니었다. 그것은 오히려 자유로운 성인 남자로 구성된 인구의 최소 부분을 위해서 삶의 미학을, 그리고 권력 게임으로 이해된 자유의 사려 깊은 기술을 완성시키는 방법이었다. 부분적으로 현대 윤리의 기원이 된 성 윤리는 매우 냉혹한, 불평등과 억압(특히 여자와 노예에 대해) 체계에 근거하고 있었다. 그러나 이는 사고 속에서, 자유로운 남성의 자유의 행사와 그의 권력의 형식들, 그리고 그의 진리에 대한 접근 사이의 관계로서 문제시되었다.

연대순에 따라 이러한 윤리와 그 변화의 역사를 매우 도식적으로 거칠게 훑어보면서, 우리는 무엇보다 강조점이 이동한 것에 주목할 수 있다. 고대 그리스 사상에서 성찰과 구상의 가장 활발한 중심점, 가장 미묘한 문제점이 되는 것은 분명 소년과의 관계였다. 이 점에서 문제제기는 매우 섬세한 엄격함의 형식들을 요구한다. 그런데 매우 느리게 진전되는 변화를 통해 이 중심이 이동하는 것을 볼 수 있을 것이다.

---

1 K. J. Dover, *Homosexualité grecque*, p. 247.

문제의 초점이 조금씩 여성에게로 집중된다. 이러한 사실이 소년애가 더 이상 이루어지지도 표현되지도 않았다거나, 또는 전혀 이것에 의문을 가지지 않게 되었다는 것을 의미하지 않는다. 그렇지만 성적 쾌락에 대한 도덕적 성찰에서 강세를 보이게 된 것은 여성과의 관계, 그리고 여성이다. 그리고 이는 처녀성의 주제, 부부의 행동이 가지는 중요성의 주제, 또는 두 부부 사이의 상호적이고 균등한 관계에 부여되는 가치의 주제라는 형식을 취한다. 더욱이 우리는 17세기와 18세기 이후로 어린아이의 성性에 대해, 그리고 일반적으로 성적 행동 및 정상 상태, 건강 간의 관계에 대해 표명된 관심 속에서 문제제기의 핵심이 또 다시 이동(이번에는 여성에서 육체로) 하는 것을 볼 수 있다.

그러나 이러한 이동과 동시에, 쾌락을 활용하는 여러 '기술들' 속에 분산되었던 요소들 사이에 어떤 통합이 이루어질 것이다. 동일한 이론적 총체 속에서 죽음과 불멸의 문제, 결혼제도, 그리고 진리에 접근할 수 있는 조건들을 생각해 볼 수 있게 한 교리의 통합—성 아우구스티누스도 이 작업을 한 사람들 중의 하나였다—이 있었다. 그러나 또한 '실천적'이라 할 수 있는 통합, 즉 삶의 여러 기술들을 자기 해석과 정화淨化의 과정, 그리고 육욕肉慾에 대한 투쟁을 중심으로 다시 정리한 통합이 있었다. 그 결과 성적 행동에 관한 문제제기의 중심에는 그것의 활용의 미학과 더불어 쾌락이 놓이지 않고, 욕망과 그것을 정화시키는 해석학이 놓이게 되었다.

이 변화는 모든 일련의 변형의 결과일 것이다. 기독교가 발전하기전, 그 변형의 초기 형태에 관하여 우리는 첫 2세기 동안의 모럴리스트, 철학자, 그리고 의사들의 성찰을 통해 그 증거를 찾아볼 수 있다.

참고문헌

Antiphon, *Discours*, texte établi et traduit par L. Gernet, Collection des univesités de France (C. U. F.). (pp. 107~108)

Apulée, *Les Métamorphoses*, traduction par P. Grimal, Paris, Gallimard, La Pléiade, 1963. (p. 42)

Arétée de Capadoce, *Traité signes, des causes et de la cure des maladies aiguës et chroniques*, texte dans le *Corpus Medicorum Graecorum*, II, Berlin, 1958; traduction par L. Renaud, Paris, 1834. (p. 37)

Aristophane, *Les Acharniens*, texte établi par V. Coulon et traduit par H. Van Daele (C. U. F.). (p. 283)

_____, *L'Assemblée des femmes*, texte établi par V. Coulon et traduit par H. Van Daele (C. U. F.). (p. 323)

_____, *Les Cavaliers*, texte établi par V. Coulon et traduit par H. Van Daele (C. U. F.). (p. 323)

_____, *Les Thesmophories*, texte établi par V. Coulon et traduit par H. Van Daele (C. U. F.). (pp. 43, 283)

Aristote, *De l'âme*, texte établi par A. Jannone, traduit et annoté par E. Barbotin (C. U. F.). (pp. 82, 206)

_____, *Ethique à Eudème*, texte et traduction par H. Rackham (Loeb classical Library). (p. 70)

_____, *Ethique à Nicomaque*, texte et traduction par H. Rackham (Loeb classical Library); traduction française par R. A. Gauthier et J. Y. Jolif, Louvain-Paris, 1970. (pp. 70~72, 75, 77~78, 82~86, 88, 105~106, 108 ~109, 113~114, 138, 140, 265~266, 270)

369

_____, _De la génération des animaux_, texte et traduction par P. Louis (C. U. F.). (pp. 80, 82, 90, 183, 202~203, 206~207)

_____, _De la génération et de la corruption_, texte et traduction par Ch. Mugler (C. U. F.). (p. 206)

_____, _Histoire des animaux_, texte et traduction par P. Louis (C. U. F.). (pp. 72, 78~79, 90, 97)

_____, _Les Parties des animaux_, texte et traduction par P. Louis (C. U. F.). (p. 74)

_____, _La Politique_, texte et traduction par H. Rackham (Loeb classical Library). (pp. 40, 132~133, 136, 162, 188~190, 257, 262, 265, 270, 319)

_____, _La Rhétorique_, texte et traduction par J. Volquin et J. Capelle, Paris, 1944. (pp. 90, 301, 303)

Pseudo-Aristote, _Economique_, texte et traduction par A. Wartelle (C. U. F.). (pp. 261~264, 271)

_____, _Problèmes_, texte et traduction par W. S. Hett (Loeb classical Library). (pp. 71, 79, 172, 178, 183, 190, 204)

_____, _Sur la stérilité_, texte et traduction par P. Louis, t. III de l'_Histoire des animaux_ (C. U. F.). (pp. 79, 219)

Aubenque, P., _La Prudence chez Aristote_, Paris, P. U. F., 1963. (p. 96)

Augustin, saint, _Les Confessions_, texte établi par M. Skutella et traduit par E. Trehorel et G. Bouisson, in _OEuvres_, t. XIII, Paris, 1962. (p. 70)

Aulu-Gelle, _Les Nuits attiques_, texte et traduction par R. Macache (C. U. F.). (p. 195)

Boswell, J., _Christianity, Social Tolerance, and Homosexuality_, Chicago, 1980. (p. 335)

Brisson, L., Article 'Eros' du _Dictionnaire des mythologies_, Paris, Flammarion, 1981. (p. 337)

Buffière, F., _Eros adolescent, La pédérastie dans la Grèce antique_, Paris, Les Belles Lettres, 1980. (pp. 282, 287~288, 292, 323)

Clément d'Alexandrie, _Le Pédagogue_, texte et traduction par M. Harl, Paris, Ed. du Cerf, 1960. (p. 195)

Dauvergne, H., _Les Forçats_, Paris, 1841. (p. 41)

370

Démosthène, *Contre Nééra*, texte et traduction par L. Gernet (C. U. F.).
〔pp. 217, 220〕

_____, *Eroticos*, texte établi et traduit par R. Clavaud (C. U. F.). 〔pp. 99, 302
~308, 309~314〕

Dioclès, *Du Régime*, in Oribase, *Collection médicale*, t. III, texte établi et
traduit par U. Bussemaker et Ch. Daremberg, Paris, 1858. 〔pp. 169,
172, 175~176, 182~183〕

Diogène Laërce, *Vie des Philosophes*, texte et traduction par R. D. Hicks (Loeb
classical Library); traduction française par R. Genaille, Paris, Garnier-
Flammarion, 1965. 〔pp. 76, 83, 85, 91, 113~114, 119, 129, 138, 182,
200, 221, 278, 323, 326〕

Dion de Pruse, *Discours*, texte et traduction par J. W. Cohoon (Loeb classical
Library). 〔pp. 42, 77〕

Dover, K. J., "Classical Greek Attitudes to Sexual Behaviour," *Arethusa*, 6,
1973. 〔p. 63〕

_____, *Greek Popular Morality in the Time of Plato and Aristotle*, Oxford, 1974.
〔p. 69〕

_____, *Greek Homosexuality*, Londres, 1978; traduction française par S. Saïd;
Homosexualité grecque, Grenoble, 1982. 〔pp. 63, 69, 279, 290, 296, 311,
321, 328〕

Duby, G., *Le Chevalier, la Femme et le Prêtre*, Paris, Hachette, 1981. 〔p. 46〕

Epictète, *Entretiens*, texte et traduction par J. Souihé (C. U. F.). 〔p. 42〕

Eschine, *Contre Timarque*, texte et traduction par V. Martin et G. de Budé (C.
U. F.). 〔pp. 289, 292, 304, 320, 322〕

Euripide, *Ion*, texte et traduction par L. Parmentier et H. Grégoire (C. U. F.).
〔p. 246〕

_____, *Médée*, texte et traduction par L. Méridier (C. U. F.). 〔p. 246〕

Flandrin, J. L., *Un Temps pour embrasser*, Paris, Ed. du Seuil, 1983. 〔p. 178〕

Fraisse, J. Cl., *Philia, la notion d'amitié dans la phiosophie antique*, Paris, Vrin,
1974. 〔pp. 270, 297〕

François de Sales, *Introduction à la vie dévote*, texte établi et présenté par Ch.
Florisoone (C. U. F.). 〔p. 39〕

Hadot, P. , *Exercices spirituels et philosophie antique*, Paris, Etudes augusti-
niennes, 1981. [p. 352]

Hippocrate, *L'Ancienne Médecine*, texte et traduction par A. J. Festugière,
Paris, 1948, New York, 1979. [p. 155]

_____ , *Aphorismes*, texte et traduction par W. H. S. Jones (Loeb classical
Library). [p. 172]

_____ , *Epidémies*, texte et traduction par W. H. S. Jones (Loeb classical
Library). [pp. 158, 185]

_____ , *De la génération*, texte et traduction par R. Joly (C. U. F.). [pp. 196~
199]

_____ , *Maladies II*, texte et traduction par J. Jouanna (C. U. F.). [p. 184]

_____ , *De la nature de l'homme*, texte et traduction par W. H. S. Jones (Loeb
classical Library). [pp. 169, 172]

_____ , *Du régime*, texte et traduction par R. Joly (C. U. F.). [pp. 160, 164,
170~174, 178, 182]

_____ , *Du régime salubre*, texte et traduction par W. H. S. Jones (Loeb
classical Library). [pp. 169~170]

_____ , *Le Serment*, texte et traduction par W. H. S. Jones (Loeb classical
Library). [p. 81]

Isocrate, *A Nicoclès*, texte et traduction par G. Mathieu et E. Brémond (C. U.
F.). [p. 261]

_____ , *Nicoclès*, texte et traduction par G. Mathieu et Brémond (C. U. F.).
[pp. 40, 109, 132, 226, 255~260]

Joly, H. , *Le Renversement platonicien, logos, epistēmē, polis*, Paris, Vrin. 1974.
[pp. 149, 353]

Lacey, W. K. , *The Family in Classical Greece*, Ithaca, 1968. [p. 225]

Leski, E. , "Die Zeugungslehre der Antike, " *Abhandlungen der Akademie der
Wissenschaften und Literatur*, XIX, Mayence, 1950. [p. 63]

Lucien (Pseudo), *Les Amours*, texte et traduction par M. D. MacLeod (Loeb
claassical Library). [p. 72]

Lysias, *Sur le meurtre d'Eratosthène*, texte et traduction par L. Gernet et M.
Bizos (C. U. F.). [p. 221]

Manuli, P., "Fisiologia e patologia del feminile negli scritti hippocratici," *Hippocratica*, Paris, 1980. [p. 79]

North, H., *Sophrosyne. Self-Knowledge and Self-Restraint in Greek Literature*, Cornell Studies in Classical Philology, XXXV, Ithaca, 1966. [pp. 104~105]

Paul D'Egine, *Chirurgie*, traduction par R. Briau, Paris, 1855. [pp. 170, 176]

Philostrate, *Vie d'Apollonius de Tyane*, traduction par P. Grimal, Paris, Gallimard, La Pléiade, 1963. [p. 44]

Platon, *Alcibiade*, texte et traduction par M. Croiset (C. U. F.). [p. 118]

_____, Le Banquet, texte et traduction par L. Robin (C. U. F.). [pp. 44, 75, 81, 87, 99, 206, 280, 284, 289, 295, 303, 307, 328~329, 337~338, 340~341, 344~346, 352, 356]

_____, *Charmide*, texte et traduction par A. Croiset (C. U. F.). [p. 287]

_____, *Euthydème*, texte et traduction par L. Méridier (C. U. F.). [p. 287]

_____, *Gorgias*, texte et traduction par A. Croiset (C. U. F.). [pp. 75, 94, 104~105, 108, 118, 133, 144, 283]

_____, *Lettres*, texte et traduction par J. Souihé (C. U. F.). [pp. 109, 111]

_____, *Les Lois*, texte et traduction par E. des Places et A. Diès (C. U. F.). [pp. 75, 77, 83, 85, 96, 105, 107~109, 111~112, 115, 117, 120~121, 124, 140, 166, 185, 187~190, 205~206, 208, 219, 251~254, 278, 327, 356]

_____, *Phèdre*, texte et traduction par L. Robin (C. U. F.). [pp. 42, 75, 84, 108~109, 111, 142, 296, 327, 338, 343~351, 356~357]

_____, *Philèbe*, texte et traduction par A. Diès (C. U. F.). [pp. 74, 83, 195]

_____, *Le Politique*, texte et traduction par A. Diès (C. U. F.). [p. 81]

_____, *Protagoras*, texte et traduction par A. Croiset (C. U. F.). [pp. 108~109, 294]

_____, *La République*, texte et traduction par E. Chambry (C. U. F.). [pp. 72, 75, 78, 82~84, 86, 90, 94, 102, 105, 108~109, 111~112, 114~116, 120~121, 123, 129, 131, 140, 145, 156~157, 162~164, 188, 278]

_____, *Timée*, texte et traduit par A. Rivaud (C. U. F.). [pp. 77, 83~84, 157, 163, 167, 202]

Pseudo-Platon, *Les Rivaux*, texte et traduction par J. Souihé (C. U. F.).
〔pp. 160, 296〕

Pline L'Ancien, *Histoire naturelle*, texte et traduction par J. Beaujeu (C. U.
F.). 〔p. 40〕

Plutarque, *Propos de table*, texte et traduction par F. Fuhrmann (C. U. F.). 〔p. 97〕
_____ , *Vie de Caton le jeune*, texte et traduction par R. Flacelière et E.
Chambry (C. U. F.). 〔p. 40〕
_____ , *Vie de Solon*, texte et traduction par E. Chambry, R. Flacelière, M.
Juneaux (C. U. F.). 〔p. 221〕

Polybe, *Histoires*, texte et traduction par R. Weil et Cl, Nicolet (C. U. F.).
〔p. 90〕

Pomeroy, S., *Goddesses, Whores, Wives and Slaves. Women in Classical Anti-
quity*, New York, 1975. 〔p. 221〕

Porphyre, *Vie de Pythagore*, texte et traduction par E. des Places (C. U. F.).
〔p. 160〕

Romilly, J. de, *La Loi dans la pensée grecque des origines à Aristote*, Paris, Les
Belles Lettres, 1971. 〔p. 90〕

Rufus d'Ephèse, *OEuvres*, texte et traduction par Ch. Daremberg et Ch. E.
Ruelle, Paris, 1878. 〔p. 82〕

Sénèque le Rhéteur, *Controverses et suasoires*, traduction par H. Bornecque,
Paris, Garnier, 1932. 〔p. 42〕

Smith, W. D., "The Development of Classical Dietetic Theory," *Hippocratica*,
Paris, 1980. 〔p. 170〕

Van Gulik, R., *La Vie sexuelle dans la Chine ancienne*, traduction française par L.
Evrard, Paris, Gallimard, 1971. 〔pp. 210, 218〕

Vernant, J. P., *Mythe et pensée chez les Grecs*, Paris, Maspero, 1966. 〔p. 237〕

Xénophon, *Agésilas*, texte et traduction par E. C. Marchant (Loeb classical Lib-
rary) ; traduction française par P. Chambry, Paris, Garnier-Flammarion,
1967. 〔pp. 44, 67, 100〕
_____ , *Anabase*, texte et traduction par C. L. Brownson et O. J. Todd (Loeb
classical Library) ; traduction française par P. Chambry, Paris, 1967.
〔pp. 76, 282, 294〕

_____, *Le Banquet*, texte et traduction par C. L. Brownson et O. J. Todd (Loeb classical Library) ; traduction française par P. Chambry, Paris, 1967. (pp. 79, 92, 223, 226, 280~281, 295, 297~298, 301, 327~328, 341~343)

_____, *La Cyropédie*, texte et traduction par M. Bizos et E. Delebecque (C. U. F.). (pp. 98, 104, 132, 146, 279)

_____, *Economique*, texte et traduction par P. Chantraine (C. U. F.). (pp. 115, 122, 129, 135, 219, 229~241, 243~244, 247)

_____, *Hiéron*, texte et traduction par E. C. Marchant et G. W. Bowersock (Loeb classical Library) ; traduction française par P. Chambry, Paris, 1967. (pp. 79, 83, 100, 108, 244, 292, 328)

_____, *Les Mémorables*, texte et traduction par E. C. Marchant (Loeb classical Library) ; traduction française par P. Chambry, Paris, 1967. (pp. 68, 71, 75, 86, 93, 95, 98, 101, 109, 117~118, 127, 129~130, 139, 141, 161, 168, 231, 342)

_____, *La République des Lacédémoniens*, traduction française par P. Chambry, Paris, 1967. (pp. 189, 342)